IFCT0019: INTELIGENCIA ARTIFICIAL APLICADA A LA EMPRESA

ESPECIALIDAD FORMATIVA: IFCT0019

IFCT0019: INTELIGENCIA ARTIFICIAL APLICADA A LA EMPRESA

Autores:

Manuel Domínguez Lorenzo
Adrián Tomás García.

IFCT0019: INTELIGENCIA ARTIFICIAL APLICADA A LA EMPRESA

1ª Edición

Editado por: ECO Editorial
Teléfono: 902 11 26 40
Correo electrónico: info@ecoeditorial.com
Internet: www.ecoeditorial.com

ISBN: 978-84-121721-9-5

Depósito legal: DL ZA 31-2025

Impreso en Castilla y León – España

1ª Impresión

Idioma: Castellano

PRESENTACIÓN

Una **especialidad formativa** es "la agrupación de contenidos, competencias profesionales y especificaciones técnicas que responde a un conjunto de actividades de trabajo enmarcadas en una fase del proceso de producción y con funciones afines" según el SEPE, Es decir un conjunto de conocimientos relacionados con una tarea específica o una profesión necesarios para desempeñar dicha tarea o profesión, que se centran en las necesidades del mercado de trabajo.

El presente libro forma parte de la especialidad formativa denominada **"IFCT0019: INTELIGENCIA ARTIFICIAL APLICADA A LA EMPRESA"**, perteneciente a la familia profesional de **informática y comunicaciones** y el área profesional de **sistemas y telemática**.

La estructura del manual y los contenidos que se desarrollan a continuación siguen fielmente lo recogido en la legislación vigente. Se ha utilizado un lenguaje sencillo y concreto, que puedan ser fácilmente comprendidos por el estudiante.

IFCT0019
Inteligencia Artificial Para Empresas

Innovación, eficiencia y crecimiento en la era digital

Índice

Contenido

1 Introducción a la inteligencia artificial.

1.1 Definición e historia de la inteligencia artificial.

La **Inteligencia Artificial (IA)** es una rama de la informática que busca desarrollar sistemas capaces de realizar tareas que normalmente requieren inteligencia humana, como el **aprendizaje, el razonamiento, la percepción y la toma de decisiones**. A través de algoritmos avanzados y redes neuronales, la IA permite a las máquinas analizar datos, reconocer patrones y adaptarse a nuevas situaciones de manera autónoma.

La inteligencia artificial se refiere a la simulación de procesos de inteligencia humana por parte de sistemas informáticos. Esto incluye el aprendizaje automático, el procesamiento del lenguaje natural y la robótica, entre otros. Las empresas están comenzando a adoptar estas tecnologías para mejorar sus operaciones y ofrecer un mejor servicio a sus clientes.

La inteligencia artificial (IA) se ha convertido en un pilar fundamental para las empresas que buscan innovar, mejorar su eficiencia y fomentar el crecimiento en la era digital. Este documento explora cómo la IA puede transformar los procesos empresariales, optimizar la toma de decisiones y ofrecer nuevas oportunidades de negocio, todo ello en un entorno cada vez más competitivo y tecnológico.

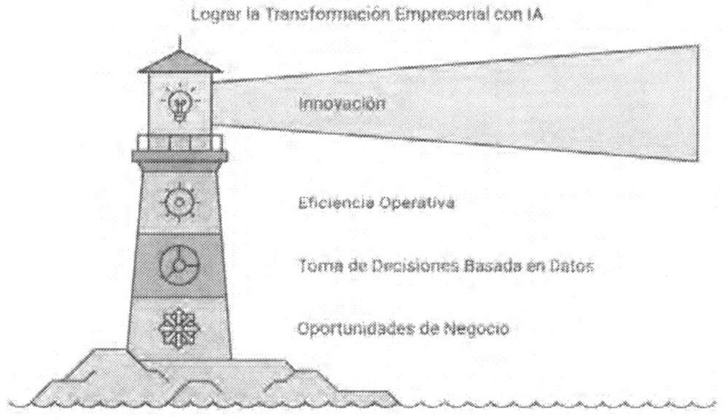

Figura 1: Transformación empresarial con IA.

Beneficios de la IA en las Empresas

1. **Innovación**: La IA permite a las empresas desarrollar nuevos productos y servicios que antes no eran posibles. A través del análisis de grandes volúmenes de datos, las empresas pueden identificar tendencias y necesidades del mercado, lo que les permite innovar de manera más efectiva.

2. **Eficiencia Operativa**: La automatización de procesos mediante IA puede reducir significativamente los costos operativos. Las tareas repetitivas y que consumen mucho tiempo pueden ser realizadas por máquinas, liberando a los empleados para que se concentren en actividades de mayor valor.

3. **Toma de Decisiones Basada en Datos**: La IA proporciona herramientas analíticas que permiten a las empresas tomar decisiones informadas basadas en datos en tiempo real. Esto no solo mejora la precisión de las decisiones, sino que también acelera el proceso de toma de decisiones.

4. **Mejora en la Experiencia del Cliente**: Las soluciones de IA, como los chatbots y los sistemas de recomendación, pueden mejorar la experiencia del cliente al ofrecer respuestas rápidas y personalizadas. Esto no solo aumenta la satisfacción del cliente, sino que también puede incrementar la lealtad hacia la marca.

Desafíos en la Implementación de la IA

A pesar de los numerosos beneficios, la implementación de la IA también presenta desafíos. Las empresas deben considerar aspectos como la calidad de los datos, la capacitación del personal y la ética en el uso de la IA. Es fundamental abordar estos desafíos para garantizar una integración exitosa.

1.1.1 Orígenes y Evolución

El concepto de inteligencia artificial tiene raíces en la **filosofía y la lógica**, pero su desarrollo formal comenzó en la década de **1950**. Fue en **1956**, durante la Conferencia de Dartmouth, donde el término "Inteligencia Artificial" fue acuñado por **John McCarthy**, Marvin Minsky y otros pioneros, estableciendo las bases para la investigación en este campo.

A lo largo de las décadas, la IA ha evolucionado en varias etapas:

- **1950-1970: Los Primeros Modelos** – Desarrollo de sistemas basados en reglas y lógica simbólica. Alan Turing propuso su famoso **Test de Turing** para evaluar la inteligencia de una máquina.
- **1980-1990: Auge de los Sistemas Expertos** – Se crearon programas que emulaban la toma de decisiones humanas en áreas especializadas.
- **2000-2010: Aprendizaje Automático (Machine Learning)** – Avances en algoritmos estadísticos y acceso a grandes volúmenes de datos impulsaron la IA moderna.
- **2010-Actualidad: IA Basada en Redes Neuronales y Modelos Generativos** – Tecnologías como **Deep Learning** y modelos de lenguaje avanzado (**LLM**, como GPT) han revolucionado el procesamiento de datos, la automatización y la interacción con los usuarios.

Hoy en día, la inteligencia artificial se ha convertido en un pilar fundamental para la innovación en sectores como la salud, las finanzas, la manufactura y el comercio, impulsando una nueva era de transformación digital.

1.2 Identificación de las ramas de la IA y sus algoritmos.

La **Inteligencia Artificial (IA)** se divide en varias ramas especializadas, cada una enfocada en resolver Cada una de estas **ramas de la IA** se especializa en un área concreta, utilizando algoritmos diseñados para resolver problemas específicos. Con el avance de la tecnología, estas ramas están convergiendo para ofrecer soluciones más sofisticadas y eficientes en múltiples sectores, desde la automatización empresarial hasta la investigación científica y el entretenimiento. problemas específicos mediante el uso de diferentes tipos de algoritmos y técnicas.

A continuación, se enumeran las principales ramas de la IA junto con los algoritmos más utilizados en cada una:

- Aprendizaje Automático (Machine Learning - ML)
- Aprendizaje Profundo (Deep Learning - DL)
- Procesamiento del Lenguaje Natural (Natural Language Processing - NLP)
- Visión por Computadora (Computer Vision - CV)
- Sistemas Expertos
- Robótica e Inteligencia Artificial en Robots
- Inteligencia Artificial Generativa (Generative AI)
- Inteligencia Artificial Explicable (Explainable AI - XAI)

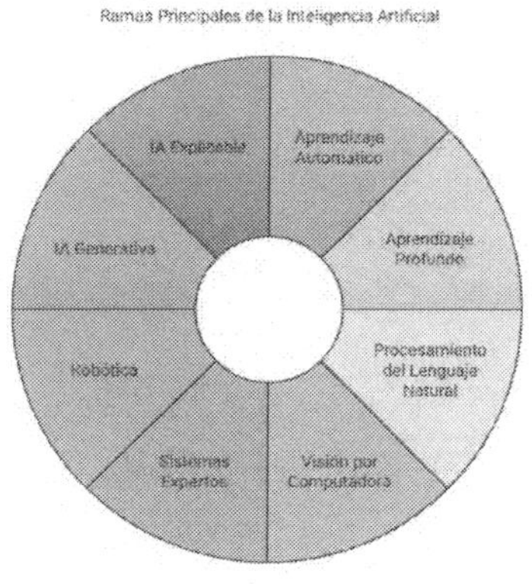

Figura 2: Ramas principales de la inteligencia artificial.

1.2.1 Aprendizaje Automático (Machine Learning - ML)

El **aprendizaje automático** es una de las ramas más importantes de la IA y se centra en desarrollar modelos que puedan aprender patrones a partir de datos sin ser programados explícitamente.

Principales Algoritmos de Machine Learning:

- **Regresión Lineal y Logística** – Modelos estadísticos para análisis predictivo.
- **Árboles de Decisión** – Algoritmos para clasificación y regresión basados en reglas.
- **Random Forest** – Conjunto de múltiples árboles de decisión para mejorar la precisión.
- **Máquinas de Soporte Vectorial (SVM)** – Técnica para clasificación y regresión basada en hiperplanos.
- **k-Nearest Neighbors (k-NN)** – Algoritmo basado en la proximidad de datos.

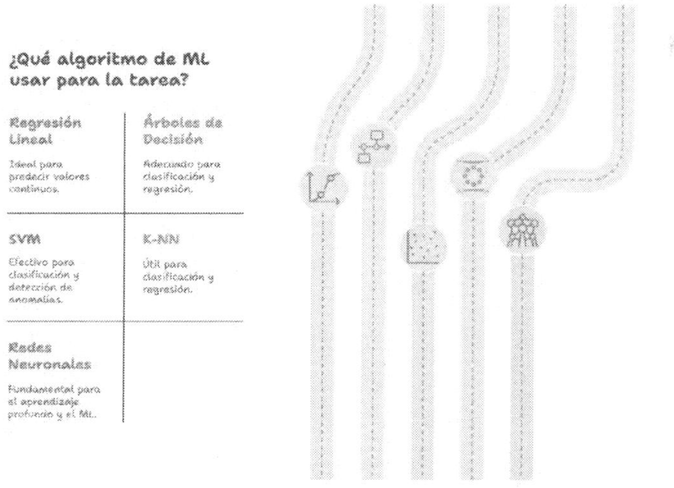

Figura 3: Aprendizaje Automático (Machine Learning - ML).

1.2.2 Aprendizaje Profundo (Deep Learning - DL)

El **aprendizaje profundo** es una subrama del Machine Learning que utiliza **redes neuronales artificiales** con múltiples capas para procesar datos complejos.

Principales Algoritmos de Deep Learning:

- **Redes Neuronales Convolucionales (CNNs)** – Utilizadas en visión por computadora.
- **Redes Neuronales Recurrentes (RNNs)** – Ideales para procesamiento de lenguaje natural y series temporales.
- **Transformers** – Base de modelos de lenguaje como GPT y BERT.
- **Autoencoders** – Usados en reducción de dimensionalidad y generación de datos sintéticos.

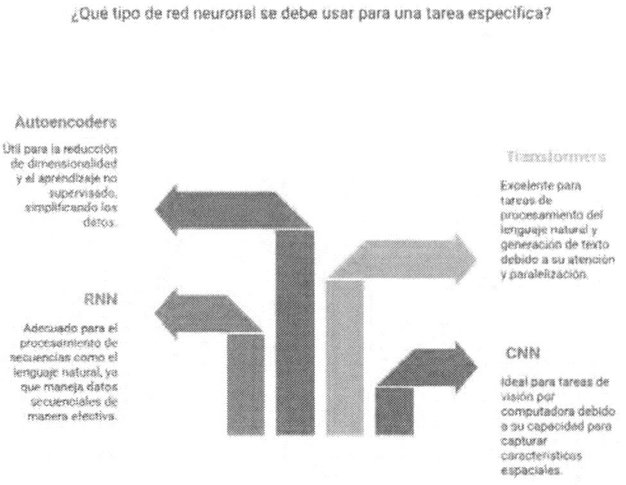

Figura 4: Selección de la red neuronal en función de la tarea.

1.2.3 Procesamiento del Lenguaje Natural (Natural Language Processing - NLP)

El **NLP** permite a las computadoras comprender, interpretar y generar lenguaje humano.

Principales Algoritmos de NLP:

- **Análisis de Sentimiento** – Identificación de emociones en textos (algoritmos como Naïve Bayes y LSTM).
- **Modelos Basados en Transformers** – GPT, BERT, T5, LLaMA.
- **Word2Vec y GloVe** – Técnicas para representación vectorial de palabras.
- **Chatbots y Asistentes Virtuales** – Uso de modelos generativos para respuestas automáticas.

Figura 5: Técnicas de procesamiento de lenguaje natural.

1.2.4 Visión por Computadora (Computer Vision - CV)

La **visión por computadora** se enfoca en la interpretación de imágenes y videos por parte de las máquinas.

Principales Algoritmos de Computer Vision:

- **Redes Convolucionales (CNNs)** – Modelos como ResNet, VGG y YOLO para detección de objetos.
- **Segmentación de Imágenes** – U-Net, Mask R-CNN.
- **Reconocimiento Facial** – Modelos basados en redes neuronales profundas.
- **OCR (Reconocimiento Óptico de Caracteres)** – Algoritmos como Tesseract OCR.

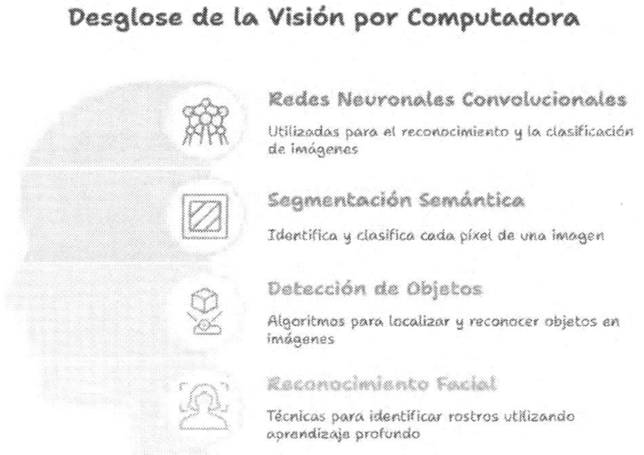

Figura 6: Visión por computadoral.

1.2.5 Sistemas Expertos

Los **sistemas expertos** son programas que imitan la toma de decisiones humanas en dominios específicos.

Principales Algoritmos de Sistemas Expertos:

- **Lógica Difusa** – Modelos para manejar información incierta o imprecisa.
- **Sistemas Basados en Reglas** – Motor de inferencia con "Si-Entonces".
- **Redes Bayesianas** – Modelos probabilísticos para la toma de decisiones.

Figura 7: Uso de sistemas expertos.

1.2.6 Robótica e Inteligencia Artificial en Robots

La **IA en robótica** permite a los robots realizar tareas de manera autónoma utilizando sensores y algoritmos avanzados.

- **Principales Algoritmos en Robótica:**
  - **SLAM (Simultaneous Localization and Mapping)** – Para la navegación autónoma de robots.
  - **Algoritmos de Control de Movimiento** – PID, Redes Neuronales.
  - **Sistemas de Percepción y Visión** – Uso de Computer Vision para reconocimiento de objetos y entornos.

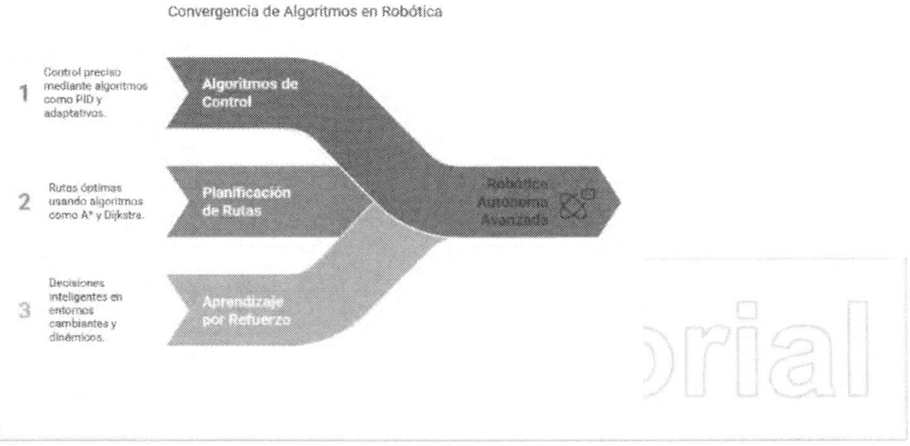

Figura 8: IA de aplicación a robots.

1.2.7 Inteligencia Artificial Generativa (Generative AI)

La **IA generativa** se enfoca en la creación de contenido nuevo, como texto, imágenes, música y código.

- **Principales Algoritmos de IA Generativa:**
    - **Redes Generativas Antagónicas (GANs)** – Para la generación de imágenes y videos.
    - **Modelos Basados en Transformers** – GPT, DALL·E, Stable Diffusion.
    - **VAEs (Variational Autoencoders)** – Para generación de imágenes sintéticas.

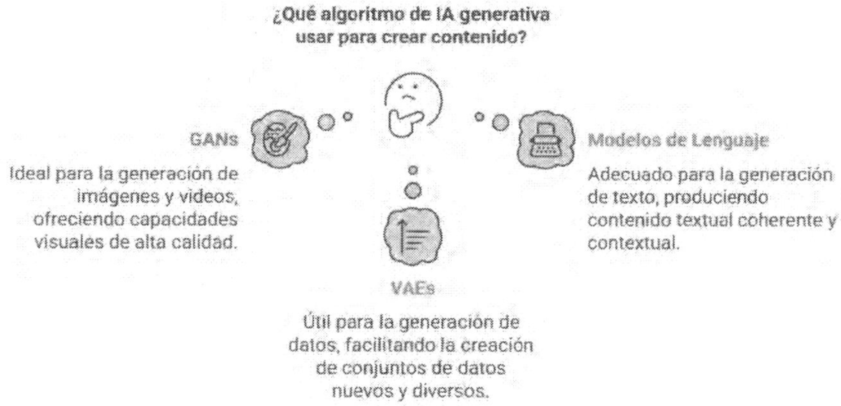

Figura 9: IA generativa para contenido.

1.2.8 Inteligencia Artificial Explicable (Explainable AI - XAI)

La **IA explicable** busca hacer que los modelos de IA sean interpretables y comprensibles para los humanos.

- **Principales Algoritmos de XAI:**
    - **LIME (Local Interpretable Model-agnostic Explanations) – Explica predicciones de modelos complejos.**
    - **SHAP (SHapley Additive exPlanations) – Asigna importancia a variables en modelos de Machine Learning.**
    - **Modelos Simples como Árboles de Decisión** – Para mejorar la interpretabilidad.

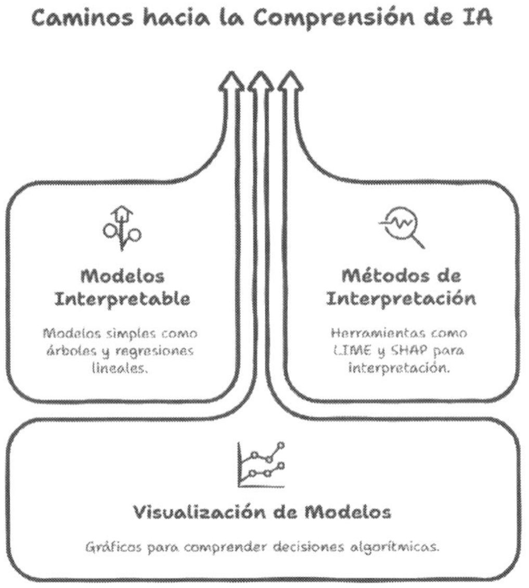

Figura 10: Modelos de Inteligencia Artificial Explicable.

1.3 Uso del Machine/Deep Learning.

Tanto Machine Learning como Deep Learning ofrecen soluciones poderosas para la automatización, optimización y toma de decisiones en empresas. Mientras que ML es más versátil y adecuado para problemas con datos estructurados, DL es ideal para problemas complejos que involucran imágenes, voz y texto a gran escala. La elección entre ambos dependerá del caso de uso, la cantidad de datos disponibles y los recursos computacionales

1.3.1 ¿Qué es Machine Learning?

El **Machine Learning (ML)** o **aprendizaje automático** es una rama de la inteligencia artificial (IA) que permite a las computadoras **aprender de los datos** y mejorar su rendimiento en tareas específicas sin ser programadas explícitamente para cada caso.

En lugar de seguir reglas predefinidas, los modelos de Machine Learning analizan patrones en conjuntos de datos y generan predicciones o clasificaciones.

1.3.1.1 Características Claves de Machine Learning

- **Aprendizaje basado en datos:** Los modelos identifican patrones en grandes volúmenes de datos.
- **Generalización:** Pueden hacer predicciones sobre nuevos datos nunca antes vistos.
- **Retroalimentación y mejora continua:** Algunos modelos ajustan sus parámetros con el tiempo para optimizar su precisión.

1.3.1.2 Tipos de Machine Learning

1. **Aprendizaje Supervisado:**
   - El modelo aprende a partir de un conjunto de datos etiquetado (entrada + salida esperada).
   - **Ejemplo:** Predicción de precios de viviendas con base en características como ubicación y tamaño.
   - **Algoritmos:** Regresión Lineal, Árboles de Decisión, Random Forest, Máquinas de Soporte Vectorial (SVM).

2. **Aprendizaje No Supervisado:**
   - El modelo encuentra patrones sin etiquetas predefinidas.
   - **Ejemplo:** Segmentación de clientes en grupos según su comportamiento de compra.
   - **Algoritmos:** K-Means, DBSCAN, Algoritmos de Asociación, Análisis de Componentes Principales (PCA).
3. **Aprendizaje por Refuerzo:**
   - Un agente interactúa con un entorno y aprende mediante prueba y error, recibiendo recompensas por decisiones óptimas.
   - **Ejemplo:** Optimización de estrategias en videojuegos o algoritmos de trading financiero.
   - **Algoritmos:** Q-Learning, Deep Q Networks (DQN), Aprendizaje basado en Políticas.

1.3.2 ¿Qué es Deep Learning?

El **Deep Learning (DL)** o **aprendizaje profundo** es una subcategoría avanzada de Machine Learning que utiliza **redes neuronales artificiales con múltiples capas (deep neural networks)** para modelar datos complejos y extraer características automáticamente.

A diferencia de los algoritmos tradicionales de Machine Learning, los modelos de Deep Learning pueden procesar **grandes volúmenes de datos** y detectar relaciones altamente complejas sin intervención humana en la selección de características.

1.3.2.1 Características Claves de Deep Learning

- **Uso de redes neuronales profundas:** Con múltiples capas de procesamiento (input → capas ocultas → output).
- **Procesamiento automático de características:** No requiere ingeniería manual de características, como en ML tradicional.
- **Escalabilidad y alto rendimiento:** Funciona bien con datos masivos y hardware avanzado (GPU, TPUs).

1.3.2.2 Tipos de Redes Neuronales en Deep Learning

1. **Redes Neuronales Artificiales (ANNs - Artificial Neural Networks)**
   - Son la base del Deep Learning y están inspiradas en el cerebro humano.
   - Se componen de **neuronas artificiales interconectadas** que transmiten señales y ajustan pesos para optimizar predicciones.
2. **Redes Neuronales Convolucionales (CNNs - Convolutional Neural Networks)**
   - Especializadas en **procesamiento de imágenes y visión por computadora**.
   - Utilizadas en reconocimiento facial, diagnóstico médico con imágenes y detección de objetos.
3. **Redes Neuronales Recurrentes (RNNs - Recurrent Neural Networks)**
   - Diseñadas para manejar **datos secuenciales y dependencias temporales**.
   - Aplicadas en **traducción automática, chatbots y análisis de series temporales**.
4. **Transformers**
   - Modelos avanzados utilizados en **procesamiento del lenguaje natural (NLP)**.
   - Base de modelos como **GPT, BERT, T5 y LLaMA**, utilizados en generación de texto y chatbots inteligentes.

Tabla 1: Diferencias Clave entre Machine Learning y Deep Learning

Característica	Machine Learning	Deep Learning
Definición	Aprendizaje basado en algoritmos estadísticos y modelos matemáticos.	Aprendizaje basado en redes neuronales profundas con múltiples capas.
Selección de Características	Requiere intervención humana para elegir variables relevantes.	Extrae características automáticamente.
Volumen de Datos	Funciona bien con conjuntos de datos pequeños y medianos.	Necesita grandes volúmenes de datos para un rendimiento óptimo.
Requerimientos de Hardware	Puede ejecutarse en CPU estándar.	Generalmente requiere GPU o TPU para procesamiento eficiente.
Ejemplo de Aplicaciones	Predicción de ventas, detección de fraude, segmentación de clientes.	Reconocimiento de imágenes, chatbots inteligentes, asistentes virtuales.

1.3.3 Aplicaciones Prácticas de Machine Learning y Deep Learning en Empresas

La inteligencia artificial ha revolucionado la forma en que las empresas operan, ofreciendo soluciones basadas en Machine Learning (ML) y Deep Learning (DL) que optimizan procesos, mejoran la toma de decisiones y generan ventajas competitivas. A continuación, se presentan algunas formas prácticas en las que estas tecnologías pueden aplicarse en el entorno empresarial:

1.3.3.1 Machine Learning en Empresas

El Machine Learning permite que los sistemas aprendan de los datos y realicen predicciones sin programación explícita. Sus aplicaciones abarcan múltiples sectores:

Análisis de Datos y Predicción:

- **Predicción de Demanda:** Modelos de regresión para estimar ventas futuras con base en datos históricos.
- **Análisis Financiero:** Detección de patrones en mercados financieros para optimizar inversiones.
- **Segmentación de Clientes:** Uso de clustering para identificar grupos con comportamientos similares.

Automatización y Procesos Empresariales

- **Automatización de Atención al Cliente:** Chatbots inteligentes y asistentes virtuales.
- **Optimización de la Cadena de Suministro:** Modelos predictivos para gestión de inventarios.

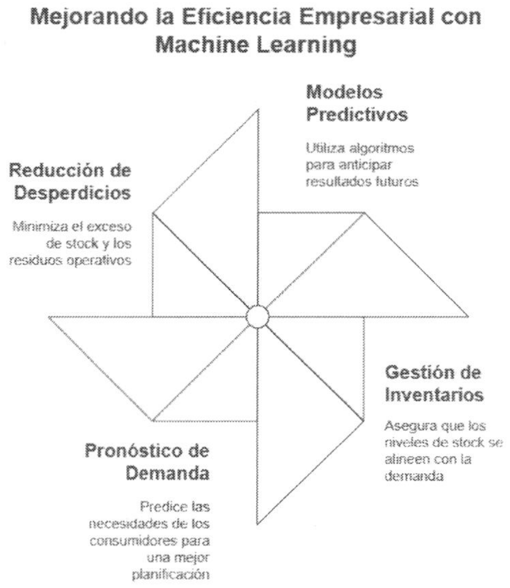

Figura 11: Machine learning en la cadena de suministro.

- **Detección de Fraude:** Algoritmos de clasificación para detectar transacciones sospechosas.

Marketing y Ventas

- **Personalización de Recomendaciones:** Motores de recomendación como los de Amazon y Netflix.
- **Optimización de Campañas Publicitarias:** Modelos de ML para predecir el rendimiento de anuncios.
- **Análisis de Sentimiento:** Evaluación de opiniones en redes sociales y encuestas para mejorar la imagen de marca.

1.3.3.2 Deep Learning en Empresas

El Deep Learning utiliza redes neuronales avanzadas para el procesamiento de datos complejos, como imágenes, textos y audio.

Visión por Computadora

- **Control de Calidad Automatizado:** Inspección de productos en fábricas con redes neuronales convolucionales (CNN).
- **Reconocimiento Facial:** Seguridad y autenticación de empleados mediante IA.
- **Análisis de Imágenes Médicas:** Diagnóstico asistido por IA en radiografías y tomografías.

Procesamiento del Lenguaje Natural (NLP)

- **Traducción Automática:** Google Translate y herramientas similares para comunicación global.
- **Asistentes Virtuales Inteligentes:** Uso de modelos como GPT para atención al cliente avanzada.
- **Generación de Contenido Automatizada:** Creación de informes, artículos y resúmenes mediante IA.

Análisis y Predicción Avanzada

- **Mantenimiento Predictivo:** Modelos de DL que anticipan fallas en maquinaria.
- **Optimización de Precios Dinámicos:** Ajuste automático de precios según la demanda y competencia.

- **Gestión de Riesgos en Finanzas:** Redes neuronales para evaluar riesgos de inversión y crédito.

1.4 Conocimiento acerca del Big data como el cambio en la IA.

El avance de la inteligencia artificial (IA) en la última década ha estado directamente impulsado por el crecimiento exponencial de los datos. La relación entre **Big Data** e **Inteligencia Artificial** es simbiótica: la IA necesita grandes volúmenes de datos para entrenar sus modelos, y Big Data proporciona la infraestructura para almacenar, procesar y analizar esa información en tiempo real. En este artículo, exploraremos cómo el conocimiento profundo sobre Big Data transforma la manera en que se desarrolla, implementa y optimiza la IA.

1.4.1 ¿Qué es Big Data y por qué es clave para la IA?

Big Data se refiere a conjuntos de datos masivos y complejos que no pueden ser procesados con herramientas convencionales debido a su volumen, velocidad y variedad. Se caracteriza por las **5V**:

- **Volumen:** Cantidades masivas de datos generados diariamente.
- **Velocidad:** Rápida generación y procesamiento de datos en tiempo real.
- **Variedad:** Datos estructurados (bases de datos), semiestructurados (JSON, XML) y no estructurados (imágenes, texto, video).
- **Veracidad:** Calidad y confiabilidad de los datos.
- **Valor:** Información útil extraída para la toma de decisiones.

En el contexto de la IA, Big Data proporciona la materia prima necesaria para entrenar modelos de Machine Learning y Deep Learning. Sin datos suficientes y de calidad, los algoritmos de IA no pueden generalizar ni producir resultados precisos.

1.4.2 Cómo Big Data Impacta el Desarrollo de la IA

El conocimiento sobre Big Data ha transformado la forma en que se construyen y entrenan los modelos de IA en diversas áreas:

1.4.2.1 Mejora en el Entrenamiento de Modelos de IA

Los modelos de IA, especialmente los basados en Deep Learning, requieren grandes volúmenes de datos para entrenar redes neuronales profundas. Big Data permite alimentar estos modelos con:

- **Datos históricos y en tiempo real** para mejorar la precisión.
- **Diversidad de fuentes** (redes sociales, sensores IoT, transacciones, registros médicos) que enriquecen el aprendizaje.
- **Etiquetado automatizado** con técnicas de procesamiento del lenguaje natural (NLP) y visión artificial.

Ejemplo: **Modelos de lenguaje como GPT-4** han sido entrenados con billones de palabras extraídas de Big Data, lo que les permite responder preguntas, generar texto y realizar tareas complejas.

1.4.2.2 Optimización del Procesamiento de Datos

Los algoritmos de IA requieren técnicas avanzadas de procesamiento y almacenamiento para manejar grandes volúmenes de información. Herramientas como:

- **Hadoop y Spark** permiten distribuir el procesamiento de datos en múltiples servidores.

- **Bases de datos NoSQL** (MongoDB, Cassandra) manejan datos no estructurados de forma eficiente.
- **Lakes de Datos (Data Lakes)** almacenan información en bruto para análisis posteriores.

Ejemplo: En el sector financiero, los modelos de IA analizan grandes volúmenes de datos en tiempo real para detectar fraudes en transacciones bancarias.

1.4.2.3 Generación de Modelos más Precisos y Adaptables

La combinación de IA y Big Data ha permitido desarrollar **modelos más robustos y adaptativos**. La IA puede:

- Aprender **patrones ocultos** en grandes volúmenes de datos.
- Adaptarse dinámicamente a cambios en el entorno sin necesidad de reentrenamiento constante.
- Detectar **sesgos y errores** en datos mediante técnicas de análisis automatizado.

Ejemplo: Empresas como Amazon y Netflix utilizan IA basada en Big Data para mejorar la personalización de sus recomendaciones en función del historial del usuario.

1.4.2.4 Aplicaciones en la Industria: IA Potenciada por Big Data

El impacto del Big Data en la IA se extiende a múltiples sectores:

1.4.2.4.1 Salud y Diagnóstico Médico

- Procesamiento de imágenes médicas con **redes neuronales convolucionales (CNNs)** para detectar cáncer y enfermedades.
- Modelos predictivos para **detectar epidemias** analizando grandes volúmenes de datos clínicos y genéticos.

1.4.2.4.2 Finanzas y Detección de Fraude

- Análisis de datos transaccionales en tiempo real con **Machine Learning** para identificar actividades sospechosas.
- Creación de **modelos de riesgo crediticio** más precisos.

1.4.2.4.3 Industria y Manufactura

- **Mantenimiento predictivo:** Uso de sensores IoT y modelos de IA para anticipar fallos en maquinaria industrial.
- Optimización de la **cadena de suministro** con modelos de predicción basados en datos históricos.

1.4.2.4.4 Marketing y Experiencia del Cliente

- **Análisis de comportamiento de usuarios** con IA para ofrecer recomendaciones personalizadas.
- Modelos de **chatbots avanzados** entrenados con datos de interacción para mejorar la atención al cliente.

1.4.2.4.5 Retos y Desafíos en la Integración de Big Data con IA

A pesar de sus beneficios, la combinación de Big Data e IA presenta desafíos técnicos y éticos:

1. **Privacidad y Seguridad de Datos**
   - Protección de información personal conforme a regulaciones como **GDPR** y **CCPA**.
   - Riesgo de filtraciones y vulnerabilidades en bases de datos masivas.
2. **Calidad y Sesgo en los Datos**

- Datos mal estructurados o sesgados pueden generar modelos con decisiones injustas.
- Necesidad de auditorías constantes para garantizar imparcialidad en la IA.

3. **Costo Computacional y Energético**
   - Procesar grandes volúmenes de datos requiere infraestructura costosa y alto consumo energético.
   - Avances en **modelos eficientes** como los Transformers optimizados buscan mitigar este problema.
4. **Interoperabilidad y Escalabilidad**
   - Integración de múltiples fuentes de datos con formatos distintos.
   - Uso de arquitecturas híbridas entre **nube y edge computing** para optimizar el procesamiento.

1.5 Legislación y referencias legales

1.5.1 Reglamento (UE) 2024/1689

Debido a las implicaciones que tiene el uso de Inteligencia Artificial, el 13 de junio de 2024 el Parlamento Europeo aprobó el Reglamento por el que se establecen las normas armonizadas en materia de inteligencia artificial, y que modifica reglamentos anteriores. Su objetivo es garantizar un uso seguro, transparente y alineado con los derechos fundamentales de las personas y es fomentar la innovación sin comprometer la seguridad, la democracia o la privacidad.

1.5.1.1 Ámbito de aplicación

El Reglamento 2024/1689, en resumen, aplica a:

- Proveedores de IA que operen en la Unión Europea o que sus productos sean utilizados en territorio europeo.
- Responsables del despliegue de sistemas de Inteligencia Artificial que estén establecidos o ubicados en la Unión.
- Proveedores y responsables de sistemas de Inteligencia Artificial extranjeros cuando sus resultados de salida se utilicen en la Unión.
- Importadores y distribuidores de sistemas de IA.
- Fabricantes de productos que pongan en servicio un sistema de IA junto con su producto y con su propio nombre o marca.

1.5.2 Prácticas prohibidas de sistemas de IA

Los siguientes sistemas de IA son prohibidos por presentar riesgos a las personas, su privacidad, y otros riesgos. Por ello, su uso debe ser autorizado por una autoridad judicial o administrativa independiente. Las siguientes prácticas son:

- **Manipulación social y explotación de vulnerabilidades:** Se prohíben todos aquellos sistemas que manipulen la voluntad de una persona o de un colectivo, alterando su comportamiento. Esto incluye sistemas que exploten la vulnerabilidad de personas debido a su edad, discapacidad o situación socioeconómica.
- **Puntuación social:** Los sistemas que clasifiquen a las personas según su comportamiento social de forma perjudicial, afectando su acceso a servicios, empleo o derechos.
- **Evaluación de riesgo criminal:** Sistemas de IA que intenten predecir si una persona cometerá un delito basándose en su perfil o características personales, sin pruebas objetivas.

- **Creación de bases de datos de reconocimiento facial:** Sistemas que generen bases de datos de reconocimiento facial extrayendo imágenes de internet o cámaras de seguridad sin consentimiento.
- **Identificación biométrica y detección de emociones:** Sistemas de IA que detecte emociones en entornos laborales o educativos, salvo por razones médicas o de seguridad; o sistemas de categorización biométrica que infieran raza, religión, orientación sexual u opiniones políticas.
- **Identificación biométrica remota en tiempo real:** El uso de sistemas de identificación biométrica en espacios públicos.

Figura 12: Practicas prohibidas en IA según la legislación europea.

1.5.3 Sistemas de IA de alto riesgo

Los sistemas de alto riesgo son aquellos que pueden afectar significativamente a la seguridad, los derechos fundamentales o la salud de las personas. Entre ellos se encuentran componentes de seguridad para productos regulados en la UE, como dispositivos médicos, automóviles, etc. Otros ámbitos de sistemas de IA de alto riesgo son en la educación y formación, por ejemplo, en la evaluación de estudiantes; sistemas de contratación; sistemas para servicios esenciales como salud, transporte y suministro energético; o sistemas de justicia y vigilancia entre otros.

Los sistemas de IA de alto riesgo requieren un trato especial para la gestión de dichos riesgos. Por ejemplo, deben incluir sistemas de monitoreo y corrección de fallos; el conjunto de datos con los que son entrenados deben ser representativos y libres de sesgos, es decir, de alta calidad; deben ser sistemas transparentes, documentando las características, limitaciones y precisión del sistema; deben ser supervisados y permitir la intervención humana; y deben recibir una evaluación de conformidad.

1.5.4 Control y supervisión por parte de la Comisión Europea

Para tener un control sobre los sistemas de inteligencia artificial se ha establecido la Oficina de IA dentro de la Comisión Europea y garantizar aplicación de la normativa. A mayores, las autoridades nacionales de cada país perteneciente a la Comunidad Europea deben supervisar la comercialización y uso de sistemas de IA.

Para garantizar el cumplimiento, se han impuesto sistemas de sanciones para aquellas empresas que no cumplan por infracciones graves, por incumplimientos relacionados con los sistemas de alto riesgo, o por omitir requisitos de transparencia.

1.5.5 Códigos de buenas prácticas

1.5.5.1 La OCDE y sus principios de IA

Debido al gran potencial que comprende el uso de herramientas y sistemas basados en inteligencia artificial, la OCDE (Organización para la Cooperación y el Desarrollo Económico) ha desarrollado ciertos principios como buenas prácticas para desarrollar, como los siguientes:

1- **Crecimiento inclusivo y desarrollo sostenible:** Anima al desarrollo de IA en busca de resultados beneficiosos para las personas y el planeta, como para aumentar las capacidades del ser humano, reducir las desigualdades, etc.

2- **Respetar el Estado de derecho, derechos humanos y valores democráticos:** Los sistemas de IA deberían estar centrados en el ser humano a lo largo de su ciclo de vida. Los sistemas deberían evitar la discriminación y promover la privacidad, autonomía de las personas, libertad, etc.

3- **Transparencia y explicabilidad:** Los actores de la IA deberían comprometerse con la transparencia y una divulgación responsable en relación con los sistemas de IA. Para ello, deben proporcionar información significativa que sea adecuada para la situación específica.

4- **Solidez, seguridad y protección:** Los sistemas deben ser robustos, seguros, y estar protegidos de modo que, para condiciones adversas, funcionen adecuadamente. Con mecanismos para reforzar la integridad de la información, y que si el sistema de IA amenaza con provocar daños pueda ser invalidada.

5- **Responsabilidad:** Los actores de IA deben ser responsables del correcto funcionamiento del sistema, garantizar la trazabilidad, procesos y decisiones tomadas durante el ciclo de vida del sistema de IA.

1.5.5.2 Inteligencia artificial y propiedad intelectual, Oxford Press

Todos los sistemas de inteligencia artificial han sido entrenados con un conjunto de datos que en su mayoría tienen derechos de autor y están protegidos por la Propiedad Intelectual. El citado libro muestra el conflicto sobre la autoría en el contexto de la IA, es decir, si la IA podría ser considerada "autor", si las obras creadas con IA pueden ser protegidas por derechos de autor y quien tendría dicha titularidad.

También explora las patentes de inventos creados con inteligencia artificial. Es decir, si podría considerarse una máquina como inventor de un producto. Así como la influencia de la misma en la forma actual en la que se redactan y solicitan patentes.

Por otro lado, discute cómo la IA se utiliza en el proceso de creación de marcas, y los problemas que podrían surgir por ello; así como la vulneración de los derechos de marcas registradas y uso de intencia artificial para monitorizar infracciones.

Y por último, considera los desafíos e implicaciones legales derivados del rápido desarrollo de la inteligencia artificial, y la jurisdicción de las leyes de Propiedad Intelectual.

En conclusión, el objetivo del libro es proporcionar una visión general de cómo las leyes de propiedad intelectual deben adaptarse a los avances tecnológicos de la inteligencia artificial. Es útil tanto para **profesionales de la propiedad intelectual** como para aquellos interesados en las implicaciones legales de la IA, incluidos **abogados**, **desarrolladores de IA**, y **académicos**.

2 Aplicación del algoritmo de inteligencia artificial

2.1 Uso en el Machine Learning: modelos supervisados.

El aprendizaje supervisado es una de las técnicas más poderosas en Machine Learning, permitiendo resolver problemas de clasificación y regresión en múltiples industrias. A través de algoritmos como regresión lineal, árboles de decisión y redes neuronales, las empresas pueden mejorar la toma de decisiones basada en datos. Sin embargo, la calidad de los datos, la correcta selección del modelo y la mitigación de sesgos son factores clave para lograr modelos confiables y eficientes.

A medida que la IA sigue evolucionando, el aprendizaje supervisado seguirá siendo una herramienta fundamental en la automatización y optimización de procesos en la era digital.

El aprendizaje supervisado es una de las técnicas más utilizadas en **Machine Learning (ML)** debido a su capacidad para aprender patrones a partir de datos etiquetados y realizar predicciones precisas. En este enfoque, los modelos se entrenan con ejemplos en los que se conoce la salida esperada, lo que permite a los algoritmos ajustar sus parámetros para minimizar el error.

2.1.1 ¿Qué es el Aprendizaje Supervisado?

El **aprendizaje supervisado** es un paradigma de Machine Learning en el que un modelo aprende a partir de un **conjunto de datos etiquetado**. Se le proporciona al modelo ejemplos con entradas y salidas esperadas, y el algoritmo ajusta sus parámetros para predecir correctamente nuevas entradas.

2.1.1.1 Características del Aprendizaje Supervisado:

Necesidad de datos etiquetados: El entrenamiento requiere que cada entrada tenga una salida correcta asociada.

Generalización: El modelo busca identificar patrones que permitan predecir datos no vistos.

Función de error: Se mide la diferencia entre la predicción y la salida real para mejorar el modelo.

Dos tipos principales: Regresión y clasificación.

2.1.1.2 Tipos de Modelos Supervisados

El aprendizaje supervisado se divide en dos categorías principales:

2.1.1.2.1 Modelos de Clasificación

Los modelos de **clasificación** asignan las entradas a **categorías o clases discretas**. Son útiles para problemas donde la variable objetivo pertenece a un conjunto finito de valores.

Ejemplo:

- Detección de spam: Clasifica correos electrónicos como "spam" o "no spam".
- Diagnóstico médico: Identifica si un paciente tiene o no una enfermedad con base en sus síntomas.

Algoritmos más utilizados:

- **Regresión Logística**
- **Árboles de Decisión**
- **Random Forest**
- **Support Vector Machines (SVM)✓ Redes Neuronales Artificiales (ANNs)**

2.1.1.2.2 Modelos de Regresión

Los modelos de **regresión** predicen un valor **numérico continuo** en función de las variables de entrada. Son ideales para problemas donde el objetivo es estimar una cantidad específica.

Ejemplo:

- Predicción del precio de viviendas según su ubicación y tamaño.
- Estimación de la demanda de productos en función de tendencias históricas.

Algoritmos más utilizados:

- **Regresión Lineal**
- **Regresión Polinómica**
- **Redes Neuronales Profundas**
- **Gradient Boosting Machines (XGBoost, LightGBM)**

2.1.2 Algoritmos Clave en el Aprendizaje Supervisado

Existen múltiples algoritmos para el aprendizaje supervisado, cada uno con fortalezas y aplicaciones específicas.

2.1.2.1 Regresión Lineal

Concepto: Modelo matemático que representa la relación entre una variable dependiente y una o más variables independientes mediante una ecuación lineal.

Uso: Predicción de valores continuos como precios de productos o temperaturas futuras.

Ejemplo: Predicción del ingreso anual de una persona en función de su educación y experiencia laboral.

2.1.2.2 Regresión Logística

Concepto: Método de clasificación que calcula la probabilidad de que una observación pertenezca a una categoría específica.

Uso: Diagnóstico médico (enfermo/no enfermo), detección de fraudes, clasificación de clientes.

Ejemplo: Determinar si un cliente comprará o no un producto en función de su comportamiento pasado.

2.1.2.3 Árboles de Decisión

Concepto: Estructura jerárquica que divide los datos en subconjuntos más simples basándose en reglas de decisión.

Uso: Predicción en problemas de clasificación y regresión, generación de reglas de negocio interpretables.

Ejemplo: Determinar la elegibilidad de un cliente para un préstamo bancario según su historial crediticio.

2.1.2.4 Support Vector Machines (SVM)

Concepto: Encuentra un hiperplano óptimo que separa las clases en un espacio de alta dimensión.
Uso: Reconocimiento de imágenes, análisis de texto, clasificación de ADN.

Ejemplo: Clasificación de documentos legales según su tipo.

2.1.2.5 Redes Neuronales Artificiales (ANNs)

Concepto: Modelo inspirado en el cerebro humano que ajusta pesos en una red de neuronas para reconocer patrones complejos.

Uso: Reconocimiento de voz, procesamiento de lenguaje natural, visión por computadora.

Ejemplo: Un chatbot que analiza texto y responde de manera automatizada a los clientes.

2.1.3 Aplicaciones Prácticas en la Industria

El aprendizaje supervisado ha revolucionado múltiples sectores al automatizar tareas y mejorar la toma de decisiones basadas en datos.

Salud: En el sector de la salud, el aprendizaje supervisado ha permitido avances significativos en el diagnóstico de enfermedades. Las redes neuronales se utilizan para analizar imágenes médicas, como radiografías y resonancias magnéticas, facilitando la identificación temprana de condiciones críticas. Esto no solo mejora la precisión del diagnóstico, sino que también acelera el proceso, lo que puede ser vital para la atención del paciente.

Finanzas: La industria financiera ha adoptado modelos de aprendizaje supervisado para detectar fraudes en transacciones bancarias. Al entrenar algoritmos con datos históricos de transacciones, es posible identificar patrones sospechosos y alertar a los bancos sobre actividades inusuales. Esto ayuda a proteger tanto a las instituciones financieras como a los consumidores, reduciendo las pérdidas económicas asociadas al fraude.

Retail: En el ámbito del retail, los sistemas de recomendación de productos han transformado la experiencia del cliente. Utilizando datos sobre el comportamiento de compra, los algoritmos de aprendizaje supervisado pueden sugerir productos que se alineen con las preferencias individuales de los consumidores. Esto no solo mejora la satisfacción del cliente, sino que también incrementa las ventas al fomentar compras adicionales.

Manufactura: La manufactura se beneficia del aprendizaje supervisado a través de la detección de defectos en las líneas de producción. Mediante el uso de visión artificial, los sistemas pueden identificar productos defectuosos en tiempo real, lo que permite a las empresas mantener altos estándares de calidad y reducir el desperdicio. Esta automatización contribuye a una producción más eficiente y rentable.

Marketing: Finalmente, en el campo del marketing, la segmentación de clientes se ha vuelto más precisa gracias al aprendizaje supervisado. Al analizar datos demográficos y comportamentales, las empresas pueden crear campañas publicitarias más efectivas, dirigidas a segmentos específicos del mercado. Esto no solo optimiza el uso del presupuesto publicitario, sino que también mejora el retorno de inversión al alcanzar a los consumidores adecuados con el mensaje correcto.

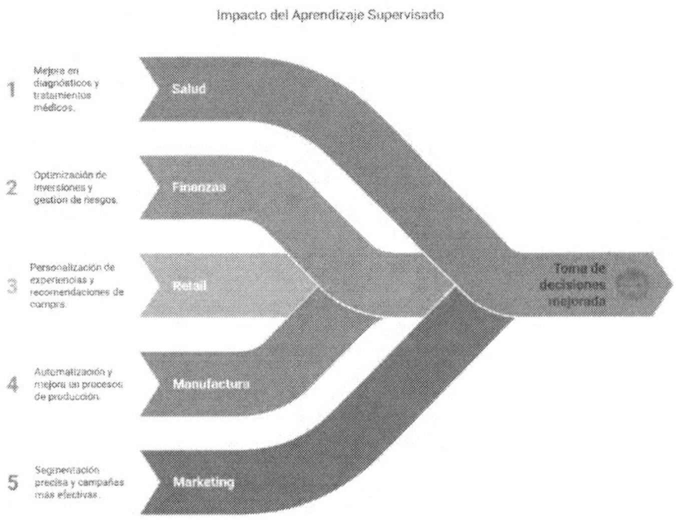

Figura 13: Impacto de aprendizaje supervisado en empresas.

2.1.3.1 Retos y Consideraciones en Modelos Supervisados

A pesar de sus ventajas, el aprendizaje supervisado presenta desafíos:

- **Necesidad de datos etiquetados:** Requiere grandes volúmenes de datos previamente clasificados, lo cual puede ser costoso y difícil de obtener.
- **Sobreajuste (Overfitting):** Modelos demasiado complejos pueden memorizar los datos de entrenamiento en lugar de generalizar correctamente.
- **Sesgo en los datos:** Un conjunto de datos sesgado puede llevar a decisiones injustas o discriminatorias.
- **Tiempo de entrenamiento:** Modelos avanzados pueden requerir alto poder computacional y grandes tiempos de procesamiento.

2.2 Uso en el Machine learning: modelos no supervisados

2.2.1 Qué es el Machine learning de modelos nos supervisados

Los modelos no supervisados en machine learning se caracterizan por trabajar con datos no etiquetados, lo que significa que no necesitan conocer de antemano las salidas o resultados esperados. Esto los hace ideales para descubrir patrones ocultos, relaciones y estructuras dentro de grandes volúmenes de información que no han sido categorizados previamente. Su enfoque es más exploratorio, ya que se utilizan principalmente para analizar y comprender los datos en lugar de realizar predicciones específicas.

Los modelos no supervisados reducen la necesidad de intervención humana durante el entrenamiento, aunque los resultados deben ser interpretados cuidadosamente para garantizar su utilidad. En resumen, su capacidad para revelar información oculta en los datos y su versatilidad los convierten en una herramienta fundamental en análisis exploratorios y descubrimientos en múltiples campos.

2.2.1.1 Fortalezas de los modelos no supervisados

Una de las grandes fortalezas de estos modelos es su flexibilidad, ya que pueden aplicarse a múltiples tipos de datos, desde imágenes y texto hasta grafos y secuencias temporales. Su versatilidad les permite identificar agrupaciones, reducir la dimensionalidad de los datos o encontrar anomalías, adaptándose a distintos contextos y necesidades. Además, no dependen de métricas estándar de evaluación como precisión o recall, ya que no hay una "respuesta correcta" que validar; en su lugar, se evalúan en función de la cohesión de los grupos formados o la varianza explicada, dependiendo del caso.

2.2.1.2 Modo de funcionamiento

Los algoritmos de aprendizaje no supervisado suelen ser iterativos, ajustando sus parámetros de forma continua hasta encontrar una estructura óptima en los datos. Sin embargo, son sensibles a la calidad de la información proporcionada, ya que el ruido o las variables irrelevantes pueden afectar significativamente los resultados. Por ello, requieren técnicas de preprocesamiento como normalización o selección de características para mejorar su rendimiento.

2.2.1.3 Objetivos de uso

Estos modelos no están diseñados para alcanzar un objetivo específico, sino para descubrir relaciones generales, lo que los hace útiles en tareas como la segmentación de clientes, la detección de comunidades en redes sociales o el análisis de datos biológicos. Aunque su implementación inicial es más económica y rápida al no necesitar datos etiquetados, validar sus resultados puede ser un desafío, ya que requiere experiencia en el dominio para interpretar los patrones o estructuras descubiertas.

2.2.2 Usos principales

1. **Segmentación de clientes**: En marketing, se utiliza para agrupar clientes en base a comportamientos o características comunes, permitiendo estrategias más personalizadas.
2. **Detección de anomalías**: Identificación de datos atípicos, útil en detección de fraudes, mantenimiento predictivo, o análisis de seguridad.
3. **Reducción de dimensionalidad**: Métodos como PCA (Análisis de Componentes Principales) permiten simplificar datos complejos, facilitando su visualización y análisis.
4. **Agrupamiento o clustering**: Descubre agrupaciones naturales en los datos, como dividir usuarios de un sitio web según sus intereses.
5. **Sistemas de recomendación**: Modelos que sugieren productos, películas o música en base a similitudes con otros usuarios o ítems, como en plataformas tipo Netflix o Amazon.
6. **Análisis de datos genómicos**: En biología, se usa para clasificar genes o secuencias de ADN basándose en similitudes.

2.2.3 Métodos comunes

1. **k-means (clustering):** divide los datos en un número predefinido de grupos (clusters). El algoritmo selecciona inicialmente centroides al azar y asigna cada punto al clúster más cercano. Luego, recalcula los centroides hasta estabilizar las asignaciones.
2. **DBSCAN (agrupamiento basado en densidad):** identifica clústeres como regiones densamente conectadas en el espacio de datos. Es ideal para formas de clúster complejas y puede manejar ruido (puntos que no pertenecen a ningún clúster).
3. **PCA (análisis de componentes principales):** transforma los datos de alta dimensionalidad a un espacio de menor dimensión, preservando la máxima varianza posible. Esto se logra calculando vectores propios y valores propios de la matriz de covarianza.
4. **t-SNE (mapa t-estocástico para incrustación de vecinos):** reduce dimensiones enfocándose en conservar relaciones locales entre puntos. Es útil para visualizar datos en 2D o 3D, aunque no para análisis interpretativo profundo.
5. **Modelos de mezcla gaussiana (GMM):** asume que los datos provienen de una combinación de varias distribuciones gaussianas. Estima los parámetros mediante el algoritmo EM (expectation-maximization) para asignar probabilidades a cada punto.

6. **Autoencoders (redes neuronales no supervisadas):** comprimen y reconstruyen los datos a través de una red neuronal. Se entrenan para minimizar la pérdida entre la entrada y la salida reconstruida. Útiles para detección de anomalías y reducción de dimensionalidad.

7. **Reglas de asociación (Apriori):** encuentra patrones frecuentes en conjuntos de datos transaccionales, como relaciones del tipo "si un cliente compra A, también compra B". Calcula métricas como soporte y confianza para determinar reglas útiles.

2.2.3.1 Retos y desafíos del uso de modelos no supervisados

Los modelos no supervisados presentan múltiples retos y desafíos que afectan su desempeño y utilidad, especialmente en los métodos comunes donde suelen aplicarse. Estos desafíos se derivan de la falta de etiquetas en los datos, la necesidad de interpretación humana y las limitaciones inherentes de los algoritmos.

Calidad de los datos: Uno de los principales retos es la calidad de los datos. En muchos casos, los datos no etiquetados pueden estar incompletos, contener ruido o variables irrelevantes, lo que dificulta que los modelos no supervisados encuentren patrones significativos. Además, en contextos como la reducción de dimensionalidad o el clustering, los modelos pueden ser muy sensibles a estas imperfecciones, lo que conduce a resultados inconsistentes o poco útiles.

Dificultad en la validación: Validar los resultados de los modelos no supervisados es otro desafío importante. Al no haber una "respuesta correcta" para comparar, la evaluación de los resultados depende de métricas indirectas (como cohesión de clústeres o varianza explicada) y del juicio del experto en el dominio. Esto introduce subjetividad y hace difícil medir objetivamente el éxito del modelo, especialmente en casos como la segmentación de clientes o la detección de comunidades.

Elección de parámetros y configuración: La selección de parámetros y configuraciones adecuadas es otro desafío clave. Por ejemplo, en métodos como k-means, determinar el número óptimo de clústeres requiere análisis adicionales. De forma similar, en PCA, decidir cuántos componentes principales conservar puede ser difícil sin un conocimiento profundo de los datos y del problema.

Interpretación y utilidad práctica: La interpretación de los resultados es un reto crucial, especialmente en métodos como clustering o detección de anomalías. Los resultados pueden no tener un significado inmediato, y su utilidad práctica depende de cómo se traduzcan en decisiones accionables. En entornos empresariales, como el marketing, identificar clústeres de clientes es útil solo si esos grupos pueden ser segmentados y atendidos de manera eficiente.

Sensibilidad a la inicialización y aleatoriedad: Algunos modelos no supervisados, como k-means, son sensibles a la inicialización aleatoria de los parámetros (por ejemplo, la posición inicial de los centroides). Esto puede conducir a resultados diferentes en ejecuciones repetidas, afectando la reproducibilidad y la estabilidad del modelo.

Falta de estandarización en las métricas: En la mayoría de los casos, no hay un estándar claro para evaluar el rendimiento de los modelos no supervisados. Por ejemplo, en métodos como la detección de anomalías, no siempre es evidente si el modelo está capturando las anomalías reales o simplemente identificando puntos atípicos según un criterio arbitrario.

Dependencia del conocimiento del dominio: Los modelos no supervisados requieren conocimiento experto del dominio para interpretar los resultados y evaluar si los patrones descubiertos tienen sentido o valor práctico. Sin esta experiencia, los resultados del modelo pueden ser difíciles de traducir en acciones significativas.

2.3 Aprendizaje por refuerzo

2.3.1 Qué es el aprendizaje por refuerzo

El aprendizaje por refuerzo (AR) es un paradigma clave en la inteligencia artificial (IA) que se centra en cómo los agentes autónomos pueden aprender a tomar decisiones mediante la interacción directa con su entorno. Este aprendizaje no se basa en supervisión explícita como en otros métodos de machine learning, sino en la experiencia que el agente adquiere a través de un proceso iterativo de prueba y error.

2.3.1.1 Funcionamiento del aprendizaje por refuerzo

En esencia, el agente se enfrenta a un entorno dinámico en el que, en cada paso, observa un estado particular, selecciona una acción y recibe una recompensa o penalización como respuesta. Esta retroalimentación no sólo le informa del resultado inmediato de su acción, sino que también ayuda a modelar un entendimiento a largo plazo de cómo maximizar las recompensas acumuladas.

Un aspecto fundamental del aprendizaje por refuerzo es su enfoque en la maximización de un criterio de recompensa acumulada, lo que implica que el agente debe equilibrar dos comportamientos opuestos: explorar para descubrir nuevas estrategias y opciones que puedan ser mejores, y explotar las estrategias que ya conoce y que han mostrado buenos resultados. Esta dualidad es uno de los desafíos clave en el diseño de algoritmos efectivos de AR.

2.3.1.2 Herramientas y técnicas utilizadas

El aprendizaje por refuerzo emplea diferentes estructuras matemáticas y técnicas para guiar el aprendizaje del agente, como las funciones de valor, que representan la utilidad esperada de cada estado o de cada combinación estado-acción. Una de las técnicas más conocidas en este campo es el Q-learning, que permite a un agente construir una tabla (Q-table) que relaciona cada estado y acción con su valor esperado en términos de recompensa.

2.3.2 Usos del aprendizaje por refuerzo

Los usos del aprendizaje por refuerzo se extienden a numerosos campos, ya que esta técnica permite resolver problemas complejos que requieren decisiones adaptativas y optimización a largo plazo. Entre sus principales usos se encuentran:

1. **Robótica**: El aprendizaje por refuerzo se utiliza para entrenar robots en tareas como caminar, manipular objetos, ensamblar componentes, o incluso trabajar en entornos desconocidos y dinámicos, como exploraciones submarinas o espaciales.
2. **Videojuegos e inteligencia artificial en juegos**: Los agentes entrenados con aprendizaje por refuerzo han demostrado habilidades excepcionales para jugar juegos como el Go, el ajedrez, y videojuegos complejos, superando el desempeño humano. Esto incluye aprender estrategias avanzadas y desarrollar comportamientos que optimizan la victoria.
3. **Sistemas autónomos**: En la conducción autónoma, los vehículos emplean aprendizaje por refuerzo para aprender a tomar decisiones en tiempo real, como mantenerse en el carril, evitar obstáculos y optimizar rutas.
4. **Finanzas**: Se utiliza para optimizar estrategias de inversión, gestionar carteras y realizar operaciones algorítmicas, ajustándose dinámicamente a las fluctuaciones del mercado.
5. **Procesos industriales**: Se utiliza en el control y optimización de procesos industriales, como el diseño de sistemas de producción, el mantenimiento predictivo de maquinaria y la gestión eficiente de cadenas de suministro.
6. **Sistemas de educación personalizada:** En el ámbito educativo, se aplica para crear sistemas de aprendizaje adaptativo que ajustan los contenidos educativos en función del progreso del estudiante.
7. **Gestión de recursos en simulaciones multiagente:** Se utiliza en simulaciones complejas como la gestión de tráfico urbano, la coordinación de flotas de drones o vehículos y la planificación estratégica en simulaciones de crisis.

En resumen, el aprendizaje por refuerzo destaca por su capacidad para abordar problemas donde las soluciones requieren explorar múltiples opciones, adaptarse a entornos dinámicos y optimizar resultados a largo plazo, convirtiéndose en una herramienta versátil en sectores que demandan inteligencia adaptativa.

2.3.3 Ventajas del aprendizaje por refuerzo con respecto a otros tipos de machine learning

Autonomía en la toma de decisiones: A diferencia del aprendizaje supervisado, donde se requiere un conjunto de datos etiquetados, el aprendizaje por refuerzo permite a los agentes aprender de su propia experiencia interactuando con el entorno. Esto es particularmente útil en problemas donde las soluciones no están predefinidas o los datos etiquetados no están disponibles.

Optimización a largo plazo: El aprendizaje por refuerzo se centra en maximizar las recompensas acumuladas a lo largo del tiempo, lo que lo hace ideal para problemas donde las decisiones actuales tienen un impacto significativo en resultados futuros. Esto contrasta con el aprendizaje supervisado, que normalmente optimiza el desempeño en cada instancia individual.

Adaptación a entornos dinámicos: Los agentes de aprendizaje por refuerzo pueden ajustarse a cambios en el entorno a medida que interactúan con él, lo que los hace adecuados para aplicaciones en tiempo real o sistemas en constante evolución.

Capacidad para abordar problemas secuenciales: Este enfoque es especialmente eficaz en problemas donde las decisiones deben tomarse en secuencia, como el control robótico, la conducción autónoma y los videojuegos, donde una acción influye en los estados futuros.

Escalabilidad en entornos complejos: Mediante el uso de técnicas avanzadas como el aprendizaje profundo por refuerzo, los agentes pueden manejar entornos con grandes espacios de estado y acción, algo que sería inviable con métodos basados en tablas o aprendizaje supervisado convencional.

2.3.4 Desafíos del aprendizaje por refuerzo

Requiere un entorno simulable o real para entrenar: A diferencia del aprendizaje supervisado y no supervisado, que pueden realizarse con conjuntos de datos preexistentes, el aprendizaje por refuerzo necesita un entorno dinámico para que el agente pueda explorar y aprender. La creación de estos entornos puede ser costosa o impráctica.

Exploración versus explotación: El equilibrio entre explorar nuevas acciones y explotar las estrategias aprendidas es un desafío central. Un exceso de exploración puede conducir a un entrenamiento ineficiente, mientras que una explotación prematura puede evitar que se descubran mejores estrategias.

Costos computacionales elevados: Entrenar agentes mediante aprendizaje por refuerzo, especialmente cuando se emplean redes neuronales profundas, puede ser extremadamente costoso en términos de tiempo y recursos computacionales, en comparación con otros métodos de aprendizaje.

Sensibilidad al ruido y la incertidumbre: En entornos reales, donde el ruido y la incertidumbre son inevitables, el aprendizaje por refuerzo puede ser menos robusto que otros métodos, como los algoritmos supervisados bien entrenados con datos limpios.

Riesgos de exploración en entornos reales: Durante el proceso de exploración, el agente puede tomar decisiones que sean costosas o peligrosas, lo que limita su aplicabilidad directa en sistemas críticos como vehículos autónomos o robots industriales.

Problemas de estabilidad y convergencia: En entornos complejos, los algoritmos de aprendizaje por refuerzo pueden no converger fácilmente hacia una solución óptima, especialmente si la política inicial o la función de valor están mal definidas.

2.4 *Machine learning: Modelos profundos (Deep learning).*

2.4.1 Qué son los modelos profundos

Los modelos de aprendizaje profundo son una subcategoría del aprendizaje automático que emplean redes neuronales artificiales con múltiples capas para procesar datos complejos y extraer patrones significativos. Estas redes están inspiradas en la estructura del cerebro humano, utilizando capas de neuronas conectadas entre sí, que transforman y procesan la información a través de cálculos matemáticos.

Una de las características principales de los modelos de aprendizaje profundo es su capacidad para trabajar con grandes volúmenes de datos y aprender representaciones jerárquicas de estos. Por ejemplo, en el reconocimiento de imágenes, las primeras capas pueden identificar bordes y formas básicas, mientras que las capas posteriores identifican características más complejas como caras o objetos específicos.

2.4.1.1 Entrenamiento de los modelos

El entrenamiento de estos modelos suele requerir una gran cantidad de datos etiquetados y recursos computacionales significativos. Esto se debe a que los algoritmos ajustan los pesos y sesgos de las conexiones neuronales a través de procesos iterativos, como la retropropagación del error, optimizados por técnicas como el descenso de gradiente.

Entre los modelos más conocidos de aprendizaje profundo están las redes neuronales convolucionales (CNN), utilizadas principalmente en tareas de visión por computadora; las redes neuronales recurrentes (RNN), eficaces para datos secuenciales como texto o series temporales; y los transformadores, que han revolucionado el procesamiento del lenguaje natural con arquitecturas como BERT y GPT.

2.4.1.2 Influencia del aprendizaje profundo en otros modelos

Los avances en el aprendizaje profundo han revolucionado el campo del aprendizaje por refuerzo, permitiendo superar las limitaciones de las aproximaciones tradicionales que dependían de tablas para representar funciones de valor. En entornos complejos y de alta dimensionalidad, donde los espacios de estados y acciones son inmensos o incluso continuos, el uso de redes neuronales profundas ha resultado crucial.

Mediante el uso de redes neuronales, es posible aproximar funciones de valor o políticas de decisión de forma eficiente, lo que permite a los agentes enfrentarse a problemas más complejos, como videojuegos en 3D, tareas avanzadas de robótica o la gestión dinámica de sistemas de gran escala. Una de las técnicas más destacadas en esta integración es el Deep Q-Learning (DQN), donde las redes neuronales se utilizan para estimar los valores Q, haciendo posible que el agente tome decisiones en tiempo real en entornos no estructurados.

Otra contribución significativa del aprendizaje profundo al aprendizaje por refuerzo es la capacidad de integrar aprendizaje no supervisado con el refuerzo. Esto permite a los agentes aprender representaciones útiles del entorno sin depender exclusivamente de recompensas inmediatas. Por ejemplo, el uso de redes convolucionales en combinación con técnicas de aprendizaje por refuerzo ha permitido a los agentes interpretar imágenes como entrada directa, sin necesidad de preprocesamiento humano.

2.4.1.3 Técnicas de procesamiento de datos

Normalización: Escalar los datos para que estén en un rango específico, lo que ayuda a una convergencia más rápida durante el entrenamiento.

Aumento de datos: Crear más datos artificialmente a partir de datos existentes, como rotación, cambio de escala o inversión en imágenes.

Codificación one-hot: Transformar datos categóricos en un formato adecuado para el modelo.

Embeddings: Representar datos categóricos (como palabras) en vectores continuos, utilizados comúnmente en procesamiento del lenguaje natural (PLN).

2.4.1.4 Arquitecturas de redes neuronales

Redes neuronales convolucionales (CNN): Estas redes están diseñadas para procesar datos espaciales como imágenes. Utilizan operaciones de convolución y pooling para extraer características jerárquicas de los datos. Por ejemplo, en el procesamiento de imágenes, las primeras capas identifican bordes y patrones básicos, mientras que las capas más profundas reconocen objetos más complejos. Las CNN son ampliamente utilizadas en tareas como reconocimiento facial, diagnóstico médico y detección de objetos.

Redes neuronales recurrentes (RNN): Estas redes son especialmente útiles para datos secuenciales, como texto, audio o series temporales. Sin embargo, enfrentan dificultades al manejar dependencias a largo plazo debido al problema del gradiente desaparecido. Para solucionar esto, se han desarrollado variantes como LSTM (Memoria a Largo Corto Plazo) y GRU (Unidades Recurrentes Gated), que pueden capturar relaciones a largo plazo de manera más efectiva.

Transformers: Esta arquitectura ha revolucionado el procesamiento del lenguaje natural (PLN) y, más recientemente, la visión por computadora. Los transformers, como BERT y GPT, utilizan el mecanismo de atención para modelar relaciones a largo plazo entre los datos de entrada, eliminando las limitaciones de las RNN. Son particularmente efectivos para tareas como traducción automática, generación de texto y análisis de sentimientos.

Redes generativas antagónicas (GAN): Estas redes están compuestas por dos modelos que compiten entre sí: un generador, que crea datos sintéticos, y un discriminador, que evalúa la autenticidad de esos datos. Esta dinámica ha permitido generar imágenes, videos, música y otros datos sintéticos de alta calidad, con aplicaciones en entretenimiento, diseño y ciencia.

Autoencoders: Estas redes son utilizadas principalmente para tareas de compresión de datos, reducción de dimensionalidad y detección de anomalías. Funcionan aprendiendo una representación comprimida (o codificación) de los datos de entrada para luego reconstruirlos de manera precisa. Son útiles en campos como la detección de fraudes, el análisis de imágenes médicas y la preprocesamiento de datos para otros modelos.

2.4.2 Principales usos de los modelos de aprendizaje profundo

Visión por computadora: Los modelos de deep learning, como las redes neuronales convolucionales (CNN), se utilizan ampliamente en tareas relacionadas con el análisis de imágenes y videos. Aplicaciones destacadas incluyen reconocimiento facial, diagnóstico médico por imágenes (radiografías, resonancias magnéticas), detección de objetos en sistemas de conducción autónoma y edición de imágenes.

Procesamiento del lenguaje natural (PLN): Los modelos basados en transformers, como BERT y GPT, han revolucionado el procesamiento del lenguaje natural. Estos se utilizan en traducción automática, chatbots, generación de texto, análisis de sentimientos y sistemas de búsqueda optimizados. Por ejemplo, pueden resumir documentos largos o responder preguntas en lenguaje natural.

Reconocimiento de voz y audio: Los modelos de aprendizaje profundo permiten convertir el habla en texto, identificar emociones en el tono de voz y procesar audio para tareas como la clasificación de sonidos o la síntesis de voz en aplicaciones como asistentes virtuales.

Automatización industrial y robótica: En el sector industrial, el deep learning permite el control de robots para realizar tareas complejas, como ensamblaje en fábricas o inspección de calidad automatizada. En robótica, también se emplea en la navegación autónoma de drones y vehículos.

Análisis de datos y predicción: Los modelos de deep learning se utilizan para identificar patrones complejos en grandes conjuntos de datos y realizar predicciones precisas. Esto es útil en áreas como la predicción del mercado financiero, la detección de fraudes y la optimización de la logística.

Generación de contenido: Con técnicas como las redes generativas antagónicas (GAN), el deep learning se utiliza para crear contenido sintético, como imágenes, videos, música o incluso diseños. Un ejemplo popular es la creación de rostros humanos realistas o arte generado por inteligencia artificial.

Biomedicina y farmacología: En la investigación médica, el deep learning se emplea para descubrir patrones en datos genómicos, predecir la interacción entre medicamentos, identificar biomarcadores y acelerar el diseño de nuevos fármacos.

Conducción autónoma: Los vehículos autónomos utilizan modelos de deep learning para procesar datos en tiempo real provenientes de cámaras, sensores y radares, permitiéndoles reconocer señales de tránsito, peatones y otros vehículos para tomar decisiones seguras en la conducción.

2.5 Asimilación de ejemplos con Weka/Orange

2.5.1 Weka (entorno para análisis del conocimiento de la Universidad de Waikato)

Weka (Waikato Environment for Knowledge Analysis) es una plataforma de software diseñada para el aprendizaje automático y la minería de datos, desarrollada en la Universidad de Waikato, Nueva Zelanda. Escrito en Java y distribuido como software libre bajo la licencia GNU-GPL, Weka se ha convertido en una herramienta de referencia en el ámbito de la inteligencia artificial y el análisis de datos.

Su enfoque visual e interactivo facilita la exploración de patrones en los datos, permitiendo a investigadores y empresas tomar decisiones informadas basadas en modelos de aprendizaje automático.

Las funcionalidades clave incluyen:

- Preprocesamiento eficiente de datos.
- Visualización interactiva para entender patrones.
- Algoritmos de clasificación, agrupamiento y asociación
- Evaluación detallada de modelos predictivos

En definitiva, WEKA es una herramienta esencial para cualquier profesional o investigador interesado en la **minería de datos y la inteligencia artificial aplicada**.

El desarrollo de Weka comenzó en la década de 1990 con el objetivo de proporcionar un entorno accesible y flexible para la experimentación con técnicas de machine learning. Originalmente concebido para el análisis de datos agrícolas, el proyecto evolucionó rápidamente para convertirse en una suite completa de herramientas utilizadas en una amplia variedad de industrias. Su adopción se vio impulsada por su interfaz gráfica intuitiva y su compatibilidad con múltiples formatos de datos, lo que facilita su integración en entornos académicos y empresariales.

WEKA (Waikato Environment for Knowledge Analysis) WEKA acelerado

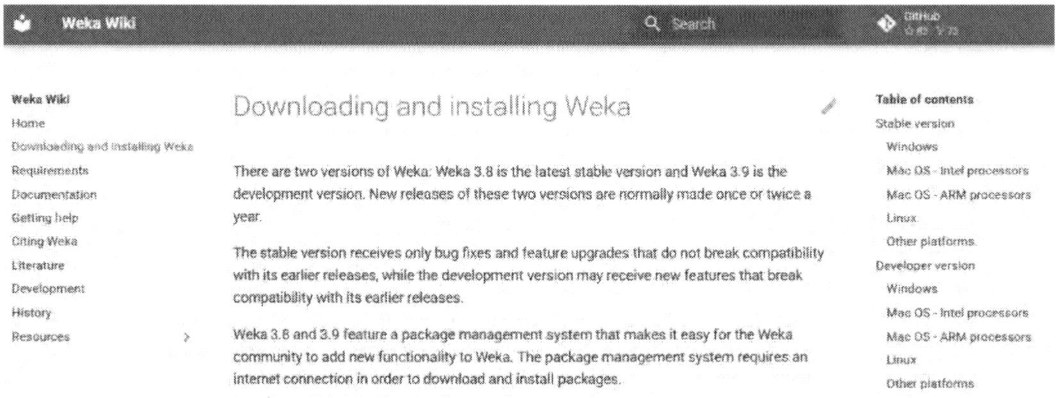

Figura 14: Entornos de Weka

Weka es una plataforma de aprendizaje automático de código abierto desarrollada en Java. Proporciona un conjunto completo de herramientas para la preparación de datos, clasificación, regresión, agrupamiento, extracción de reglas de asociación y visualización, lo que la convierte en una solución versátil tanto para investigadores como para profesionales del análisis de datos.

Con más de **10,5 millones de descargas**, Weka se ha consolidado como el software de código abierto más utilizado para **machine learning en Java**. Su popularidad se ha visto impulsada por el éxito del libro *Data Mining: Practical Machine Learning Tools and Techniques*, uno de los textos más influyentes en el campo, así como por la amplia difusión de cursos en línea (MOOC) que emplean Weka como herramienta de enseñanza.

En el ámbito académico y científico, Weka ha sido citado en más de **18.000 publicaciones** relacionadas con la investigación en aprendizaje automático, ciencia de datos y minería de datos aplicada, demostrando su relevancia como estándar en la comunidad de inteligencia artificial.

Desarrollado originalmente en 1993, Weka es uno de los sistemas de aprendizaje automático más longevos y aún sigue evolucionando activamente, desempeñando un papel clave en la exploración de datos, el desarrollo de modelos predictivos y la implementación de soluciones de IA en diversos sectores.

2.5.1.1 Características clave

Weka ofrece una colección de algoritmos de aprendizaje automático listos para usar, incluyendo clasificación, regresión, clustering y selección de atributos. Su arquitectura modular permite a los usuarios probar y comparar distintos modelos sin necesidad de programación avanzada, aunque también proporciona una API que facilita su integración en aplicaciones personalizadas.

Entre sus características más destacadas se encuentran:

- **Interfaz gráfica de usuario (GUI)** que permite realizar análisis sin necesidad de escribir código.
- **Compatibilidad con diversos formatos de datos**, incluyendo CSV y bases de datos SQL.

- **Implementación de numerosos algoritmos de machine learning**, como árboles de decisión, redes neuronales y métodos bayesianos.
- **Herramientas de preprocesamiento de datos** para limpieza, transformación y selección de características.
- **Capacidades de evaluación y validación cruzada**, fundamentales para la optimización de modelos predictivos.

2.5.1.2 Aplicaciones en el mundo empresarial

Weka es ampliamente utilizado en sectores como la salud, las finanzas, el comercio minorista y la seguridad. Algunos ejemplos concretos incluyen:

- **Detección de fraudes financieros:** Permite entrenar modelos para identificar patrones sospechosos en transacciones bancarias y prevenir fraudes.
- **Análisis de comportamiento del cliente:** Empresas de retail lo utilizan para segmentar clientes y predecir tendencias de compra, optimizando estrategias de marketing.
- **Diagnóstico médico asistido por IA:** En el sector sanitario, ayuda a identificar patrones en imágenes médicas o datos clínicos para mejorar la precisión en los diagnósticos.
- **Optimización de procesos industriales:** Weka se emplea en la predicción del mantenimiento de maquinaria, reduciendo costes operativos y evitando fallos imprevistos.

Gracias a su accesibilidad y potencia, Weka sigue siendo una de las herramientas más utilizadas tanto en investigación como en la implementación práctica de soluciones basadas en inteligencia artificial y análisis de datos.

2.5.1.3 Extracto de ejemplo de uso con WEKA

El objetivo del documento es proporcionar una **guía práctica** para utilizar WEKA, ilustrando cada función con ejemplos concretos. Los datos utilizados provienen de pruebas de selectividad realizadas en Madrid entre 1993 y 2003, lo que permite explorar patrones en el rendimiento de los estudiantes. Nota este ejemplo junto con otros asociados están disponibles en la plataforma de la UC3M "Manuales y ejemplos introductorios de Weka" (ver bibliografia) con uso creative commons.

2.5.1.4 Instalación y parametrización

Se facilitan enlaces de descarga (ver ampliación en bibliografía)

- https://www.waikato.ac.nz/int/research/institutes-centres-entities/institutes/artificial-intelligence-institute/research/software/
- https://sourceforge.net/projects/weka/

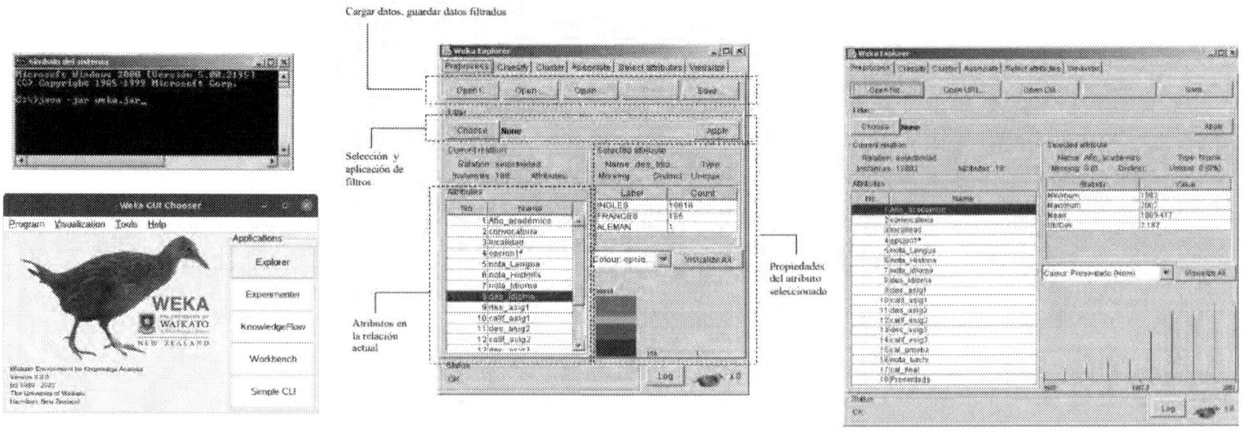

Ejecución de WEKA

Preprocesado de los datos

Características de los atributos

Figura 15: Instalación y configuración de Weka

2.5.1.5 Preparación de Datos

Los datos pueden cargarse en WEKA desde:

- **Archivos de texto** (*ARFF, CSV*)
- **Bases de datos SQL**
- **URL remotas**

Cada conjunto de datos contiene instancias (filas) y atributos (columnas), que pueden ser:

- **Numéricos** (*real, integer*)
- **Simbólicos** (*valores categóricos dentro de llaves*)

Ejemplo de estructura de datos en ARFF:

```
@relation selectividad
@attribute Año_académico real
@attribute convocatoria {J, S}
@attribute localidad {ALPEDRETE, ARANJUEZ, ...}
@attribute nota_Lengua real
@attribute Presentado {SI, NO}
@data
...
```

Antes de aplicar técnicas de minería de datos, es fundamental definir los **objetivos del análisis**, por ejemplo:

- Identificar patrones en los resultados de los alumnos.
- Evaluar la influencia del entorno en las calificaciones.
- Determinar si es posible predecir el rendimiento académico.

2.5.1.6 Ejecución y Uso de WEKA

WEKA se ejecuta mediante un **archivo JAR** en Java y ofrece cuatro interfaces:

1. **Simple CLI** (línea de comandos)
2. **Explorer** (interfaz principal para análisis)
3. **Experimenter** (pruebas comparativas)
4. **KnowledgeFlow** (flujo de procesos gráficos)

El **Explorer** es la interfaz más utilizada y se divide en seis módulos:

- **Preprocess:** carga y limpieza de datos.
- **Classify:** selección y evaluación de modelos de clasificación.
- **Cluster:** algoritmos de agrupamiento.
- **Associate:** descubrimiento de reglas de asociación.
- **Select Attributes:** selección de características relevantes.
- **Visualize:** representación gráfica de los datos.

2.5.1.7 Preprocesamiento de Datos

Antes de aplicar cualquier análisis, los datos deben **limpiarse y transformarse**. WEKA incluye **filtros** para modificar atributos e instancias:

- **Filtros de atributos:** eliminación, discretización (conversión a categorías) y generación de nuevos atributos.
- **Filtros de instancias:** selección basada en condiciones (*ej. filtrar alumnos con nota* > *5*).

Ejemplo: **Discretización de calificaciones** Se pueden dividir las notas en cuatro intervalos (bins), lo que permite convertirlas en categorías (Ej.: Bajo, Medio, Alto).

2.5.1.8 Visualización de Datos

WEKA permite explorar gráficamente los datos mediante:

- **Gráficos 2D**: Relacionan atributos con diferentes colores.
- **Histogramas**: Distribución de valores por atributo.
- **Selección interactiva**: Filtrado de datos mediante selección manual en gráficos.

Ejemplo: Relación entre **calificación en la prueba** y **nota de bachillerato**, coloreando por convocatoria (*junio o septiembre*). Esto ayuda a detectar patrones visualmente.

2.5.1.9 Técnicas de Minería de Datos

2.5.1.9.1 Reglas de Asociación

Los algoritmos de asociación buscan descubrir reglas en los datos sin necesidad de una variable objetivo. WEKA incluye **Apriori**, un método que encuentra patrones en datos categóricos.

Ejemplo de regla generada:

```
ini
nota_bachi = (8-inf)  ==> convocatoria = J (confianza: 99%)
```

Esto indica que el 99% de los alumnos con nota de bachillerato superior a 8 se presentan en junio.

2.5.1.9.2 Agrupamiento (Clustering)

Los algoritmos de clustering buscan agrupar instancias similares. WEKA ofrece:

- **K-Means**: Divide los datos en K grupos según similitud numérica.
- **EM (Expectation-Maximization)**: Modelo estadístico que determina el número óptimo de clusters.
- **Cobweb**: Crea categorías jerárquicas de agrupamiento.

Ejemplo: Aplicar **K-Means con K=5** mostró que los grupos de alumnos se alineaban con las **opciones de estudio**.

2.5.1.9.3 Clasificación

El objetivo es predecir una categoría basada en datos históricos. WEKA incluye varios clasificadores, como:

- **OneR:** Selecciona el mejor atributo predictor.
- **J48 (Árboles de Decisión):** Método basado en reglas jerárquicas.
- **Regresión Logística:** Predicción de clases binarias.
- **Redes Neuronales:** Modelos más avanzados para aprendizaje complejo.

Ejemplo: **Clasificación de alumnos aprobados o suspendidos** usando J48. El árbol de decisión generado mostró que el mejor predictor era la **nota de bachillerato**.

2.5.1.9.4 Evaluación de Modelos

Para medir el rendimiento de los modelos, WEKA proporciona:

- **Precisión global** (porcentaje de aciertos).
- **Matriz de confusión** (detalla errores por clase).
- **Cross-validation** (validación cruzada para estimar desempeño real).

Ejemplo: Un modelo de clasificación alcanzó **72.5% de precisión** al predecir aprobados basándose en la **nota de bachillerato**.

2.5.1.10 Predicción Numérica

Además de clasificar, WEKA permite **predecir valores numéricos** mediante:

- **Regresión Lineal**
- **Árboles de Decisión M5P** (divide los datos en segmentos con regresión independiente).

Ejemplo: **Predicción de la nota final** combinando **nota de bachillerato y prueba**. Se confirmó que la calificación final depende en un **60% de la nota de bachillerato** y en **40% de la prueba**.

2.5.1.11 9. Selección de Atributos

Para mejorar la eficiencia de los modelos, WEKA ofrece métodos para seleccionar las características más relevantes. Algunos métodos incluyen:

- **CfsSubsetEval**: Mide la correlación entre atributos y clase.
- **Wrapper Method**: Evalúa atributos usando clasificadores.

Ejemplo: Se encontró que la **primera asignatura optativa** es el mejor predictor de la **opción de estudio** elegida por los alumnos.

2.5.2 Orange Data Mining

Orange Data Mining (orangedatamining.com) es una plataforma de código abierto diseñada para el aprendizaje automático y la visualización de datos. Ofrece un entorno de programación visual que permite a los usuarios crear flujos de trabajo de análisis de datos mediante la disposición y conexión de "widgets". Estos widgets abarcan desde la entrada y preprocesamiento de datos hasta la visualización y la minería de datos predictiva, facilitando la realización de análisis complejos sin necesidad de programación.

Características principales:

- Programación visual sin código: Los usuarios pueden arrastrar y soltar widgets para construir flujos de trabajo personalizados, eliminando la necesidad de escribir código.
- Amplia variedad de widgets: Incluye herramientas para tareas como clasificación, agrupamiento, regresión, selección de características y más, permitiendo una exploración exhaustiva de los datos.
- Visualizaciones interactivas: Ofrece gráficos como distribuciones estadísticas, diagramas de caja, diagramas de dispersión, árboles de decisión y mapas de calor, facilitando la comprensión de datos multidimensionales.
- Extensibilidad: Mediante complementos especializados, es posible realizar procesamiento de lenguaje natural, análisis de redes, minería de reglas de asociación y abordar aspectos como la equidad en el aprendizaje automático. También admite datos especializados, como series temporales y expresiones génicas.

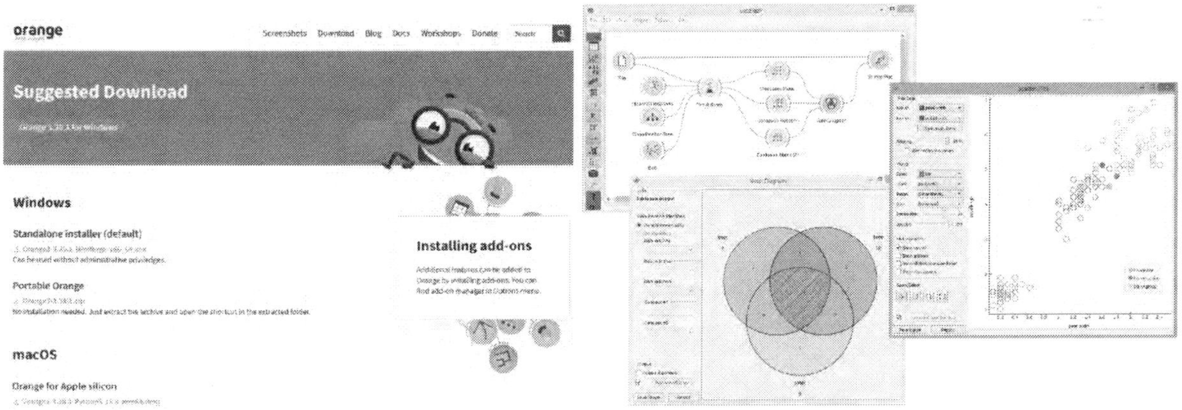

Figura 16: Instalación y GUI de Orange.

2.5.2.1 Integración de Orange en entornos empresariales

Orange es una herramienta versátil que puede integrarse en diversas aplicaciones empresariales, especialmente en áreas relacionadas con la inteligencia artificial y la analítica de datos. Su capacidad para unificar información de distintos sistemas y generar informes con indicadores clave beneficia la toma de decisiones en las empresas. Además, permite realizar proyecciones del negocio, monitorizar el rendimiento y determinar cambios estratégicos para mejorar la rentabilidad.

Beneficios para las empresas:

- Análisis del negocio: Facilita la identificación de oportunidades y áreas de mejora mediante el análisis de datos integrados.
- Ahorro de tiempo: Automatiza procesos de análisis y generación de informes, reduciendo la carga de trabajo manual.
- Seguimiento periódico: Permite la monitorización continua del rendimiento empresarial a través de paneles de datos actualizados.

- Información unificada: Centraliza datos de diversas fuentes, proporcionando una visión coherente y completa del negocio.

2.6 *Otras herramientas estructuradas para el uso de IA (FrameWorks)*

Los frameworks de inteligencia artificial son un conjunto de herramientas que ayudan a construir software sin tener que empezar desde cero. Los siguientes frameworks que se van a mencionar son bibliotecas que utilizan grandes modelos muy conocidos. Con cada uno de los frameworks se mostrarán ejemplos de aplicación actual.

2.6.1 TensorFlow

TensorFlow es una biblioteca de código abierto desarrollada por Google para computación numérica y aprendizaje profundo. Fue diseñada para entrenar y desplegar modelos de Machine Learning (ML) y Deep Learning (DL) en una variedad de plataformas, desde dispositivos móviles hasta servidores en la nube.

Usos principales:

Visión por Computadora

TensorFlow se utiliza ampliamente en la visión por computadora, donde permite realizar tareas como:

- Clasificación de imágenes: Identificación y categorización de objetos dentro de imágenes.
- Segmentación: Dividir una imagen en partes significativas para un análisis más detallado.
- Detección de objetos: Localización y clasificación de múltiples objetos dentro de una imagen.

Procesamiento del Lenguaje Natural (NLP)

En el ámbito del procesamiento del lenguaje natural, TensorFlow facilita:

- Traducción automática: Conversión de texto de un idioma a otro utilizando modelos de aprendizaje profundo.
- Análisis de sentimientos: Evaluación de opiniones y emociones expresadas en textos, útil en marketing y atención al cliente.

Series Temporales

TensorFlow también es eficaz en el análisis de series temporales, donde se aplica para:

- Predicción: Anticipar valores futuros basados en datos históricos, como en finanzas o meteorología.
- Análisis: Estudio de patrones y tendencias en datos a lo largo del tiempo.

Robótica y IoT

La implementación de TensorFlow en dispositivos móviles se realiza a través de TensorFlow Lite, que permite:

- Desarrollar aplicaciones de inteligencia artificial en dispositivos con recursos limitados.
- Integrar modelos de aprendizaje automático en sistemas robóticos y dispositivos IoT.

Entrenamiento Distribuido

Finalmente, TensorFlow ofrece capacidades de entrenamiento distribuido, lo que es crucial para:

- Modelos que requieren grandes volúmenes de datos, permitiendo un procesamiento más rápido y eficiente.
- Escalar el entrenamiento en múltiples máquinas para mejorar el rendimiento y reducir el tiempo de entrenamiento.

TensorFlow es ideal para proyectos que requieren escalabilidad y producción, ya que soporta entrenamiento distribuido en múltiples GPUs/TPUs y ofrece herramientas avanzadas como TensorFlow Serving para integrar modelos en aplicaciones empresariales. Además, es especialmente útil para despliegues móviles o en dispositivos IoT gracias a TensorFlow Lite, permitiendo integrar modelos directamente en aplicaciones móviles.

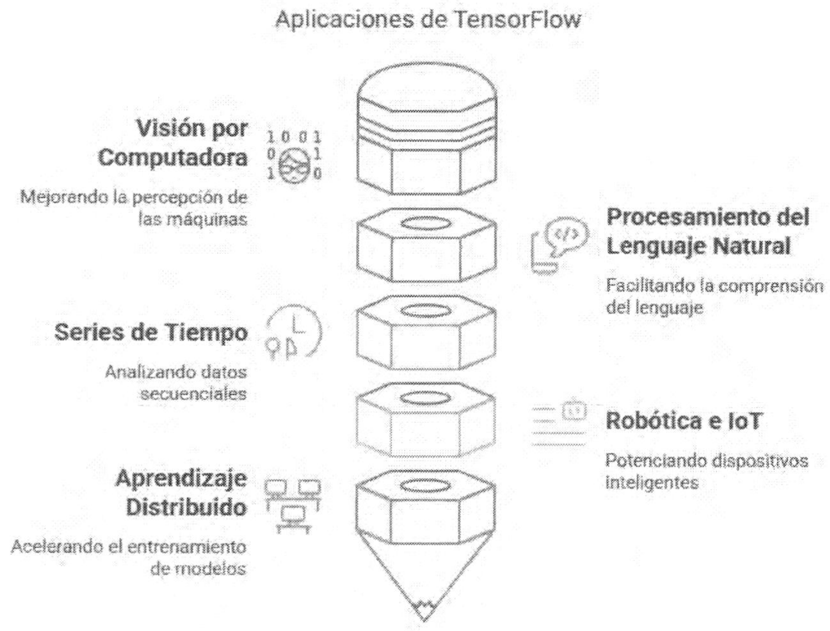

Figura 17: Aplicaciones de TensorFlow.

2.6.2 PyTorch

PyTorch, desarrollado por Meta (antes Facebook), es una biblioteca de aprendizaje profundo basada en Python. Ofrece un enfoque dinámico de construcción de modelos (Dynamic Computational Graphs), lo que facilita la depuración y modificación en tiempo de ejecución.

Usos principales:

- **Investigación**: ampliamente utilizado en la academia para prototipos rápidos.
- **Aprendizaje profundo**: desde redes neuronales convolucionales (CNNs) hasta aprendizaje por refuerzo (RL).
- **Visión por computadora y NLP**: procesamiento de datos no estructurados como imágenes, texto y video.
- **Aprendizaje automático distribuido**: ideal para modelos en clústeres grandes.

Gracias a su enfoque flexible y dinámico, PyTorch destaca en investigación y desarrollo, ya que permite modificar cada paso del entrenamiento y facilita la depuración. Su integración perfecta con herramientas como Hugging Face y FastAI lo convierte en una excelente opción para investigadores y desarrolladores que buscan experimentar y personalizar modelos en tiempo real.

Dos de sus bibliotecas gratuitas y muy efectivas son torchvision y torchaudio. La primera es un paquete que consiste en conjuntos de datos populares, arquitecturas de modelos y transformaciones de imagen común para visión por ordenador; mientras que la segunda es una librería para audio y procesado de señales de audio.

2.6.3 Diffusers

Desarrollada por Hugging Face, Diffusers es una biblioteca especializada en **modelos generativos de difusión**. Estos modelos transforman ruido en datos estructurados (como imágenes, audio o texto).

Usos principales:

- **Generación de imágenes**: crear imágenes a partir de texto (e.g., Stable Diffusion).
- **Edición de imágenes**: modificar imágenes existentes.
- **Generación de video y audio**: crear contenido secuencial basado en difusión.

Diffusers es especialmente adecuada para aplicaciones creativas como la generación de imágenes, videos y audio, destacándose en diseño gráfico, creación artística y simulación multimedia. Su capacidad para trabajar con modelos de última generación como Stable Diffusion la convierte en una herramienta poderosa para diseñadores, artistas y desarrolladores que buscan resultados visuales impactantes.

2.6.4 Hugging Face Transformers

Es una biblioteca centrada en el manejo de **modelos preentrenados basados en transformadores**, como BERT, GPT y T5, para tareas de procesamiento del lenguaje natural (NLP) y más allá.

Usos principales:

- **Procesamiento del lenguaje natural**: traducción, resumen, análisis de sentimientos.
- **Modelos generativos**: generación de texto con GPT o T5.
- **Clasificación y preguntas/respuestas**: clasificación de texto, extracción de información.
- **Ajuste fino (fine-tuning)**: personalización de modelos para tareas específicas.

Hugging Face Transformers se destaca por su simplicidad y accesibilidad, ya que permite implementar modelos preentrenados en tareas complejas con muy pocas líneas de código gracias a su funcionalidad de pipelines. Además, su versatilidad y su integración tanto con PyTorch como TensorFlow lo convierten en una herramienta esencial para desarrolladores que trabajan en NLP y visión por computadora.

2.6.5 R como un dialecto del lenguaje S

R se crea en 1991en Nueva Zelanda por Ihaka y Gentleman, con el objetivo de tener similares posibilidades a S. Sintaxis similar aunque los detalles internos son distintos

• En el 2000 se crea R 1.0.0 con licencia GNU GPL (software libre)

• La versión 3.0.2 salió en Diciembre 2013. Desarrollo muy activo
Permite el análisis de datos interactivo y también posibilidad de escribir scripts (programas) • En la actualidad es propiedad de TIBCO (25 millones de dolares)

Como desventajas

- Ya tiene 40 años
- El procesamiento es con datos en memoria (no tan bueno para conjuntos de datos masivos, aunque dispone de alternativas: comunicación con mySQL, paquetes para que los datos residan parcialmente en disco, H2O, …)
- Poco soporte para gráficos en 3D, gráficos dinámicos y gráficos interactivos, aunque en el último año han aparecido maneras de generar gráficos interactivos en javascript desde R, con Shiny, rCharts.

2.6.6 Keras

Keras es una API de alto nivel construida sobre TensorFlow que facilita la creación y entrenamiento de modelos de aprendizaje profundo. Está diseñada para ser **simple y modular**, ideal para principiantes.

Usos principales:

- **Prototipos rápidos**: creación de modelos en pocas líneas de código.
- **Redes neuronales estándar**: CNNs, RNNs, y redes totalmente conectadas.
- **Modelos preentrenados**: aplicaciones como clasificación de imágenes.

Keras destaca por su simplicidad y facilidad de uso, lo que lo hace ideal para principiantes que desean iniciarse en el aprendizaje profundo. Su enfoque modular y su documentación extensa permiten crear prototipos de modelos complejos de manera rápida y eficiente, incluso para usuarios con poca experiencia técnica.

2.6.7 Rapidminer

RapidMiner es una plataforma integral de ciencia de datos que facilita la preparación de datos, el aprendizaje automático y el análisis predictivo. Diseñada para usuarios de diversos niveles de experiencia, permite la creación de flujos de trabajo analíticos mediante una interfaz gráfica intuitiva que utiliza operadores interconectados.

Características principales:

- **Interfaz visual:** Los usuarios pueden diseñar procesos de análisis arrastrando y soltando operadores, lo que simplifica la construcción y comprensión de modelos complejos.
- **Amplia biblioteca de operadores:** Ofrece más de 1,500 operadores para tareas que abarcan desde la integración y transformación de datos hasta el modelado y la visualización, proporcionando herramientas versátiles para diversas necesidades analíticas.
- **Extensibilidad:** Permite la integración con lenguajes como R y Python, así como la incorporación de plugins adicionales disponibles en el RapidMiner Marketplace, ampliando sus capacidades según los requerimientos específicos de cada proyecto.
- **Despliegue y colaboración:** Facilita la implementación de modelos en entornos de producción y promueve la colaboración entre equipos, asegurando que las soluciones analíticas sean accesibles y útiles para toda la organización.

2.6.8 Caffe

Caffe (Convolutional Architecture for Fast Feature Embedding) es una biblioteca de aprendizaje profundo enfocada en la velocidad. Fue desarrollada por la Universidad de Berkeley y es conocida por ser ligera y eficiente.

Usos principales:

- **Visión por computadora**: clasificación de imágenes y segmentación.
- **Aplicaciones móviles**: gracias a su baja latencia y eficiencia.
- **Modelos estándar**: redes predefinidas para tareas comunes.

Caffe es altamente eficiente en términos de velocidad y uso de GPU, lo que lo hace ideal para aplicaciones móviles y entornos con recursos limitados. Es una excelente opción para tareas específicas de visión por computadora que requieren resultados rápidos y modelos optimizados.

2.6.9 FastAI

FastAI es una biblioteca de alto nivel construida sobre PyTorch que simplifica el aprendizaje profundo. Está diseñada para ofrecer accesibilidad a principiantes, al tiempo que permite realizar tareas avanzadas.

Usos principales:

- **Visión por computadora**: clasificación, detección de objetos.
- **NLP**: clasificación de texto, análisis de sentimientos.
- **Transfer learning**: personalización de modelos preentrenados.

FastAI es ideal para aprender y prototipar rápidamente, gracias a su API intuitiva y sus herramientas preconfiguradas. Ofrece una experiencia amigable para principiantes, al tiempo que proporciona funcionalidades avanzadas para desarrolladores más experimentados interesados en tareas como transferencia de aprendizaje y ajuste fino.

2.7 Hardware para aplicaciones de IA. Servidores de IA

Para ejecutar lo que tiene que ver con la selección de servidores de IA externos a efectos de posibles compras y de montaje de servidores de IA internos con material de hardware regular y ordinario como por ejemplo CPU con tarjetas gráficas.

La Inteligencia Artificial se ha convertido en un gran aliado para la productividad. Sin embargo, cada vez que se interactúa con una de ellas, se están enviando datos personales como los *prompts*, imágenes, o documentos, información del equipo utilizado, y localización entre otros, a sus servidores. Después, según los términos de uso y la política de privacidad de la mayoría de plataformas, esos datos son registrados y se guardan tanto como la plataforma del servicio crea conveniente. Y si a eso se le añade que muchas veces son objetivos de ciberataques para obtener información de los clientes, puede que, para tener datos sensibles con respecto a una organización, empresa, o personal, no sea la mejor opción.

Por tanto, el uso de soluciones que mantengan los datos seguros y privado de servicios de terceros puede que sea la solución más conveniente para información sensible. Y para ello existen dos maneras de hacerlo: ensamblar un equipo capaz de ejecutar inteligencia artificial, o alquilarlo. En este primer punto se considerará el ensamblaje del mismo, y en el segundo punto se estudiará el alquiler de soluciones web.

Realmente todos los equipos deberían ser capaces de ejecutar aplicaciones de Inteligencia Artificial. Pero eso no significa que sean apropiado para ellos, pues ¿qué sentido tiene usar una Inteligencia Artificial si para ejecutar una tarea tarda más tiempo que subcontratarla? Por eso, el equipo utilizado, ya sea alquilado a través de servicios web, o adquirido, requiere de componentes de una cierta potencia mínima.

2.7.1.1 Unidad Central de Procesamiento (CPU):

La CPU actúa como el cerebro general del servidor. Durante la ejecución de tareas de IA, la CPU se encarga de tareas no paralelizables como la inicialización del modelo, la orquestación de las GPUs, la preprocesamiento de datos, y el manejo de las operaciones de entrada/salida (I/O). Además, supervisa la carga del sistema y coordina los cálculos entre las GPUs.

Requisito mínimo: Procesador con al menos 8 núcleos y 16 hilos, 2.5 GHz de velocidad base, y 16 MB de caché L3.

2.7.1.2 Unidad de Procesamiento Gráfico (GPU):

Las GPUs son el motor principal para tareas de IA intensivas, como entrenar redes neuronales o realizar inferencias en tiempo real. Estas manejan operaciones matemáticas masivamente paralelas, como multiplicaciones y sumas de matrices, fundamentales en el entrenamiento de modelos. Su arquitectura está optimizada para manejar grandes cantidades de datos de forma simultánea, acelerando significativamente las tareas que serían extremadamente lentas en una CPU.

La memoria VRAM es la que proporciona datos a los núcleos de procesamiento. Cuando se ejecuta un modelo de IA para entrenarlo, se carga el modelo y los parámetros aprendidos en ella. Y cuando se realiza una consulta al modelo ya entrenado, también llamado inferencia, se encarga de los datos de entrada y de las activaciones para obtener la salida del modelo. Por eso es tan importante que la tarjeta disponga de suficiente memoria VRAM.

Requisito mínimo: GPU con al menos 12 GB de memoria VRAM, como la NVIDIA RTX 3060, siendo ideales GPUs dedicadas como NVIDIA A100 o H100 para modelos complejos.

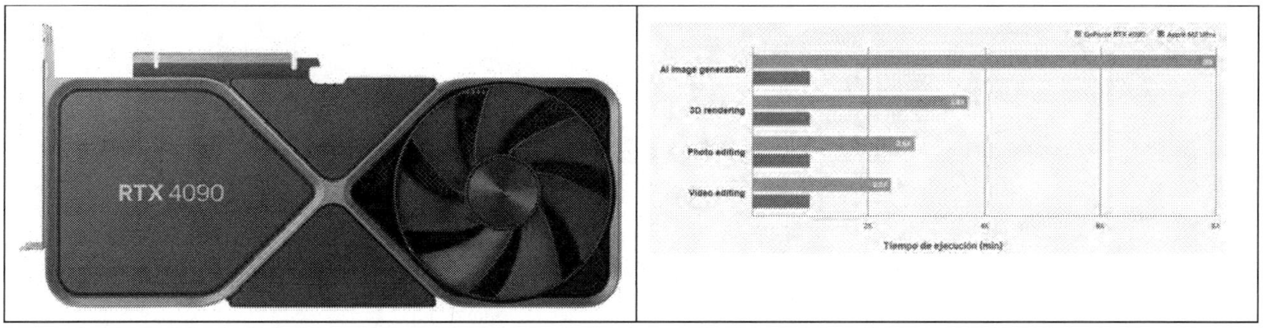

Figura 18 Comparativa de rendimiento de tarjetas gráfica.

2.7.1.3 NPU (Neural Processing Unit)

Una NPU (Neural Processing Unit) es un procesador especializado diseñado para acelerar las tareas de inteligencia artificial y aprendizaje profundo. Está optimizado para manejar cálculos de redes neuronales, como el procesamiento de grandes volúmenes de datos y la ejecución de modelos de IA de manera eficiente y con menor consumo de energía en comparación con las CPU o GPU tradicionales. Las NPUs se utilizan en dispositivos como smartphones, servidores y hardware dedicado a IA.

2.7.1.4 Tensor Processing Units (TPU)

Las TPU son aceleradores de hardware diseñados específicamente para ejecutar tareas de inteligencia artificial (IA), especialmente en modelos de aprendizaje profundo. Funcionan optimizando la ejecución de operaciones matriciales y tensoriales, que son fundamentales en redes neuronales. A diferencia de las CPU y GPU, las TPU están optimizadas para realizar cálculos de multiplicación y adición en matrices con baja latencia y alta eficiencia energética. Se usan tanto en el entrenamiento como en la inferencia de modelos de IA, destacando en aplicaciones que requieren procesamiento en tiempo real con gran velocidad y menor consumo energético.

Las **TPUs** fueron desarrolladas por Google y están disponibles principalmente en su plataforma de computación en la nube. Google también ofrece **Coral Edge TPU**, un módulo de hardware diseñado para ejecutar modelos de IA en dispositivos de borde con consumo eficiente de energía. No son necesarias, pero aceleran mucho los procesos.

2.7.1.5 Memoria RAM

La RAM almacena datos temporales y variables intermedias mientras el servidor ejecuta modelos de IA. Durante el entrenamiento, se utiliza para cargar mini-lotes de datos desde el almacenamiento, realizar preprocesamiento y mantener información que fluye entre la CPU y las GPUs. Si la RAM no es suficiente, el sistema puede experimentar cuellos de botella y dependencias de la memoria virtual del disco.

Requisito mínimo: Al menos 32 GB de RAM DDR4 o DDR5, aunque para tareas más intensivas se recomienda 64 GB o más.

2.7.1.6 Almacenamiento

Los modelos de IA, los datasets y las librerías suelen ocupar cientos de gigabytes o incluso terabytes. Los SSDs NVMe son cruciales para cargar y guardar rápidamente los datos, lo cual es especialmente importante al manejar grandes cantidades de información durante el entrenamiento o la inferencia.

Requisito mínimo: Un SSD NVMe de 1 TB para el sistema operativo y software, junto con un almacenamiento adicional de 2 TB para datasets (puede ser HDD o SSD).

2.7.1.7 Placa base

La placa base conecta todos los componentes y asegura que el servidor sea estable y escalable. Para IA, debe soportar GPUs modernas a través de ranuras PCIe de alta velocidad (PCIe 4.0) y ofrecer suficientes líneas para múltiples GPUs. También debe incluir suficientes puertos para almacenamiento rápido y una buena gestión de energía.

Requisito mínimo: Placa base compatible con PCIe 4.0, soporte para compatible con la GPU y la CPU.

2.7.1.8 Fuente de alimentación

Las cargas de IA, especialmente con múltiples GPUs, requieren una fuente de alimentación estable y potente para evitar caídas de energía y garantizar un rendimiento constante. Cada GPU puede consumir cientos de vatios, además de la CPU y otros componentes.

Requisito mínimo: PSU de 850 W con certificación 80 Plus Gold para configuraciones básicas con una GPU; 1200 W o más si usas múltiples GPUs.

2.7.1.9 Sistemas de refrigeración

Las tareas de IA generan un alto calor debido al uso intensivo de la CPU y las GPUs. El sobrecalentamiento puede reducir el rendimiento o incluso dañar los componentes. La refrigeración líquida para la CPU y ventiladores eficientes para las GPUs y la caja son esenciales para mantener temperaturas óptimas.

Requisito mínimo: Refrigeración líquida para la CPU y ventiladores de alta eficiencia para la caja y las GPUs.

2.7.1.10 Cuello de botella

Un **cuello de botella** en un servidor ocurre cuando un componente del sistema limita el rendimiento general porque no puede manejar la carga de trabajo al mismo nivel que el resto de los componentes. En un servidor de inteligencia artificial (IA), donde los procesos son intensivos en cálculo, memoria y almacenamiento, estos cuellos de botella pueden ser particularmente críticos, ya que afectan directamente la velocidad de entrenamiento, inferencia y manejo de datos.

2.7.2 Servidores de IA

Las especificaciones ideales para un **servidor de IA** dependen del tipo de carga de trabajo (entrenamiento o inferencia de modelos), pero en general (y salvando actualizaciones cronológicas), un **servidor potente para IA** debe contar con:

Procesador (CPU)

- **Mínimo:** Intel Xeon o AMD EPYC con al menos 16 núcleos.
- **Óptimo:** 2x Intel Xeon Platinum o AMD EPYC con 32-64 núcleos y soporte para múltiples hilos.
- **Razón:** Manejo eficiente de grandes volúmenes de datos y procesos paralelos.

Unidad de Procesamiento de IA (GPU/NPU/TPU)

- **Mínimo:** NVIDIA A100 (40GB HBM2) o RTX 4090.
- **Óptimo:** 4x NVIDIA H100 (80GB HBM3) o TPUs de Google Cloud.
- **Razón:** Las GPU y TPU aceleran el entrenamiento y la inferencia de modelos de IA, reduciendo tiempos de procesamiento.

Memoria RAM

- **Mínimo:** 128GB DDR5 ECC.
- **Óptimo:** 512GB-1TB DDR5 ECC (según la carga de trabajo).
- **Razón:** Modelos de IA grandes requieren gran cantidad de memoria para procesamiento eficiente.

Almacenamiento (SSD/NVMe)

- **Mínimo:** 2TB SSD NVMe Gen 4.
- **Óptimo:** 8TB-16TB SSD NVMe en RAID 0 o 1 + HDD para almacenamiento masivo.
- **Razón:** Lectura y escritura rápida de datos entrenados.

Conectividad y Redes

- **Mínimo:** 10GbE Ethernet.
- **Óptimo:** 100GbE InfiniBand para clústeres de servidores.
- **Razón:** Transferencia eficiente de datos en redes de alto rendimiento.

Fuente de Alimentación y Refrigeración

- **Mínimo:** 1200W PSU (80+ Platinum).
- **Óptimo:** 3000W redundante con refrigeración líquida.
- **Razón:** Soporte para alto consumo energético y disipación térmica eficiente.

Software y Frameworks

- **Sistemas Operativos:** Linux (Ubuntu, CentOS) o Windows Server.
- **Frameworks:** TensorFlow, PyTorch, CUDA, cuDNN.
- **Razón:** Compatibilidad con herramientas de IA y optimización del hardware.

2.8 *Aplicaciones para instalación en servidores de IA*

2.8.1 Sistema operativo

El sistema operativo es el sistema encargado de que las aplicaciones digitales se ejecuten en los componentes físicos del ordenador. La mayor diferencia entre Windows y Linux es que Windows es de pago y tiene un gran soporte para muchas aplicaciones y es más simple de utilizar, aunque el sistema tiene por defecto muchas aplicaciones, que, si no se van a usar, siguen ralentizando el sistema; mientras que los sistemas basados en Linux apoyan sobre todo los programas de código abierto y no se descargan aplicaciones que no sean necesarias, aunque su uso es más complejo.

¿Cómo elegir el sistema operativo más apropiado?

Para cada caso se debe examinar cuidadosamente cual es el objetivo del servidor, y los conocimientos de programación del usuario. Por ejemplo, si el servidor se va a utilizar para realizar consultas de texto y va a estar dedicado a otras operaciones, lo mejor es un entorno Windows que tiene interfaces gráficas que permiten interactuar de forma sencilla con el ordenador. Si el objetivo del servidor es dedicarlo exclusivamente a inteligencia artificial de cualquier otro tipo, como generación de imagen, procesado de datos, etc, el mejor entorno es Linux; pero requerirá conocimientos técnicos de programación, especialmente en Python y la terminal de la distribución de Linux.

Las mejores distribuciones de Linux para sistemas de inteligencia artificial son Ubuntu, el más recomendado; y Arch Linux o Manjaro, que son más personalizables. En particular, Ubuntu es un sistema operativo que se puede obtener en su web. Se considera el mejor para aplicaciones de inteligencia artificial por la capacidad que tiene de gestionar óptimamente los recursos del ordenador, y la integración de los drivers de NVidia más eficientes.

2.8.2 Plataformas para ejecutar modelos LLM en local y control documental

Con el crecimiento de los Modelos de Lenguaje de Gran Tamaño (LLM), muchas empresas y desarrolladores buscan soluciones que permitan ejecutar estos modelos de manera local, sin depender de la nube o de servidores externos. Esta necesidad responde a factores clave como la privacidad de los datos, la reducción de costos operativos y la disponibilidad sin conexión.

En esta exploración, analizaremos las principales plataformas que facilitan la ejecución local de LLM y su aplicación en el control documental, automatización de tareas y gestión del conocimiento dentro de empresas e instituciones.

Ha plataformas que han surgido como opciones innovadoras, permitiendo a los usuarios ejecutar modelos de lenguaje de forma local y optimizar la gestión documental. Estas herramientas ofrecen ventajas como la integración con archivos y bases de datos privadas, el procesamiento de grandes volúmenes de información y la posibilidad de personalizar los modelos según necesidades específicas. Describimos algunas de ellas.

2.8.2.1 GPT4All

Estas plataformas están diseñada para ejecutar modelos GPT como GPT-J y GPT-NeoX en local, sin necesidad de conexión a internet (GPT4All). Como características principales:

- Fácil de instalar y ejecutar en local.
- Compatible con varios modelos de lenguaje de código abierto.
- Se puede utilizar en computadoras de escritorio con hardware modesto.
- GPT4All permite interactuar con sus modelos a través de API locales, lo que permite a los desarrolladores integrar el modelo en aplicaciones o flujos de trabajo personalizados.

Uso de API: Puedes crear aplicaciones de chatbot, generación de texto y automatización, interactuando con el modelo desde otros programas.

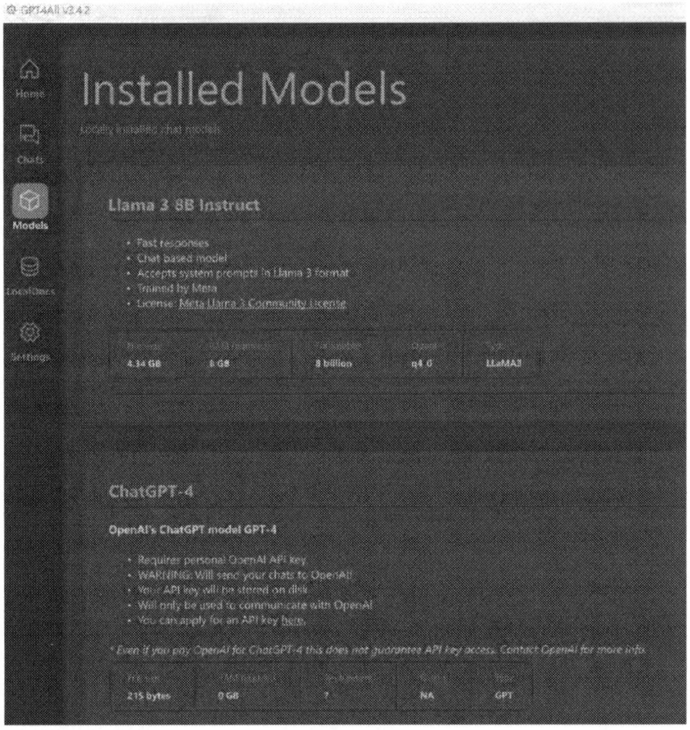

Figura 19: Interfaz de GPT4All

Figura 20: Modelos bases documentales para IA tratados en local

2.8.2.2 AnythingLLM

Es Una plataforma que permite la integración y ejecución de modelos LLM en local, conectando tus datos y obteniendo respuestas contextuales AnythingLLM. Ideal para integrar LLMs en flujos de trabajo personalizados y aplicaciones internas.

Características:

- Capacidad de conectar múltiples fuentes de datos locales.
- Proceso simplificado para ejecutar LLM en tu entorno sin depender de la nube.
- Soporte para varios modelos de IA.
- API: AnythingLLM proporciona una API para interactuar con los modelos y realizar consultas basadas en los datos conectados en local. Esto permite una integración más fácil con otras aplicaciones locales.

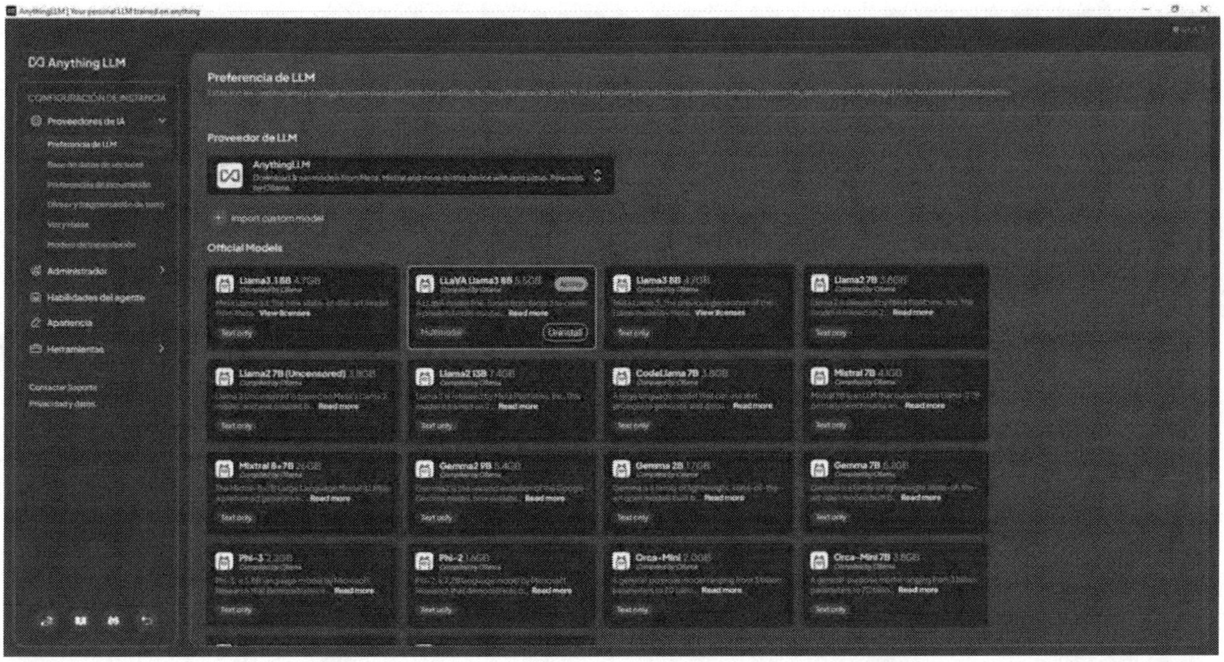

Figura 21: Modelos LLM instalados en local

2.8.2.3 Pinokio AI

Pinokio es una plataforma que permite instalar, ejecutar y gestionar aplicaciones de servidor de inteligencia artificial (IA) de manera local en tu computadora. Actúa como un navegador especializado que facilita la ejecución de cualquier aplicación que normalmente se ejecutaría en la línea de comandos, proporcionando una interfaz más accesible para los usuarios. pinokio.computer

Características principales:

- **Instalación Sencilla:** Permite instalar y ejecutar aplicaciones de IA con un solo clic, simplificando procesos que tradicionalmente requieren conocimientos técnicos avanzados.
- **Gestión Local:** Ofrece control total sobre las aplicaciones ejecutadas localmente, sin necesidad de depender de servicios en la nube, lo que mejora la privacidad y la seguridad de los datos.
- **Automatización:** Facilita la automatización de tareas relacionadas con IA, permitiendo programar y gestionar procesos de manera eficiente.

La comunidad de usuarios ha destacado la utilidad de Pinokio para ejecutar interfaces web de aplicaciones de IA, como Gradio, de forma local. Aunque algunos han reportado la necesidad de realizar ajustes ocasionales durante la instalación, en general, la plataforma es valorada por simplificar la ejecución de herramientas de IA en entornos locales. reddit.com

Para obtener más información o descargar Pinokio, puedes visitar su sitio web oficial: pinokio.computer

Además, su código fuente está disponible en GitHub: github.com

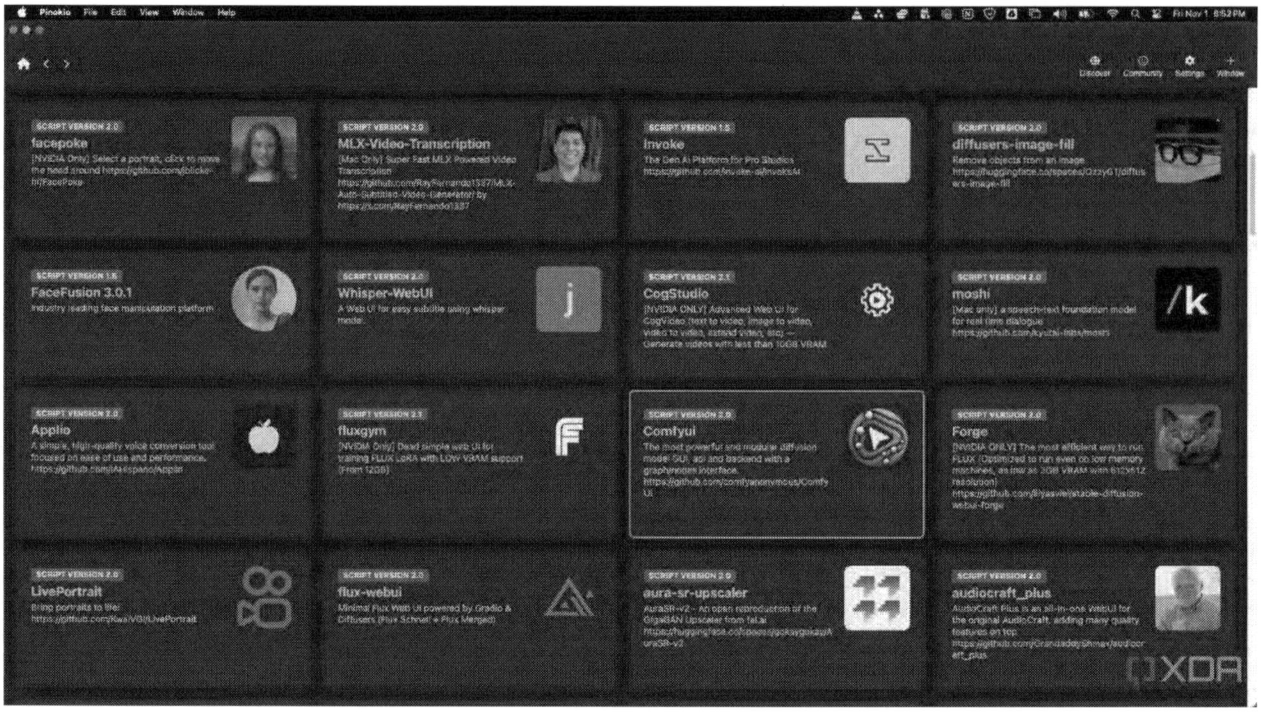

Figura 22 Interfaz de Pinokio y opciones que posee.

Una de las principales características de Pinokio AI es su interfaz amigable y su enfoque hacia la instalación fácil de modelos de inteligencia artificial de código abierto. Cualquier usuario con una computadora relativamente potente puede utilizar Pinokio AI para explorar y utilizar diversas herramientas de IA, desde edición de imágenes y videos hasta generación de contenido con chatbots y otras formas de inteligencia generativa.

2.8.2.4 Ejemplo de instalación de DeepSeek en local con LM Studio

1. **Descargar e Instalar LMStudio**

Lo primero que necesitas es LMStudio, un entorno que permite ejecutar modelos de IA en local. Descárgalo desde la página oficial de LMStudio y sigue las instrucciones del instalador según tu sistema operativo (Figura 23).

Figura 23: Web de descarga de LM Studio.

2. **Descargar el Modelo de DeepSeek**

Una vez instalado LMStudio, ábrelo y dirígete a la pestaña "Modelos". Busca DeepSeek en la barra de búsqueda y selecciona la versión que desees instalar (por ejemplo, DeepSeek Coder para generación de código). Haz clic en "Descargar" y espera a que el proceso finalice.

3. Configurar DeepSeek en LMStudio

Cuando la descarga haya terminado, dirígete a la pestaña "Chat" dentro de LMStudio y selecciona el modelo de DeepSeek como el motor de IA que deseas usar. Ajusta los parámetros según tu hardware, como la cantidad de memoria RAM o el uso de GPU si está disponible.

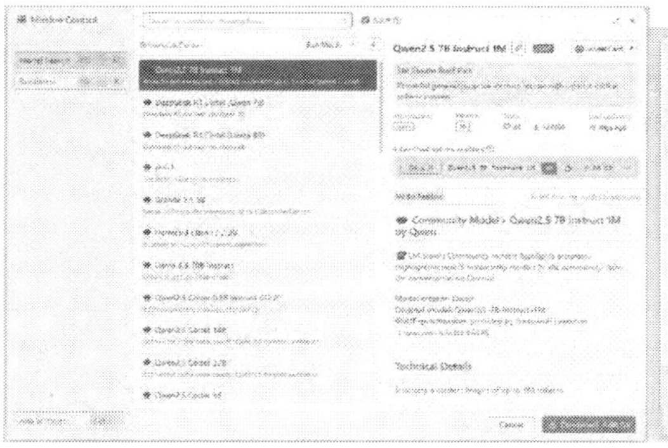

Figura 24: Explorar y descargar.

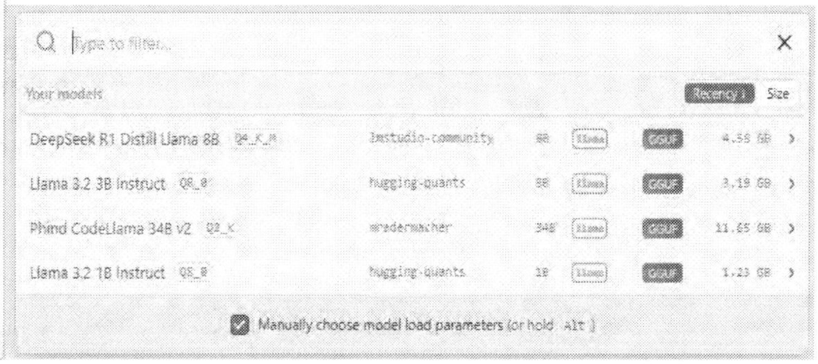

Figura 25: Cargar DeepSeek.

4. Probar el Modelo

Ahora puedes comenzar a interactuar con DeepSeek dentro de LMStudio. Simplemente escribe en la caja de texto y el modelo responderá en función de la consulta realizada. Si el modelo no responde correctamente, revisa la configuración o prueba con diferentes versiones del modelo.

5. Ajustes Avanzados (Opcional)

Si deseas mejorar el rendimiento, puedes activar la compatibilidad con GPU en los ajustes de LMStudio, siempre que tu tarjeta gráfica lo soporte. Además, puedes probar diferentes configuraciones de temperatura y tokens para optimizar las respuestas del modelo según tus necesidades.

2.9 Evaluación y Selección de Benchmarks para proyectos de Inteligencia Artificial

El **propósito esencial de los Benchmarks** en la inteligencia artificial (IA) es proporcionar una base **estandarizada, objetiva y fiable** para evaluar y comparar el rendimiento de algoritmos, modelos y sistemas de IA. Esto es crucial para medir la eficacia y la eficiencia de las soluciones de IA en una amplia gama de aplicaciones.

Los principales beneficios de usar benchmarks incluyen:

1. **Comparación de rendimientos**: Permiten evaluar nuevos algoritmos y modelos frente a métodos existentes.
2. **Identificación de fortalezas y debilidades**: Ayudan a entender qué enfoques son más efectivos para tareas específicas.
3. **Toma de decisiones informada**: Ofrecen información crítica para elegir las técnicas adecuadas en proyectos reales.
4. **Impulso a la innovación y competitividad**: Establecen estándares claros que fomentan el desarrollo de mejores soluciones.
5. **Selección de herramientas específicas**: Sirven de guía para determinar qué enfoques son más adecuados para problemas concretos.

- **Principios para Seleccionar y Diseñar Benchmarks**

La correcta selección y diseño de benchmarks es crucial para garantizar resultados válidos y aplicables. Aquí los puntos clave:

1. Relevancia para la tarea evaluada

- Los benchmarks deben reflejar situaciones reales y desafíos que enfrentará el sistema de IA.
- Las métricas deben estar alineadas con los objetivos específicos de la tarea.

2. Diversidad y representatividad

- Es imprescindible incluir una variedad de casos de prueba que cubran diferentes escenarios.
- Esto asegura que los sistemas sean evaluados bajo diversas condiciones, midiendo su robustez.

3. Tamaño y calidad del conjunto de datos

- Los conjuntos deben ser lo suficientemente grandes para proporcionar resultados significativos, pero no tan extensos que dificulten su manejo.
- **Calidad antes que cantidad**: Los datos deben ser representativos y estar libres de sesgos.

4. Métricas claras y específicas

- Las métricas deben reflejar los requisitos específicos de la tarea y ser comprensibles para todos los involucrados.
- Ejemplo: Para clasificación, podrían incluir precisión, F1-score o curva ROC.

5. Separación estricta de datos de entrenamiento y prueba

- Es fundamental para evitar la sobreoptimización o el "overfitting".
- Esto asegura una evaluación honesta y creíble del modelo.

6. Actualización y mantenimiento

- Los benchmarks deben actualizarse regularmente para reflejar los avances tecnológicos y los nuevos desafíos.
- Esto evita que los resultados queden obsoletos o pierdan relevancia.

7. Accesibilidad y documentación

- Los benchmarks deben ser fáciles de acceder y transparentes para fomentar la colaboración en la comunidad de IA.
- Una documentación clara debe acompañar a cada benchmark, explicando su propósito, metodología y métricas.

8. Transparencia y reproducibilidad

- Las herramientas, procesos y resultados deben ser verificables por otros investigadores o equipos.

Los benchmarks son herramientas esenciales para evaluar y comparar el rendimiento de modelos de IA en diversas tareas.

2.9.1.1 Benchmarks más reconocidos para IA

A continuación, se destacan los benchmarks más reconocidos en el campo:

Tabla 2: Clases de BenchMarks

Nombre del Benchmark	Enlace Web	Descripción Breve
HellaSwag	**HellaSwag**	**HellaSwag**
GLUE	GLUE Benchmark	Conjunto de 9 tareas de NLP (como análisis de sentimientos y preguntas/respuestas) para evaluar modelos de lenguaje.
GSM-8K	GSM-8K	Conjunto de datos de 8,500 problemas matemáticos diseñados para evaluar la capacidad de razonamiento matemático de modelos.
SuperGLUE	SuperGLUE Benchmark	Sucesor de GLUE, con tareas más complejas como inferencia de lectura y resolución de referencias.
ImageNet	ImageNet	Benchmark de visión por computadora con millones de imágenes clasificadas en miles de categorías.
HumanEval	HumanEval on OpenAI	Evalúa la capacidad de generación de código de modelos de lenguaje grandes mediante 164 desafíos de programación diseñados manualmente.
HellaSwag	HellaSwag	Benchmark de inferencia de sentido común con 70,000 preguntas de opción múltiple sobre situaciones concretas.
HumanEval-X	N/A	Extensión multilingüe de HumanEval, con desafíos en lenguajes como Python, C++, Java, JavaScript y Go, para tareas de generación y traducción de código.
MMLU (Massive Multitask Language Understanding)	N/A	Evalúa la comprensión del lenguaje y la resolución de problemas en 57 disciplinas, abarcando áreas como medicina, matemáticas avanzadas y derecho.

A continuación, se amplía a continuación una descripción asociada a ellos.

2.9.1.2 GLUE (General Language Understanding Evaluation)

- **Descripción**: GLUE evalúa modelos de procesamiento del lenguaje natural (NLP) a través de **nueve tareas**, incluyendo preguntas y respuestas y análisis de sentimientos.
- **Puntuación**: Proporciona una medida integral del rendimiento al promediar las puntuaciones de todas las tareas.
- **Ejemplo destacado**: En 2023, modelos como **BERT y sus variantes** lograron puntuaciones superiores al **80%**, mostrando su eficacia en la comprensión del lenguaje natural.

2.9.1.3 SuperGLUE

- **Descripción**: Diseñado como el sucesor de GLUE, SuperGLUE incluye tareas más complejas, como **inferencia de lectura** y **resolución de referencias**.
- **Puntuación destacada**: Modelos avanzados como **GPT-3** superaron el rendimiento humano, logrando puntuaciones alrededor o superiores al **90%**.

2.9.1.4 ImageNet

- **Descripción**: Benchmark clave para **visión por computadora**, compuesto por millones de imágenes clasificadas en miles de categorías.
- **Evaluación**: Se mide la precisión en la clasificación de imágenes.

- **Ejemplo destacado**: En la competencia **ILSVRC (ImageNet Large Scale Visual Recognition Challenge)**, modelos como **ResNet** alcanzaron tasas de error inferiores al **3.6%**, marcando un hito significativo en el campo.

2.9.1.5 HumanEval

- **Descripción**: Evalúa la capacidad de generación de código de modelos de lenguaje grandes mediante **164 desafíos de programación** diseñados cuidadosamente.
- **Características únicas**:
  - Cada desafío incluye una firma de función, un docstring, un cuerpo de función y pruebas unitarias (promedio de 7.7 pruebas por problema).
  - **Prevención de fugas de datos**: Específicamente diseñado para evitar entrenamientos basados en datos públicos como GitHub.
- **Modelos destacados**: Herramientas como **Codex** se han evaluado con este benchmark.

2.9.1.6 HumanEval-X

- **Descripción**: Una extensión multilingüe de HumanEval que incluye **820 muestras de alta calidad** en lenguajes como **Python, C++, Java, JavaScript y Go**.
- **Aplicaciones**: Es útil para tareas de **generación y traducción de código**.

2.9.1.7 MMLU (Massive Multitask Language Understanding)

- **Descripción**: Diseñado para evaluar la comprensión del lenguaje y la capacidad de resolución de problemas en **57 disciplinas**, desde matemáticas avanzadas hasta derecho y medicina.
- **Rendimiento de modelos**:
  - Modelos pequeños suelen rendir al nivel de probabilidad por azar (25% de precisión).
  - Modelos como **GPT-3** logran una precisión de **43.9% (few-shot)** y **37.7% (zero-shot)**.
- **Ejemplo destacado**: **Gemini (DeepMind)** estableció nuevos récords en este benchmark, logrando un **59.4% en razonamiento a nivel universitario (0-shot)** y un **74.4% en generación de código**, superando modelos anteriores como **GPT-4**.

2.9.1.8 GSM-8K

- **Descripción**: Compuesto por **8,500 problemas matemáticos de nivel escolar**, diseñados por humanos, que abarcan una diversidad lingüística significativa.
- **Resultados destacados**:
  - Modelos pequeños pueden alcanzar el **80% de precisión** al utilizar modelos verificadores y datos sintéticos.
  - Modelos con hasta **2.7 mil millones de parámetros** mostraron resultados sobresalientes, destacando la importancia del diseño de arquitecturas robustas.

2.9.1.9 HellaSwag

- **Descripción**: Consta de **70,000 preguntas de opción múltiple** sobre situaciones concretas, provenientes de dominios como **ActivityNet** y **WikiHow**.
- **Evaluación**: Los modelos deben predecir lo que sucederá a continuación en la escena.
- **Ejemplo destacado**: Modelos como **DeBERTa Large** y **CompassMTL** lograron una precisión de hasta **96%**, mostrando avances en tareas de **inferencia de sentido común**.

2.9.2 Estudio de uso, tendencias y valoración de herramientas de IA

Puede ser interesante dame la cada vez más amplia. Oferta de herramientas que integran este tipo. De tecnología puede ser interesante. Estudiar cuáles de ellas tienen mayor índice de búsquedas. En la imagen se muestra. Tendencias de uso. Asociados a distintas palabras clave de estas herramientas. En entornos con el sistema de Google. Que permite segmentar. Tanto el cambio interanual como el uso que puedan tener por múltiples ámbitos. Por ejemplo, geográficos en modo del país.

Palabra clave	↓ Promedio de búsquedas mensuales	Cambio en tres meses	Cambio interanual	Competitividac	Cuota de impresiones de anuncio	parte superior de la página (intervalo bajo)	Puja por la parte superior de la página (intervalo alto)	Estado de la cuenta	Posición media orgánica
virbo	3.350.000	+83 %	0 %	Baja	—	1,96 €	4,93 €		—
synthesia	165.000	+22 %	+49 %	Baja	—	0,21 €	2,36 €		—
heygen	135.000	0 %	0 %	Baja	—	0,10 €	1,52 €		—
vidnoz	90.500	0 %	0 %	Baja	—	0,06 €	0,47 €		—
sinthesia io	3.600	+24 %	-18 %	Media	—	0,22 €	2,83 €		—
synthesia o	3.600	+24 %	-18 %	Media	—	0,22 €	2,83 €		—
synthesia santa	1.000	-81 %	-35 %	Baja	—	—	—		—
synthesia ai video	1.000	+46 %	+222 %	Media	—	0,29 €	3,79 €		—
synthesia studio	480	-19 %	-81 %	Baja	—	0,37 €	5,44 €		—
synthesia io santa	480	-72 %	-21 %	Baja	—	0,29 €	1,59 €		—
synthesia download	480	+23 %	+23 %	Baja	—	0,12 €	2,50 €		—
synthesia technology	390	0 %	0 %	Baja	—	—	—		—
synthesia online	170	0 %	0 %	Baja	—	0,22 €	1,92 €		—

Figura 26: Comparativa de herramientas por métricas de búsquedas.

3 Despliegues parametrizaciones e instalaciones asociados al uso organizativo

3.1 Modelos de Lenguaje de Gran Tamaño (LLM)

Los **Modelos de Lenguaje de Gran Tamaño (LLM, por sus siglas en inglés)** representan una evolución significativa en el procesamiento del lenguaje natural (NLP), transformando la manera en que las empresas interactúan con la información, los clientes y los procesos internos. Estos modelos de inteligencia artificial, basados en redes neuronales con miles de millones de parámetros, son entrenados mediante aprendizaje autosupervisado en vastos volúmenes de texto.

Desde su aparición en 2018, los LLM han redefinido el paradigma del NLP, reemplazando los modelos tradicionales especializados por sistemas de propósito general capaces de abordar múltiples tareas con un alto nivel de precisión. Esto ha permitido a las organizaciones optimizar procesos, mejorar la eficiencia operativa y escalar soluciones de automatización con menor inversión en desarrollo específico.

3.1.1 Capacidades y Limitaciones

Los LLM son sistemas altamente adaptables y pueden abordar tareas que tradicionalmente requerían modelos entrenados específicamente, como análisis de sentimientos, reconocimiento de entidades y generación de contenido. Su rendimiento está directamente relacionado con la cantidad de datos y recursos computacionales disponibles, lo que sugiere que su evolución continuará a medida que aumente la capacidad de procesamiento y los volúmenes de datos accesibles.

Si bien estos modelos demuestran una comprensión avanzada del lenguaje y poseen un conocimiento general significativo sobre el mundo, también presentan desafíos, como la necesidad de garantizar precisión en la información generada y evitar sesgos en los datos de entrenamiento.

3.1.2 Consideraciones para la Implementación en Empresas

Para que una organización pueda aprovechar el potencial de los LLM, es clave:

- Definir **casos de uso específicos** alineados con los objetivos estratégicos de la empresa.
- Seleccionar el modelo adecuado según la **capacidad de personalización y seguridad de datos**. Implementar **mecanismos de control y supervisión** para garantizar la calidad y confiabilidad de las respuestas generadas.
- Evaluar la **infraestructura tecnológica** necesaria para la integración y escalabilidad de la solución.

Tabla 3: Modelos de grandes modelos de lenguaje (LLM)

Nombre	Desarrollador	Enlace
Gemini	Google	https://gemini.google.com/app?hl=es-ES
LLaMA	Meta AI	https://github.com/facebookresearch/llama
GPT-4	OpenAI	https://openai.com/product/gpt-4
Falcon	TII	https://huggingface.co/tiiuae/falcon-180b
Chinchilla	DeepMind	https://www.deepmind.com/publications/training-language-models-to-few-shot-learn
DeepSeek	DeepSeek-AI	https://huggingface.co/TheBloke/deepseek-llm-7B-chat-GGUF
Mistral	Mistral AI	https://huggingface.co/Open-Orca/Mistral-7B-OpenOrca
Grok AI	xAI	https://x.ai/grok
Copilot		https://copilot.microsoft.com/chats/mJGH48QEgqCV6Psn6TxKy
BERT	Google	https://github.com/google-research/bert
LLaMA 2	Meta AI	https://ai.meta.com/llama/
ChatGLM	THUDM	https://github.com/THUDM/ChatGLM-6B
Code Llama	Meta AI	https://github.com/facebookresearch/codellama
XGen-7B	Salesforce AI	https://github.com/salesforce/xgen
GPT-Neo	EleutherAI	https://github.com/EleutherAI/gpt-neo
GPT-J	EleutherAI	https://github.com/kingoflolz/mesh-transformer-jax
BLOOM	Hugging Face	https://huggingface.co/bigscience/bloom
OPT	Meta AI	https://github.com/facebookresearch/metaseq/tree/main/projects/OPT
PaLM	Google	https://ai.googleblog.com/2022/04/pathways-language-model-palm-scaling-to.html
Ernie 3.0 Titan	Baidu	https://www.baai.ac.cn/blog/ernie-30-titan
Claude	Anthropic	https://www.anthropic.com/product
Gopher	DeepMind	https://www.deepmind.com/publications/learning-language-models-with-6-billion-parameters
LaMDA	Google	https://ai.googleblog.com/2021/05/lamda-towards-conversational-ai.html
Nous Hermes	Nous Research	https://huggingface.co/teknium/OpenHermes-2-Mistral-7B
Orca 2	Microsoft	https://gpt4all.io/models/gguf/orca-2-7b.Q4_0.gguf
Wizard	Microsoft y Universidad de Pekín	https://gpt4all.io/models/gguf/wizardlm-13b-v1.2.Q4_0.gguf
Ghost 7B	-	https://github.com/ghost-x-ai/ghost-7b-alpha
Snoozy	-	-
MPT Chat	-Hugging Face	https://huggingface.co/mosaicml/mpt-7b-chat
Phi 3 Mini	Microsoft	https://gpt4all.io/models/gguf/Phi-3-mini-4k-instruct.Q4_0.gguf
Qwen	Alibaba	https://chat.qwenlm.ai/

3.1.3 Prompt Engineering

El **Prompt Engineering** es la disciplina que se enfoca en diseñar y optimizar las instrucciones o "prompts" que se dan a los modelos de inteligencia artificial (IA) para obtener respuestas más precisas y útiles. En otras palabras, es el arte y la técnica de formular preguntas o comandos de manera estratégica para mejorar la interacción con modelos de lenguaje como ChatGPT.

Principales aspectos del Prompt Engineering:

1. **Claridad y Concisión:** Un prompt bien diseñado debe ser claro y directo para minimizar la ambigüedad en la respuesta del modelo.

2. **Contexto Adecuado:** Incluir información relevante para guiar la IA hacia una respuesta más precisa.
3. **Ejemplos y Formato:** A veces, proporcionar ejemplos específicos o indicar el formato deseado mejora la respuesta.
4. **Iteración y Optimización:** Refinar los prompts con base en los resultados obtenidos hasta conseguir la mejor respuesta.

Aplicaciones del Prompt Engineering:

- **Chatbots y asistentes virtuales:** Para mejorar la calidad de sus respuestas.
- **Generación de contenido:** Como redacción de textos, programación y creatividad asistida.
- **Automatización de tareas:** En el análisis de datos y generación de resúmenes.
- **Educación y formación:** Creación de tutorías interactivas y personalizadas.

El dominio del Prompt Engineering es clave para aprovechar al máximo las capacidades de los modelos de IA en diversos sectores empresariales y tecnológicos.

Para diseñar un **prompt efectivo**, se recomienda seguir una estructura organizada que garantice claridad, precisión y control sobre la respuesta de la inteligencia artificial. A continuación, te detallo una **estructura recomendada** para **Prompt Engineering**:

3.1.3.1 Contexto (Opcional pero recomendado)

- Proporciona información relevante para orientar a la IA.
- Define el rol que debe asumir la IA (ejemplo: "Eres un experto en marketing digital...").
- Agrega detalles sobre el tono o estilo de la respuesta.

Ejemplo:

"Eres un profesor de matemáticas especializado en álgebra y geometría, y debes explicar conceptos a estudiantes de secundaria."

3.1.3.2 Instrucción Clara y Precisa

- Define qué necesitas exactamente.
- Usa verbos de acción específicos (Ejemplo: Explica, Resume, Genera, Crea, Lista, Compara, etc.).
- Evita la ambigüedad.

Ejemplo:

"Explica la diferencia entre inteligencia artificial generativa y aprendizaje supervisado en términos sencillos."

3.1.3.3 Formato de la Respuesta (Opcional pero útil)

- Especifica cómo quieres la respuesta: lista, párrafos, tabla, código, etc.
- Ayuda a obtener una salida estructurada y fácil de interpretar.

Ejemplo:

"Resume en una tabla con dos columnas: en la primera, los conceptos clave y en la segunda, una breve descripción."

3.1.3.4 Ejemplos o Casos de Referencia (Opcional)

- Proporcionar ejemplos puede ayudar a la IA a generar respuestas más alineadas a lo que esperas.

- Sirve para definir el nivel de profundidad o detalle deseado.

Ejemplo:

"Explica el concepto de machine learning como si estuvieras enseñando a un niño de 10 años. Usa un ejemplo práctico, como entrenar a un perro con recompensas."

3.1.3.5 Restricciones o Condiciones (Opcional)

- Especifica límites en la respuesta: número de palabras, tono, fuentes de información, etc.
- Evita respuestas demasiado largas o fuera de contexto.

Ejemplo:

"Da una respuesta de máximo 100 palabras y usa un lenguaje técnico pero comprensible para principiantes."

Ejemplo de completo de un Prompt Estructurado

Prompt:

"Eres un analista de datos con experiencia en Python. Explica cómo usar Pandas para analizar un conjunto de datos de ventas. Usa código de ejemplo con un DataFrame sencillo y proporciona una breve explicación de cada paso. La respuesta debe estar en formato de bloques de código y texto explicativo."

Tabla 4: Fuentes y ejemplo de textos de Prompt Engineering, categorizados.

Fuente	Ejemplo de Prompt	Aplicación
Guías oficiales de OpenAI	"Eres un asistente de servicio al cliente. Responde a la siguiente queja con empatía y una solución viable."	Chatbots y atención al cliente
Cursos de Prompt Engineering (DeepLearning.AI, Coursera, Udemy)	"Resume este artículo en 3 puntos clave con un lenguaje accesible para principiantes."	Resumen y extracción de información
Blogs especializados en IA (Hugging Face, Towards Data Science)	"Genera 5 ideas de contenido para un blog de tecnología centrado en ciberseguridad."	Generación de contenido
Documentación de modelos de IA (Google Bard, Anthropic Claude, OpenAI API Docs)	"Explica cómo funciona un modelo Transformer con un diagrama ASCII y un resumen en menos de 150 palabras."	Educación y formación técnica
Libros de IA y NLP	"Eres un profesor de matemáticas. Explica el concepto de derivada con un ejemplo visual y en lenguaje sencillo."	Educación y tutorías
Foros de programadores (Stack Overflow, Reddit - r/PromptEngineering)	"Corrige este código en Python y explica los errores en un comentario dentro del código."	Programación y debugging
Empresas de IA aplicada (GPT-3, Jasper, Copy.ai)	"Genera un correo formal para solicitar una reunión con un posible cliente."	Automatización de tareas empresariales
Investigaciones académicas sobre NLP	"Explica la diferencia entre aprendizaje supervisado y no supervisado en formato de tabla comparativa."	Aprendizaje automático
Prompt Libraries (Awesome ChatGPT Prompts, PromptHero)	"Genera un guion para un video de TikTok promocionando un nuevo producto de belleza."	Marketing y redes sociales

3.1.4 Aplicaciones Empresariales de los LLM

Los modelos de lenguaje como **GPT-4 de OpenAI (integrado en ChatGPT y Microsoft Copilot), Gemini de Google o Claude de Anthropic** ofrecen capacidades avanzadas que pueden integrarse en diversas áreas de negocio:

- **Atención al Cliente y Automatización de Soporte**: Implementación de asistentes virtuales y chatbots que mejoran la experiencia del usuario, reducen tiempos de respuesta y optimizan recursos humanos.
- **Generación y Análisis de Contenidos**: Creación automatizada de textos, resúmenes y reportes, facilitando la producción de material de marketing, documentos legales o análisis financieros.
- **Optimización de Procesos y Productividad**: Aplicación en tareas de procesamiento de documentos, generación de código y mejora de flujos de trabajo en sectores como legal, financiero y tecnológico.
- **Toma de Decisiones Basada en Datos**: Implementación de modelos que analizan grandes volúmenes de información y ofrecen insights estratégicos para la planificación y la gestión empresarial.

3.1.5 Búsquedas rápidas y Búsqueda analítica

3.1.5.1 Búsquedas rápidas

Las búsquedas rápidas generalmente **cuando se realizan en un navegador**, no se busca todo lo que tiene que ver sobre cierto tema o persona, **sino que muchas veces se quiere saber un detalle**. Mientras que a veces hay que navegar por distintas páginas hasta que se encuentra esos detalles a buscar, herramientas como ChatGPT pueden ser muy eficaces para realizar esas búsquedas, puesto **que investigan en las páginas web relevantes para los datos a buscar** y ofrece aquello que se le ha pedido.

Sin embargo, no todas las herramientas de inteligencia artificial pueden buscar o responder en todas las plataformas debido a restricciones de acceso y políticas de privacidad. Muchas plataformas protegen su contenido mediante API cerradas o términos de uso estrictos que impiden el acceso automatizado. Además, regulaciones como el **Reglamento General de Protección de Datos (GDPR)** en la UE y otras normativas internacionales limitan la recolección y procesamiento de datos personales por parte de IA.

Otro factor clave es la diversidad en la estructura y formato de los datos en diferentes plataformas. Algunas utilizan cifrado o técnicas avanzadas para evitar la extracción automatizada de información, lo que dificulta que las IA accedan y procesen datos de manera uniforme. También, la reciente regulación europea sobre IA establece requisitos estrictos para el uso de información sensible, lo que restringe aún más el acceso a ciertos datos.

Por último, las limitaciones pueden deberse a acuerdos comerciales y diferencias en el entrenamiento de los modelos de IA. Algunas empresas restringen el acceso a su información para proteger su modelo de negocio o mantener una ventaja competitiva. Además, no todas las IA están diseñadas para responder sobre cualquier tema, ya que algunas están especializadas en áreas como derecho, salud o tecnología.

3.1.5.1.1 Uso de ChatGPT para búsquedas web

Para realizar una búsqueda rápida de datos simples en ChatGPT, similar a un buscador, es recomendable formular preguntas directas y específicas. En lugar de consultas largas o ambiguas, es mejor usar frases cortas y precisas, como *"¿Cuántos habitantes tiene España?"*. Esto permite obtener respuestas concretas sin información adicional innecesaria.

Otro método eficiente es utilizar formatos de pregunta adecuados según el tipo de información que se necesita. Por ejemplo, si buscas una lista, puedes preguntar *"Lista de presidentes de EE.UU. en orden"*.

Para definiciones o explicaciones cortas, una pregunta como *"¿Qué es el metaverso en una frase?"* te proporcionará una respuesta concisa y clara.

Por último, si se desean datos organizados o en un formato específico, se puede pedir explícitamente. Para información numérica o comparaciones, una consulta como *"Dame una tabla con las principales capitales y sus países"* te devolverá una respuesta estructurada. En caso de requerir información actualizada, se puede solicitar *"Búscalo en la web"*, y utilizará herramientas externas para obtener los datos más recientes.

3.1.5.1.2 Grok de X para buscar en la red social (Twitter)

Para realizar búsquedas en **Grok** dentro de la red social **X**, primero debe asegurarse de que se tiene acceso a esta herramienta. **Grok** es la inteligencia artificial integrada en X, disponible para usuarios con suscripciones premium. Para utilizarlo, se debe iniciar sesión en X, acceder a Grok desde el menú lateral y escribir la consulta en el campo de búsqueda. Puede preguntarse sobre temas específicos, como *"Muéstrame los últimos mensajes sobre inteligencia artificial"*, y Grok analizará los mensajes públicos en la plataforma para ofrecer respuestas actualizadas.

Al momento de buscar información en Grok, es importante formular preguntas claras y específicas. Si se buscan publicaciones recientes sobre un tema, pueden incluirse palabras clave precisas, como *"últimas tendencias en IA"* o *"opiniones sobre la regulación de IA en Europa"*. También puedes pedirle a Grok que resuma o extraiga los puntos clave de una conversación en X, lo que facilita la obtención de información relevante sin necesidad de revisar numerosos posts.

Para filtrar la información y mejorar la precisión de los resultados, pueden aplicarse ciertos criterios en la búsqueda. Aunque Grok no tiene filtros avanzados como la búsqueda tradicional de X, se pueden especificar detalles en la consulta, como fechas *("mensajes de la última semana sobre XIA")* o usuarios *("comentarios de @elonmusk sobre IA")* para acotar la búsqueda. Si se desea un nivel más detallado de filtrado, se puede complementar el uso de Grok con la búsqueda avanzada de X, donde se puede filtrar por palabras clave, cuentas específicas, rangos de fecha o idioma, lo que permite una exploración más estructurada del contenido en la red.

3.1.5.2 Búsquedas analíticas

El uso de herramientas de inteligencia artificial para realizar una búsqueda analítica permite obtener datos altamente específicos o aprender sobre temas poco conocidos de manera estructurada. Para lograrlo, es esencial definir el objetivo de la búsqueda, seleccionar las herramientas adecuadas y aplicar estrategias de filtrado y aprendizaje progresivo:

- **Definir Objetivos Claro:** Antes de comenzar una búsqueda con IA, es fundamental establecer qué se quiere obtener. Si el objetivo es adquirir conocimiento sobre un tema desconocido, es recomendable comenzar con preguntas generales y luego profundizar en aspectos específicos. En cambio, si se requiere un dato concreto, se deben formular consultas detalladas y precisas para evitar respuestas genéricas.

- **Uso de Múltiples Fuentes:** Las herramientas de inteligencia artificial pueden acceder a diferentes bases de datos y fuentes de información. Dependiendo del tipo de búsqueda, se pueden emplear IA conversacionales como ChatGPT o Grok para explicaciones generales, motores de búsqueda con IA como Perplexity AI para información reciente o bases de datos académicas como Google Scholar para estudios científicos. La combinación de varias fuentes garantiza una información más precisa y confiable.

- **Filtrado de Información:** Para optimizar los resultados, es recomendable aplicar filtros que permitan delimitar la búsqueda. Algunos criterios útiles incluyen la fecha, restringiendo los resultados a estudios o noticias recientes, y la fuente, priorizando información de organismos oficiales, revistas científicas o expertos reconocidos. También es posible filtrar por tipo de contenido, seleccionando informes técnicos, códigos de programación o análisis financieros según la necesidad.

- **Aprendizaje Progresivo con IA:** Si el objetivo es aprender sobre un tema, es conveniente seguir un enfoque escalonado. Se puede comenzar con una introducción general proporcionada por la IA y luego solicitar casos de uso o ejemplos prácticos. Posteriormente, se pueden pedir referencias a materiales adicionales, como libros o cursos, y finalmente aplicar el conocimiento adquirido mediante ejercicios o proyectos sugeridos por la propia IA.
- **Herramientas de IA Especializadas:** Para búsquedas avanzadas en sectores específicos, existen herramientas especializadas que facilitan el acceso a información de alta precisión. Por ejemplo, **BloombergGPT** y **AlphaSense** son ideales para datos financieros, mientras que **Elicit** y **SciSpace** permiten buscar estudios científicos. En el ámbito de la programación, **GitHub Copilot** y **Codeium** ayudan a generar y mejorar código, y para el análisis de datos, **Wolfram Alpha** y herramientas de IA con Python son altamente efectivas.

La inteligencia artificial facilita la búsqueda avanzada al ofrecer acceso rápido a información relevante y bien estructurada. Al definir claramente los objetivos, elegir las herramientas adecuadas y aplicar estrategias de filtrado y aprendizaje progresivo, es posible obtener datos específicos o adquirir conocimientos en profundidad sobre cualquier tema.

3.1.5.2.1 Perplexity AI

Perplexity AI es un motor de búsqueda conversacional que utiliza inteligencia artificial para proporcionar respuestas precisas y actualizadas a las consultas de los usuarios. A diferencia de los motores de búsqueda tradicionales, Perplexity AI interpreta el contexto y los matices de las preguntas, ofreciendo respuestas detalladas respaldadas por fuentes confiables. Esta herramienta es especialmente útil para obtener información clara y concisa sin la necesidad de navegar por múltiples enlaces.

Para utilizar Perplexity AI, los usuarios pueden acceder a su sitio web o aplicación móvil e ingresar sus preguntas directamente en la barra de búsqueda. La plataforma procesa la consulta y presenta una respuesta elaborada, incluyendo citas en línea que permiten verificar la veracidad de la información proporcionada. Además, Perplexity AI permite realizar preguntas de seguimiento dentro del mismo contexto, facilitando una comprensión más profunda del tema en cuestión.

Entre las funciones destacadas de Perplexity AI se encuentran la capacidad de generar diferentes formatos de texto creativo, como poemas, código, guiones, piezas musicales, correos electrónicos y cartas. Esta versatilidad la hace adecuada para una amplia gama de aplicaciones, desde la búsqueda de información general hasta la asistencia en tareas creativas y técnicas.

Además, Perplexity AI ha lanzado recientemente Perplexity Assistant, un asistente inteligente disponible en dispositivos Android. Este asistente permite a los usuarios gestionar diversas tareas mediante interacciones naturales, como reservar mesas en restaurantes, leer reseñas o identificar objetos utilizando la cámara del teléfono. Con soporte para 15 idiomas, Perplexity Assistant ofrece una experiencia personalizada y eficiente, posicionándose como una alternativa innovadora en el ámbito de los asistentes virtuales.

En resumen, Perplexity AI se destaca por su capacidad para proporcionar respuestas claras y precisas, respaldadas por fuentes confiables, y por su versatilidad en la generación de contenido creativo. Su reciente expansión con Perplexity Assistant amplía sus funcionalidades, ofreciendo a los usuarios una herramienta integral para la gestión de información y tareas diarias.

3.1.5.2.2 NoteBook LM

Notebook LM es una herramienta de investigación y toma de notas desarrollada por Google Labs que utiliza inteligencia artificial para ayudar a los usuarios a interactuar de manera más eficiente con sus documentos. Esta plataforma permite cargar diversos tipos de archivos, como PDFs, documentos de Google Docs, presentaciones de Google Slides y enlaces a sitios web públicos. Una vez integrados, la IA analiza el contenido para proporcionar resúmenes, responder preguntas específicas y generar explicaciones detalladas basadas en la información proporcionada por el usuario.

Para utilizar Notebook LM, es necesario acceder al sitio web oficial e iniciar sesión con una cuenta de Google. Después, se crea un nuevo cuaderno y se añaden las fuentes de información deseadas. Una vez que la IA ha procesado el contenido, se puede interactuar con ella a través de un chat, solicitando resúmenes, guías de estudio, líneas de tiempo y más. Esta interacción personalizada permite obtener respuestas precisas basadas únicamente en los documentos proporcionados, minimizando el riesgo de información inexacta o "alucinaciones" comunes en otras herramientas de IA.

Notebook LM es especialmente útil para estudiantes, investigadores y profesionales que manejan grandes volúmenes de información y necesitan organizarla de manera eficiente. Además de las funciones mencionadas, la herramienta ofrece la capacidad de transformar documentos complejos en resúmenes de audio con formato de podcast, facilitando la comprensión y el aprendizaje de temas extensos. Esta característica convierte a Notebook LM en una opción atractiva para aquellos que buscan optimizar su productividad y gestión del conocimiento mediante el uso de inteligencia artificial

3.1.5.2.3 Otras herramientas analíticas

- **DALL·E:** DALL·E, desarrollado por OpenAI, es una de las mejores inteligencias artificiales para la generación de imágenes a partir de descripciones de texto. Su funcionalidad en el ámbito de la investigación destaca en la visualización de conceptos abstractos, permitiendo a investigadores crear representaciones gráficas de ideas complejas, ilustraciones científicas o simulaciones visuales sin necesidad de diseñadores gráficos.
- **Bing Chat:** Bing Chat, impulsado por GPT-4 y desarrollado por Microsoft, es excelente para búsquedas en tiempo real con referencias. En investigación, se destaca por proporcionar información actualizada y fuentes verificables, lo que lo hace una herramienta poderosa para encontrar estudios recientes, verificar datos y obtener respuestas precisas con enlaces directos a documentos académicos y noticias relevantes.
- **Jasper Chat:** Jasper Chat es una IA optimizada para redacción de contenido y generación de informes. En investigación, es ideal para resumir artículos científicos, redactar textos estructurados y generar explicaciones a partir de información compleja. Su integración con herramientas de marketing y escritura la hace muy útil para investigadores que necesitan generar reportes o contenido explicativo de manera eficiente.
- **Google Bard:** Google Bard, basado en Gemini, destaca en la investigación por su capacidad de interpretar y sintetizar información de manera conversacional. Su ventaja es que accede a información en tiempo real de la web, lo que lo convierte en una herramienta útil para resumir múltiples fuentes, analizar tendencias actuales y ofrecer comparaciones detalladas entre distintos estudios o teorías.
- **DreamStudio:** DreamStudio, que utiliza el motor de Stable Diffusion, es una herramienta avanzada de generación de imágenes realistas. En investigación, se puede usar para crear ilustraciones científicas, modelar entornos o visualizar datos complejos, lo que facilita la representación de información en áreas como biología, arquitectura y física.
- **Craiyon:** Craiyon es una IA de generación de imágenes más accesible y rápida, pero con menor calidad que otras alternativas. Su mejor aplicación en investigación es para crear bocetos rápidos o prototipos visuales, permitiendo a los investigadores conceptualizar ideas sin necesidad de software de diseño avanzado.
- **NightCafe:** NightCafe es una plataforma especializada en generación de arte digital con IA y permite el uso de diferentes estilos y modelos de aprendizaje profundo. En investigación, su uso es beneficioso para crear representaciones visuales de conceptos teóricos o históricos, facilitando la enseñanza y la comprensión de temas complejos a través del arte generado por IA.

3.1.6 Tratamiento de E-mail

El correo electrónico sigue siendo una de las herramientas de comunicación más utilizadas en entornos profesionales y personales. La gestión de una bandeja de entrada llena de mensajes, la redacción de correos efectivos y el seguimiento adecuado de mensajes pueden convertirse en tareas tediosas y consumir una cantidad significativa de tiempo. En este contexto, la inteligencia artificial (IA) puede ayudar como una solución innovadora, permitiendo automatizar procesos, mejorar la organización y optimizar la interacción con los correos electrónicos.

Las herramientas impulsadas por IA pueden realizar una variedad de funciones, desde resumir correos largos, clasificar mensajes automáticamente y redactar respuestas inteligentes, hasta optimizar el tono de la comunicación, programar envíos estratégicos y mejorar la productividad general. A continuación, se presentan algunas de las soluciones más destacadas que están revolucionando la manera en que los usuarios gestionan su correspondencia electrónica.

3.1.6.1 AI Mail Assistant - ChatGPT para Gmail

Funciones principales: AI Mail Assistant es una extensión que integra ChatGPT directamente en Gmail, proporcionando asistencia inteligente en la redacción, organización y respuesta de correos electrónicos. Esta herramienta es capaz de generar respuestas automáticas, resumir mensajes largos, traducir contenido y mejorar la claridad y el tono de los correos, lo que facilita la comunicación profesional.

- **Implementación:** Para utilizar AI Mail Assistant, es necesario instalar la extensión desde Google Workspace Marketplace y vincularla con una cuenta de Gmail. Una vez activada, el usuario puede interactuar con ChatGPT dentro de la interfaz de Gmail, haciendo preguntas o solicitando sugerencias para mejorar la estructura de los correos electrónicos.
- **Aspectos relevantes:** Su integración con ChatGPT permite que los correos sean redactados con un lenguaje más natural y profesional, adaptándose al contexto y al destinatario. Es especialmente útil para profesionales que deben manejar grandes volúmenes de correos y buscan agilizar su comunicación sin comprometer la calidad del mensaje.

3.1.6.2 EmailTree

Funciones principales: EmailTree es una de las herramientas más avanzadas que existen de IA para la automatización y gestión de correos electrónicos. Entre sus características más destacadas se encuentran:

  - Clasificación y priorización de correos según su contenido y urgencia.
  - Redacción automática de respuestas basadas en la información recibida.
  - Extracción de datos importantes dentro de los correos para integrarlos en flujos de trabajo empresariales.

- **Implementación:** Se puede integrar con diversas plataformas de correo electrónico como Outlook y Gmail, así como con sistemas de gestión empresarial (CRM, ERP). Su motor de IA analiza los mensajes entrantes y los categoriza según su relevancia, permitiendo que los equipos de trabajo optimicen su tiempo al centrarse en los correos más importantes.
- **Aspectos relevantes:** Su capacidad para integrarse con flujos de trabajo automatizados hace que sea ideal para servicios de atención al cliente, departamentos de ventas y gestión de soporte técnico, donde la rapidez en la respuesta es clave.

3.1.6.3 Boomerang para Gmail

Funciones principales: Boomerang es una de las herramientas de IA más populares para la gestión eficiente del tiempo y la comunicación en Gmail. Sus principales características incluyen:

  - Programación de correos electrónicos para que sean enviados en el momento más adecuado.
  - Seguimiento automático de respuestas, notificando al usuario si un correo no ha sido contestado en un período de tiempo determinado.
  - Respondable, un asistente de IA que evalúa la claridad, el tono y la probabilidad de respuesta de un correo, ofreciendo sugerencias en tiempo real.

- **Implementación:** Boomerang se instala como una extensión en Gmail y añade funcionalidades adicionales al panel de redacción de correos. El usuario puede activar la opción de seguimiento o programar el envío con solo un clic.
- **Aspectos relevantes:** Esta herramienta es ideal para profesionales que necesitan asegurar la efectividad de sus correos y optimizar su comunicación sin necesidad de hacer seguimiento manual de cada mensaje.

3.1.6.4 Spark AI

Funciones principales: Spark AI es una herramienta que mejora la experiencia de uso del cliente de correo Spark mediante IA. Su enfoque se centra en:

  - Redacción rápida de correos electrónicos con inteligencia contextual.
  - Optimización del tono y la estructura del mensaje, asegurando que la comunicación sea clara y efectiva.
  - Gestión automática de bandeja de entrada, identificando correos urgentes y clasificando mensajes de forma inteligente.

- **Implementación:** Disponible en dispositivos iOS, Android y Mac, Spark AI se integra con diversas plataformas de correo y permite a los usuarios aprovechar sus funciones sin necesidad de cambiar de aplicación.
- **Aspectos relevantes:** Su diseño intuitivo y su capacidad para personalizar respuestas según el destinatario lo hacen una excelente opción para ejecutivos, equipos de ventas y atención al cliente.

3.1.6.5 Mailbutler

Funciones principales: Mailbutler es un asistente de correo inteligente que se integra con Outlook, Gmail y Apple Mail, proporcionando funciones avanzadas como:

  - Creación de borradores de correos basados en palabras clave.
  - Seguimiento de correos electrónicos, notificando cuando han sido leídos.
  - Gestión de contactos y notas personalizadas dentro del mismo entorno de correo.

- **Implementación:** Se instala como un complemento en los clientes de correo compatibles, añadiendo una barra de herramientas desde donde se pueden gestionar las funciones avanzadas
- **Aspectos relevantes:** Ideal para equipos de ventas y marketing, donde la automatización de respuestas y el seguimiento del cliente juegan un papel fundamental en la conversión de oportunidades.

3.1.6.6 Microsoft Copilot para Outlook

Funciones principales: Copilot es el asistente de IA integrado en Microsoft 365 y Windows 11, diseñado para optimizar la productividad en Outlook. Sus principales funcionalidades incluyen:

  - Resúmenes automáticos de correos extensos, facilitando la lectura rápida de información clave.
  - Sugerencias de redacción, asegurando mensajes claros y efectivos.
  - Prioritización de correos importantes, reduciendo el ruido en la bandeja de entrada.

- **Implementación:** Disponible para suscriptores de Microsoft 365, se integra directamente en Outlook, tanto en la versión de escritorio como en la web.
- **Aspectos relevantes:** Copilot se adapta a los patrones de uso del usuario, lo que lo convierte en una herramienta poderosa para profesionales que gestionan un alto volumen de correos diariamente.

El uso de inteligencia artificial en la gestión del correo electrónico está transformando la manera en que las personas y las empresas manejan su comunicación. Desde la **automatización de respuestas y la organización de bandejas de entrada**, hasta la **redacción asistida y el seguimiento inteligente de correos**, estas herramientas ofrecen soluciones innovadoras para mejorar la productividad.

Cada una de las herramientas mencionadas tiene sus propias ventajas y se adapta a diferentes necesidades. **Para quienes buscan automatización avanzada**, herramientas como **EmailTree y Mailbutler** son excelentes opciones. **Para mejorar la eficiencia en Gmail**, soluciones **como Boomerang y AI Mail Assistant** pueden marcar la diferencia. Por otro lado, **Microsoft Copilot y Spark AI** ofrecen una integración perfecta con entornos empresariales, para **generar un ambiente más productivo**.

3.1.7 Investigación

En el ámbito de la investigación, la calidad y fiabilidad de la información son elementos fundamentales para la producción de conocimiento riguroso y verificable. En un entorno digital donde la cantidad de datos disponibles crece exponencialmente, los investigadores enfrentan el reto de filtrar, analizar y validar la información de manera eficiente. La proliferación de fuentes no verificadas y la facilidad con la que se puede difundir contenido erróneo o sesgado hacen que la selección de documentos fiables sea un proceso crítico en cualquier disciplina académica o profesional.

Las herramientas de inteligencia artificial han emergido como aliados indispensables en este proceso, facilitando el acceso a fuentes de información estructuradas, optimizando la búsqueda y organización de documentos y mejorando la comprensión de textos extensos. Modelos avanzados de IA permiten analizar grandes volúmenes de datos, extraer información clave y generar resúmenes precisos, reduciendo significativamente el tiempo necesario para la revisión bibliográfica y la validación de contenidos. En este contexto, es crucial conocer las capacidades y limitaciones de cada herramienta para seleccionar la más adecuada según los requerimientos de la investigación. A continuación, se analizan diversas plataformas de IA especializadas en la investigación de documentos fiables, evaluando su funcionalidad, fiabilidad y competitividad dentro del mercado.

3.1.7.1 NoteBook LM

NoteBook LM es una herramienta diseñada para la organización y análisis de grandes volúmenes de documentos, lo que la convierte en un recurso valioso para investigadores, académicos y profesionales que trabajan con información textual extensa. Su principal ventaja radica en la capacidad de procesar documentos en diferentes formatos, como archivos PDF, texto y páginas web, permitiendo extraer información clave, realizar resúmenes y generar respuestas precisas a preguntas específicas. Además, incorpora capacidades de comprensión semántica avanzada, lo que le permite identificar relaciones entre conceptos dentro de un texto. Esto la hace ideal para la gestión de referencias bibliográficas, la estructuración de información y la extracción automática de citas relevantes.

En términos de competitividad, NoteBook LM se distingue por su enfoque en la personalización de la investigación, ya que permite a los usuarios trabajar directamente con documentos propios en lugar de depender de información externa no verificada. A diferencia de otras herramientas de IA que generan respuestas basadas en conocimientos generales, esta herramienta proporciona análisis precisos sobre documentos específicos cargados por el usuario. Su gran ventaja radica en la fiabilidad de sus respuestas, ya que se basan en datos concretos en lugar de información dispersa en la web. Sin embargo, en comparación con Google Bard o Gemini AI, puede verse limitada por la falta de acceso en tiempo real a fuentes externas, lo que podría reducir su utilidad en investigaciones que requieren información constantemente actualizada.

3.1.7.2 Gemini AI (antes Google Bard)

Gemini AI, desarrollado por Google DeepMind, es un modelo de inteligencia artificial de nueva generación que destaca por su capacidad multimodal, permitiendo el procesamiento de texto, imágenes, audio y código de manera integrada. Esto lo convierte en una opción versátil para la investigación documental, ya que permite analizar textos extensos, extraer información clave y generar respuestas en diversos formatos. Su capacidad de comprensión del lenguaje natural le permite realizar resúmenes avanzados y ofrecer respuestas detalladas a consultas complejas. Una de sus características más destacadas es su integración con el ecosistema de Google, lo que facilita la consulta de información en tiempo real y la obtención de referencias verificadas.

En términos de competitividad, Gemini AI supera a muchas herramientas similares debido a su capacidad de acceso a bases de datos actualizadas y su entrenamiento en datos públicos de alta calidad. Su integración con Google Search le otorga una ventaja en la búsqueda de información reciente, lo que lo hace especialmente útil en investigaciones dinámicas. A pesar de ello, su mayor debilidad radica en la necesidad de validar las fuentes de sus respuestas, ya que, al trabajar con datos en línea, puede verse afectado por información no contrastada o sesgada. Frente a herramientas como NoteBook LM o Claude, su fortaleza está en la actualización constante de información, mientras que su principal desventaja es su menor control sobre la veracidad de los datos utilizados en cada respuesta.

3.1.7.3 Claude de Anthropic

Claude, desarrollado por Anthropic, es un modelo de inteligencia artificial con un fuerte enfoque en la seguridad, la transparencia y la alineación ética. Se distingue por su capacidad para procesar grandes volúmenes de texto y generar respuestas con un alto nivel de precisión y coherencia. Su arquitectura ha sido diseñada para minimizar sesgos y garantizar la seguridad de la información generada, lo que lo hace especialmente útil para la investigación de documentos académicos y técnicos. Además, Claude permite la carga de documentos para su análisis, lo que facilita la extracción de información relevante sin depender de fuentes externas, asegurando así un mayor nivel de fiabilidad en sus respuestas.

En términos de competitividad, Claude se posiciona como una de las herramientas más seguras y éticamente alineadas dentro del mercado de modelos de IA para investigación documental. A diferencia de Gemini AI, que priorizan la amplitud de información en tiempo real, Claude ofrece un enfoque más controlado y preciso, evitando la difusión de información errónea o sesgada. Su principal ventaja frente a NoteBook LM es su capacidad para realizar análisis contextuales más profundos y generar respuestas altamente estructuradas. Sin embargo, su principal limitación es su menor acceso a información en tiempo real, lo que podría ser una desventaja en investigaciones que requieren actualizaciones constantes.

3.1.7.4 Midjourney

Midjourney es una herramienta de inteligencia artificial especializada en la generación de imágenes a partir de descripciones textuales. Aunque su aplicación en la investigación de documentos fiables es limitada en comparación con las herramientas de procesamiento de texto, puede ser utilizada para la creación de visualizaciones, diagramas o ilustraciones que complementen estudios y análisis documentales. Su capacidad de interpretar descripciones y convertirlas en representaciones gráficas permite a los investigadores ilustrar conceptos abstractos o complejos, facilitando la comprensión visual de los datos.

En términos de competitividad, Midjourney se encuentra en una categoría diferente a la de las herramientas de procesamiento de texto, ya que su especialización radica en la creatividad visual. Su ventaja sobre otros generadores de imágenes es su capacidad para producir ilustraciones altamente detalladas y artísticas, lo que lo hace ideal para la representación de datos en investigaciones científicas, informes técnicos y presentaciones académicas. Sin embargo, su principal limitación es la falta de integración con modelos de lenguaje avanzados, lo que impide su uso en la validación de información textual. Frente a herramientas como Gemini AI, Midjourney no compite directamente, sino que complementa la investigación documental con recursos gráficos.

3.1.7.5 Replicate

Replicate es una plataforma que permite a los usuarios ejecutar modelos de inteligencia artificial sin necesidad de contar con una infraestructura propia. Su versatilidad radica en la posibilidad de acceder a múltiples modelos de IA, desde procesamiento de texto y generación de imágenes hasta modelos especializados en reconocimiento de datos y análisis predictivo. Esto la convierte en una opción flexible para investigadores que requieren aplicar IA en distintos tipos de documentos y formatos. Al no estar limitada a un único modelo, Replicate permite a los usuarios elegir la herramienta más adecuada para su necesidad específica.

En términos de competitividad, Replicate se destaca por su capacidad de ofrecer acceso a modelos avanzados sin la necesidad de conocimientos técnicos profundos en implementación de IA. Frente a herramientas como Claude, su mayor ventaja es la posibilidad de utilizar modelos personalizados para tareas específicas, lo que lo hace ideal para investigaciones especializadas. Sin embargo, su principal desventaja es que la calidad de los resultados depende en gran medida del modelo seleccionado, por lo que requiere un conocimiento previo sobre las capacidades y limitaciones de cada opción disponible. A diferencia de modelos cerrados como Gemini AI, Replicate ofrece mayor flexibilidad, pero con un mayor grado de complejidad en su configuración.

Herramientas similares a estas se pueden encontrar bajo los nombres de **paperspace**, con un sistema más complejo de configurar, pero más barato; o **runpod,** una herramienta similar.

Conclusiones

El acceso a información fiable es esencial en cualquier proceso de investigación, y las herramientas de inteligencia artificial han demostrado ser aliadas clave en la optimización de este trabajo. Cada plataforma analizada ofrece ventajas únicas: NoteBook LM y Claude destacan por su precisión y análisis detallado de documentos, mientras que Gemini AI sobresale en la actualización constante de información. Midjourney complementa la investigación con visualizaciones gráficas, y Replicate brinda flexibilidad con modelos personalizables. La elección de la herramienta adecuada dependerá de las necesidades específicas de cada investigador, pero en todos los casos, es fundamental contrastar la información obtenida con fuentes verificadas para garantizar la rigurosidad del trabajo académico o profesional.

3.1.8 Inspiración

La creatividad es una de las capacidades más valoradas en el mundo actual, pero también una de las más esquivas. Los bloqueos creativos pueden afectar a escritores, artistas, diseñadores y músicos, dificultando la generación de nuevas ideas. En este contexto, la inteligencia artificial (IA) ha emergido como una herramienta poderosa para estimular la creatividad, ofreciendo inspiración, asistencia en la generación de contenido y estructuración de ideas. Las herramientas de IA pueden analizar patrones, sugerir enfoques novedosos y ofrecer soluciones personalizadas según el tipo de proyecto, convirtiéndose en aliadas indispensables para los creadores.

Las IAs creativas han evolucionado hasta convertirse en asistentes capaces de colaborar con humanos en diversas disciplinas. Desde generar textos y música hasta crear ilustraciones y guiones, estas herramientas están democratizando el acceso a la creatividad, eliminando barreras técnicas y agilizando procesos. A continuación, exploramos algunas de las herramientas más destacadas, dividiéndolas entre aquellas de código abierto y gratuitas, y aquellas de pago, analizando sus funciones clave, ventajas y desventajas.

Hay que entender que las aplicaciones mencionadas en esta sección son parte de otras secciones, puesto que son IAs generativas capaces de escribir música, redactar textos, realizar imágenes y diseños. Sin embargo, aquí el enfoque es como ayuda para la creatividad, aunque se puede ampliar la información en los apartados correspondientes.

3.1.8.1 Herramientas Gratuitas y Open Source para generar ideas

Existen numerosas herramientas gratuitas y de código abierto diseñadas para estimular la creatividad. Estas opciones son ideales para creadores independientes, estudiantes o profesionales que buscan soluciones sin inversión inicial.

3.1.8.1.1 ChatGPT para texto (Versión gratuita)

ChatGPT en su versión gratuita es una herramienta versátil para la generación de ideas y la escritura creativa. Puede asistir en la creación de relatos, poemas, guiones y estructuras narrativas, ayudando a superar bloqueos y proponiendo enfoques originales. Además, es útil para reformular textos, mejorar la coherencia y adaptar el estilo a diferentes públicos.

Su principal ventaja es su capacidad para comprender el contexto y responder con sugerencias relevantes. Puede usarse como un asistente de brainstorming para escritores, diseñadores de juegos y creadores de contenido digital. Sin embargo, en su versión gratuita, tiene limitaciones en cuanto a la profundidad de análisis y la longitud de las respuestas, lo que puede hacer que sea necesario realizar múltiples iteraciones para obtener resultados más refinados.

- **Objetivos de datos:** Basado en grandes volúmenes de texto, permite generar respuestas contextuales y creativas.
- **Ventajas:** Accesible, útil para múltiples formatos creativos (relatos, guiones, artículos).
- **Desventajas:** La versión gratuita tiene limitaciones en cuanto a la profundidad de la creatividad y el acceso a modelos avanzados.
- **Aplicaciones y casos de uso**
    - Escritura creativa: desarrollo de guiones, novelas y artículos.
    - Generación de ideas y resolución de bloqueos creativos.
    - Creación de contenido para marketing y redes sociales.
    - Desarrollo de diálogos y tramas para videojuegos y storytelling.

3.1.8.1.2 Stable Diffusion para imágenes e ilustraciones

Stable Diffusion es una de las mejores herramientas open-source para la generación de imágenes a partir de texto. Su principal función es transformar descripciones textuales en ilustraciones, lo que lo convierte en un aliado valioso para artistas, diseñadores y creadores de contenido visual.

A diferencia de otras herramientas comerciales, permite a los usuarios entrenar y personalizar modelos según sus necesidades, generando imágenes en estilos artísticos específicos. Se puede integrar en diferentes flujos de trabajo de diseño, desde la ilustración conceptual hasta la creación de arte para videojuegos y cómics. Su mayor desventaja es que requiere conocimientos técnicos para su instalación y optimización, lo que puede ser un obstáculo para usuarios sin experiencia en IA.

- **Objetivos de datos:** Algoritmo de aprendizaje profundo entrenado en imágenes variadas.
- **Ventajas:** Open-source, permite personalización mediante ajustes de modelos.
- **Desventajas:** Requiere conocimientos técnicos para instalar y optimizar.
- **Aplicaciones y casos de uso**
    - Generación de ilustraciones para libros, cómics y videojuegos.
    - Creación de conceptos visuales para publicidad y branding.
    - Diseño de personajes y entornos para animación y multimedia.

3.1.8.1.3 MuseNet para música (de OpenAI)

MuseNet es una herramienta desarrollada por OpenAI que permite generar música en múltiples estilos y géneros. Puede componer piezas que combinan influencias de la música clásica, el jazz, el pop y otros estilos, lo que la hace ideal para músicos y creadores audiovisuales que buscan inspiración en la composición.

Una de sus funciones más destacadas es su capacidad para combinar instrumentos y estructuras armónicas de forma fluida. Los usuarios pueden generar piezas desde cero o modificar fragmentos musicales para adaptarlos a sus proyectos. Sin embargo, al ser una IA basada en generación automática, no permite una edición avanzada dentro de la herramienta, lo que puede limitar su flexibilidad para músicos más experimentados.

- **Objetivos de datos:** Entrenado con múltiples piezas musicales de distintos géneros.
- **Ventajas:** Permite experimentación musical sin conocimientos avanzados.
- **Desventajas:** No ofrece edición avanzada dentro de la herramienta.

- **Aplicaciones y casos de uso**
    - Composición de música para cortometrajes, videojuegos y comerciales.
    - Exploración de nuevos estilos musicales y experimentación sonora.
    - Creación de pistas instrumentales para contenido digital y podcasts.

3.1.8.1.4 Runway ML para vídeo y efectos visuales

Runway ML es una plataforma de IA enfocada en la generación y edición de contenido visual y audiovisual. Entre sus funciones se incluyen la edición de video con IA, la eliminación automática de fondos, la generación de efectos visuales y la mejora de imágenes con aprendizaje automático.

Es especialmente útil para creadores de contenido digital, cineastas y diseñadores que buscan herramientas accesibles para transformar sus proyectos sin necesidad de hardware costoso o conocimientos avanzados de edición. Al estar disponible en la nube, permite un acceso rápido y sencillo desde cualquier dispositivo. Sin embargo, algunas de sus funciones más avanzadas requieren un modelo de pago.

- **Objetivos de datos:** Utiliza aprendizaje automático para transformar videos y fotos.
- **Ventajas:** Accesible desde el navegador, permite experimentación sin coste.
- **Desventajas:** Algunas funciones avanzadas requieren pago.
- **Aplicaciones y casos de uso**
    - Eliminación de fondos en videos sin necesidad de pantalla verde.
    - Generación de efectos visuales y mejora de imágenes mediante IA.
    - Creación de contenido animado para publicidad y redes sociales.

3.1.8.1.5 Claude de Anthropic

Claude es un modelo de inteligencia artificial desarrollado por Anthropic, diseñado para la generación de texto y asistencia en tareas de procesamiento del lenguaje natural. Su enfoque se basa en la seguridad y la ética, proporcionando respuestas precisas y alineadas con los valores humanos. Es utilizado en aplicaciones que requieren comprensión contextual avanzada, generación de contenido, análisis de texto y automatización de tareas conversacionales.

Entre sus funciones más destacadas se encuentra la capacidad de mantener conversaciones coherentes y extensas, redactar textos complejos con estilo natural y realizar resúmenes y análisis de documentos. Además, es capaz de programar, responder preguntas técnicas y ayudar en la estructuración de ideas y proyectos.

Claude es especialmente útil para escritores, investigadores, profesionales del marketing y empresas que buscan mejorar la eficiencia en la gestión de contenido. Su capacidad de razonamiento le permite realizar tareas de mayor complejidad que otros modelos de lenguaje. Sin embargo, puede presentar limitaciones en comparación con modelos más grandes en términos de conocimiento actualizado y acceso a datos externos.

- **Tipo de datos a tratar:** Procesamiento de lenguaje natural basado en modelos de aprendizaje profundo entrenados en grandes volúmenes de texto. Utiliza técnicas de alineación para mejorar la calidad y seguridad de las respuestas.
- **Ventajas:** Mantiene la coherencia en conversaciones largas, se enfoca en la seguridad y reducción de riesgos, y capacidad para resumir, analizar y generar contenido detallado..
- **Desventajas:** Puede presentar limitaciones en acceso a información en tiempo real, algunos modelos pueden estar restringidos en cuanto a personalización y API, dependencia de entrenamiento previo para responder preguntas específicas. Se necesita suscripción para proyectos más complejos.

- **Aplicaciones y casos de uso:**
    - Asistencia en redacción y generación de contenido.
    - Resumen y análisis de documentos extensos y aportación de ideas.

3.1.8.2 Herramientas de pago para generar ideas

Para aquellos que buscan un nivel más avanzado de asistencia creativa, existen herramientas de pago que ofrecen funcionalidades adicionales, mayor precisión y soporte técnico.

3.1.8.2.1 ChatGPT Plus (GPT-4) para texto

La versión de pago de ChatGPT, basada en GPT-4, ofrece una capacidad de generación de contenido más avanzada en comparación con la versión gratuita. Es especialmente útil para escritores, guionistas y profesionales del marketing, ya que permite crear textos más coherentes, detallados y adaptados a diferentes estilos.

Entre sus funciones destacan la generación de contenido largo y estructurado, la asistencia en la creación de personajes y tramas complejas, y la posibilidad de generar respuestas más creativas y contextuales. También es capaz de realizar análisis de estilo y sugerir mejoras en la narrativa. Su principal desventaja es que requiere una suscripción mensual, lo que puede ser un factor limitante para algunos usuarios.

- **Objetivos de datos:** Utiliza modelos más avanzados con mejor comprensión del contexto.
- **Ventajas:** Respuestas más detalladas y creativas, mejor adaptación al estilo del usuario.
- **Desventajas:** Requiere suscripción mensual.
- **Aplicaciones y casos de uso**
    - Mismas mencionadas en las herramientas gratuitas y OpenSource

3.1.8.2.2 MidJourney para imágenes e ilustraciones

MidJourney es una IA especializada en la generación de ilustraciones y arte digital a partir de descripciones textuales. Sus algoritmos están diseñados para interpretar el lenguaje natural y producir imágenes en diferentes estilos, desde realismo hasta arte abstracto o de fantasía.

Uno de sus mayores atractivos es su capacidad para generar imágenes de alta calidad con gran nivel de detalle, lo que la convierte en una herramienta valiosa para ilustradores, diseñadores gráficos y creadores de contenido visual. Se accede a través de Discord, donde los usuarios pueden interactuar con la IA para ajustar sus creaciones. Su principal limitación es que opera bajo un modelo de suscripción y no permite edición avanzada dentro de la plataforma.

- **Objetivos de datos:** Algoritmo entrenado con imágenes de múltiples estilos artísticos.
- **Ventajas:** Resultados altamente estilizados y detallados.
- **Desventajas:** Accesible solo a través de Discord, modelo de pago por suscripción.
- **Aplicaciones y casos de uso**
    - Producción de ilustraciones artísticas de alta calidad.
    - Creación de portadas de libros, discos y materiales promocionales.
    - Generación de arte conceptual para películas y videojuegos.

3.1.8.2.3 Amper Music (Soundraw como alternativa similar) para música

Amper Music es una plataforma de IA diseñada para la creación de música personalizada. Es una herramienta ideal para creadores de contenido audiovisual, diseñadores de videojuegos y productores de medios que necesitan música libre de derechos adaptada a sus proyectos.

Entre sus funciones más destacadas está la capacidad de generar pistas en diferentes géneros y ajustar elementos como el tempo, la instrumentación y la estructura de la canción. La IA analiza las preferencias del usuario y genera composiciones únicas que pueden utilizarse en proyectos comerciales sin problemas de licencias.

Soundraw, como alternativa, permite a los usuarios generar y personalizar música sin necesidad de conocimientos avanzados de composición. Su interfaz intuitiva facilita la selección de estilos y la edición de fragmentos musicales, lo que la convierte en una opción atractiva para creadores de contenido que buscan rapidez y flexibilidad.

- **Objetivos de datos:** Utiliza modelos de IA entrenados en múltiples géneros musicales, permitiendo a los usuarios ajustar la estructura, el tempo y el estilo de la composición.
- **Ventajas:** Interfaz intuitiva, permite personalizar melodías sin necesidad de conocimientos musicales avanzados. Ideal para creadores de contenido que necesitan música original sin problemas de derechos de autor.
- **Desventajas:** Limitaciones en la personalización fina en comparación con software de producción musical tradicional. Modelos más avanzados requieren suscripción.
- **Aplicaciones y casos de uso**
  - Creación de música libre de derechos para videos y anuncios.
  - Generación de pistas personalizadas para videojuegos y aplicaciones.
  - Producción de música ambiental para negocios y eventos.

3.1.8.2.4 Runway Gen-2 para vídeo

Runway Gen-2 es una de las herramientas más avanzadas en generación de video mediante inteligencia artificial. Diseñada para creadores de contenido, cineastas y profesionales del diseño visual, permite generar clips de video a partir de texto, imágenes o incluso combinar elementos de video preexistentes con modificaciones impulsadas por IA.

Entre sus funciones más destacadas se encuentra la capacidad de crear videos a partir de descripciones textuales, ofreciendo un alto nivel de personalización en términos de estilo, movimiento y ambiente. También permite la edición avanzada con herramientas basadas en IA, como la eliminación de fondos sin croma, el ajuste automático de color y efectos visuales de alta calidad.

Runway Gen-2 es especialmente útil para la creación de prototipos de videos, animaciones conceptuales y producción de contenido digital sin necesidad de equipos costosos ni conocimientos avanzados en edición. Su principal desventaja es que algunas de sus funciones más avanzadas requieren suscripción, y la calidad final puede depender del nivel de entrenamiento del modelo en ciertos estilos específicos.

- **Tipo de datos a tratar:** Modelos de aprendizaje profundo que analizan y generan secuencias de video en función de descripciones de texto e imágenes de entrada. Utiliza algoritmos de visión por computadora para interpretar escenas y objetos, asegurando transiciones suaves y efectos realistas.
- **Ventajas:** Es accesible y fácil de usar, no requiere conocimientos avanzados de edición de vídeo. Generación rápida del contenido audiovisual, y capacidad de transformar imágenes en vídeos.
- **Desventajas:** Control limitado sobre el resultado, no es tan preciso como el software profesional. Restricciones de duración y puede requerir edición adicional. Dependencia de internet, requiere acceso a internet para procesar en servidores externos y generar tiempos de espera en horas de alta demanda.
- **Aplicaciones y casos de uso**
  - Creación de videos a partir de texto o imágenes sin filmación real.
  - Producción de contenido animado y efectos visuales.
  - Prototipado de escenas cinematográficas antes de la producción final.

Las inteligencias artificiales creativas han dejado de ser herramientas experimentales para convertirse en asistentes valiosos en el proceso creativo. Si bien no reemplazan la intuición y el talento humano, pueden ser catalizadores para la innovación y la superación de bloqueos creativos. La elección entre herramientas gratuitas o de pago dependerá de las necesidades del usuario, su nivel técnico y el grado de personalización requerido.

A medida que estas tecnologías evolucionan, su impacto en el ámbito creativo seguirá creciendo, ofreciendo a los artistas y creadores nuevas formas de explorar su imaginación. La clave está en aprender a utilizarlas como complementos y no como sustitutos de la creatividad humana.

3.1.9 Problemas técnicos

La inteligencia artificial tiene la capacidad de resolver problemas técnicos, ofreciendo soluciones rápidas, eficientes y en muchos casos automatizadas. Gracias a su capacidad de analizar grandes volúmenes de datos, identificar patrones y generar predicciones precisas, las herramientas de IA permiten a las empresas optimizar recursos, reducir tiempos de inactividad y mejorar la calidad del servicio.

Desde plataformas de machine learning hasta asistentes virtuales inteligentes, la IA se ha integrado en múltiples áreas, como la monitorización de sistemas, el diagnóstico predictivo y el soporte técnico automatizado, control de procesos industriales. En esta sección exploraremos algunas de las principales herramientas utilizadas en la resolución de problemas técnicos, clasificándolas en dos categorías: herramientas de código abierto y gratuitas, y soluciones comerciales de pago. Analizaremos sus funciones clave, los tipos de datos con los que trabajan, sus ventajas y desventajas frente a la competencia y sus principales casos de uso.

3.1.9.1 Herramientas gratuitas y OpenSource para gestión de problemas

Las soluciones de código abierto han jugado un papel fundamental en la expansión de la inteligencia artificial, ofreciendo herramientas avanzadas sin necesidad de grandes inversiones. Estas soluciones son ideales para desarrolladores, investigadores y empresas con restricciones presupuestarias.

3.1.9.1.1 TensorFlow

TensorFlow es una de las bibliotecas más utilizadas para el desarrollo de modelos de aprendizaje automático y aprendizaje profundo. Su versatilidad permite a los desarrolladores crear, entrenar y desplegar modelos en una amplia variedad de dispositivos, desde servidores de alto rendimiento hasta dispositivos móviles y edge computing. Soporta redes neuronales convolucionales (CNN) para el análisis de imágenes, redes neuronales recurrentes (RNN) para procesamiento de lenguaje natural (NLP) y modelos avanzados como transformers para tareas de generación de texto. TensorFlow también ofrece TensorFlow Extended (TFX) para la implementación de modelos en producción y TensorFlow Lite para la optimización de modelos en dispositivos con recursos limitados. Además, permite la distribución de entrenamiento en múltiples GPUs o TPUs, facilitando el procesamiento eficiente de grandes volúmenes de datos.

- **Tipos de datos a tratar:** Se enfoca en el tratamiento de datos estructurados y no estructurados, como imágenes, texto y series temporales.
- **Ventajas:**
    - Altamente personalizable.
    - Gran flexibilidad y escalabilidad.
    - Soporte de una comunidad amplia y activa.
    - Integración con otros frameworks de IA como Keras y PyTorch.
- **Desventajas:**
    - Curva de aprendizaje pronunciada.

- Necesidad de conocimientos avanzados en programación y matemáticas.

- **Aplicaciones y Casos de Uso:**
  - **Reconocimiento de imágenes y visión por computadora:** Se utiliza en la detección de objetos y rostros en aplicaciones de seguridad, diagnóstico médico (detección de tumores en imágenes de resonancia magnética) y sistemas de vigilancia inteligentes.
  - **Procesamiento de lenguaje natural (NLP):** Aplicado en la creación de asistentes virtuales, chatbots inteligentes, traducción automática y análisis de sentimientos en redes sociales.
  - **Sistemas de recomendación:** Utilizado en plataformas de comercio electrónico y streaming para recomendar productos o contenido basado en el comportamiento del usuario.
  - **Modelos predictivos:** Empresas lo usan para análisis financiero, detección de fraudes y predicción de demanda en el sector minorista.
  - **Robótica e IA aplicada a la automatización:** Se integra en robots industriales y autónomos para mejorar la toma de decisiones y la optimización de tareas.

3.1.9.1.2 Scikit-learn

Scikit-learn es una biblioteca optimizada para tareas de machine learning clásico, proporcionando una colección extensa de algoritmos para clasificación, regresión y clustering. Su funcionalidad abarca modelos como árboles de decisión, máquinas de soporte vectorial (SVM) y regresión logística, además de técnicas avanzadas de reducción de dimensionalidad como Análisis de Componentes Principales (PCA). También incluye herramientas para la optimización de hiperparámetros, validación cruzada y selección de características, facilitando la evaluación y ajuste de modelos para mejorar su rendimiento. Su integración con otras bibliotecas de Python como NumPy y Pandas permite manipular y analizar datos de manera eficiente, convirtiéndolo en una opción ideal para análisis exploratorio de datos y desarrollo de modelos predictivos.

- **Tipos de datos a tratar:** Datos tabulares, conjuntos de datos estructurados y numéricos.
- **Ventajas:**
  - Fácil de implementar y bien documentado.
  - Excelente para proyectos de análisis de datos y machine learning clásico.
  - Compatible con Pandas y NumPy para manipulación de datos.
- **Desventajas:**
  - No está diseñado para deep learning ni para procesamiento de datos no estructurados.
- **Aplicaciones y Casos de Uso:**
  - **Análisis predictivo en negocios:** Se emplea para prever ventas, detectar tendencias de mercado y optimizar estrategias de marketing.
  - Clasificación y detección de fraude**s:** Bancos y aseguradoras lo usan para identificar transacciones sospechosas y prevenir fraudes en tiempo real.
  - **Segmentación de clientes:** Se utiliza en análisis de datos de clientes para personalizar campañas publicitarias y mejorar la retención de clientes.
  - **Medicina y diagnóstico asistido:** Ayuda en la detección de enfermedades basándose en datos de pacientes, como en la clasificación de imágenes médicas.
  - **Optimización logística:** Empresas de transporte y distribución lo usan para predecir tiempos de entrega y mejorar la gestión de inventarios.

3.1.9.1.3 ChatBots y Asistentes virtuales (BotPress, Rasa)

Aunque se tratarán en el apartado 3.5.5.1.2, aquí se ofrece un resumen de esas herramientas como soporte técnico. Las plataformas de código abierto como Rasa y BotPress ofrecen un marco flexible para la creación de asistentes conversacionales avanzados. Estas herramientas utilizan técnicas de procesamiento de lenguaje natural (NLP) para entender y responder consultas con un alto grado de precisión. Incorporan mecanismos de aprendizaje automático que permiten mejorar la interacción con los usuarios basándose en experiencias previas, lo que facilita la personalización de respuestas. Su compatibilidad con múltiples plataformas como WhatsApp, Telegram, Slack y Messenger permite una integración omnicanal sin fricciones. Además, ofrecen conectividad con bases de datos y APIs externas, permitiendo a las empresas automatizar tareas repetitivas y mejorar la eficiencia en la atención al cliente.

- **Tipos de datos a tratar:** Texto en lenguaje natural, consultas de usuarios.
- **Ventajas:**
  - Personalización completa.
  - No requiere costos de licencia.
- **Desventajas:**
  - Requiere configuración avanzada para interacciones naturales.
- **Aplicaciones y Casos de Uso:** Ver el apartado 1.5.2 Prácticas prohibidas de sistemas de IA
  - **Automatización de atención al cliente:** Empresas usan Rasa y BotPress para gestionar consultas frecuentes, reducir tiempos de espera y mejorar la experiencia del usuario en e-commerce y banca.
  - **Asistentes médicos virtuales:** Aplicaciones en hospitales y clínicas permiten a los pacientes recibir recomendaciones médicas preliminares antes de hablar con un profesional.
  - **Gestión de reservas y citas:** Hoteles, restaurantes y servicios médicos emplean chatbots para gestionar reservas de manera eficiente.
  - **Automatización de procesos en RRHH:** Se usan en entrevistas automatizadas, onboarding de empleados y gestión de consultas internas en grandes corporaciones.
  - **E-learning y educación:** Plataformas educativas los utilizan para responder preguntas frecuentes de los estudiantes y personalizar la enseñanza según su progreso.

3.1.9.2 Herramientas de pago para gestión de problemas

Las soluciones de pago suelen ofrecer soporte técnico, infraestructuras optimizadas y facilidad de implementación, lo que las hace ideales para empresas que buscan una integración sin fricciones con sus sistemas existentes.

3.1.9.2.1 IBM Watson

IBM Watson es una de las plataformas de inteligencia artificial más avanzadas para el análisis de datos y la automatización de procesos empresariales. Su motor de procesamiento de lenguaje natural permite extraer información de grandes volúmenes de texto, identificar sentimientos y generar respuestas inteligentes para asistentes virtuales. Además, Watson incorpora capacidades de diagnóstico predictivo basadas en modelos de machine learning, lo que lo hace ideal para sectores como la salud, la banca y la atención al cliente. También se integra con sistemas empresariales existentes, proporcionando análisis en tiempo real para la toma de decisiones estratégicas.

- **Tipos de datos a tratar:** Datos estructurados y no estructurados, incluyendo texto, imágenes y voz.
- **Ventajas:**
  - Infraestructura escalable.

- Alto nivel de seguridad en la gestión de datos.

- **Desventajas:**
  - Coste elevado.
  - Requiere experiencia en integración con sistemas empresariales.
- **Aplicaciones y Casos de Uso:**
  - **Análisis de datos en salud:** Se usa en diagnóstico de enfermedades, personalización de tratamientos y descubrimiento de nuevos fármacos.
  - **Automatización en el sector financiero:** Bancos lo emplean para evaluación de riesgos, detección de fraudes y atención al cliente con IA.
  - **Optimización de servicio al cliente:** Empresas de telecomunicaciones y retail lo utilizan para mejorar la experiencia del cliente a través de agentes virtuales inteligentes.
  - **Monitoreo de ciberseguridad:** Permite detectar patrones sospechosos en redes empresariales y prevenir ataques cibernéticos.
  - **Gestión documental y legal:** Bufetes y empresas jurídicas lo usan para analizar grandes volúmenes de documentos legales y agilizar la investigación de casos.

3.1.9.2.2 Google Cloud AI

Google Cloud AI ofrece una variedad de herramientas de inteligencia artificial diseñadas para facilitar el desarrollo de aplicaciones basadas en aprendizaje automático. Su plataforma incluye modelos preentrenados para visión por computadora, procesamiento de lenguaje natural y análisis de datos. Google AutoML permite a los usuarios sin experiencia en machine learning entrenar modelos personalizados con facilidad. Además, su integración con Google BigQuery facilita la exploración y análisis de grandes conjuntos de datos en la nube, mientras que su servicio de IA conversacional, Google Dialogflow, permite crear asistentes virtuales con respuestas automatizadas y personalizadas.

- **Tipos de datos a tratar:** Datos en la nube, imágenes, texto y datos de IoT.
- **Ventajas:**
  - Facilidad de integración con otros productos de Google.
  - Modelos preentrenados de alto rendimiento.
- **Desventajas:**
  - Dependencia de la infraestructura de Google.
  - Coste basado en el uso.
- **Aplicaciones y Casos de Uso:**
  - **Análisis de imágenes y videos:** Empresas de seguridad lo usan para reconocimiento facial y detección de anomalías en cámaras de vigilancia.
  - **Procesamiento de lenguaje natural:** Aplicado en la extracción de información clave de documentos, correos electrónicos y comunicaciones internas en empresas.
  - **Chatbots inteligentes con Google Dialogflow:** Usado en servicio al cliente, automatización de consultas y soporte técnico en diversas industrias.
  - **Optimización de inventario y logística:** Empresas de comercio electrónico lo utilizan para predecir la demanda y optimizar la distribución de productos.
  - **Publicidad y marketing digital:** Google lo emplea para personalizar anuncios y mejorar la segmentación de clientes en campañas publicitarias.

3.1.9.2.3 Microsoft Azure AI

Microsoft Azure AI proporciona soluciones de inteligencia artificial escalables para automatizar procesos empresariales y mejorar la toma de decisiones. Su plataforma Azure Machine Learning Studio permite el desarrollo de modelos de machine learning sin necesidad de conocimientos profundos en programación, mediante una interfaz visual intuitiva. Además, Azure AI incluye servicios avanzados de reconocimiento de imágenes y voz, que pueden integrarse en aplicaciones empresariales para mejorar la experiencia del usuario. También ofrece integración con herramientas como Power BI y Microsoft Dynamics para el análisis de datos y generación de insights en tiempo real.

- **Tipos de datos a tratar:** Datos empresariales, imágenes y voz.
- **Ventajas:**
  - Integración con el ecosistema Microsoft.
  - Seguridad y cumplimiento normativo.
- **Desventajas:**
  - Modelo de precios basado en consumo.
  - Coste elevado en proyectos de gran escala.
- **Aplicaciones y Casos de Uso:**
  - **Análisis de datos empresariales:** Integrado con Power BI, permite la generación de informes predictivos y toma de decisiones basadas en datos en tiempo real.
  - **Automatización de procesos industriales:** Utilizado en fábricas para mejorar la eficiencia en la producción mediante mantenimiento predictivo basado en IA.
  - **Reconocimiento de voz y texto:** Aplicaciones en atención al cliente, asistentes de voz y automatización de respuestas en redes sociales.
  - **Detección de anomalías en finanzas:** Bancos y aseguradoras lo emplean para identificar transacciones inusuales y minimizar riesgos de fraude.
  - **IA para el sector educativo:** Universidades lo utilizan para análisis del desempeño estudiantil y personalización de programas de aprendizaje.

3.1.9.2.4 Amazon SageMaker

Amazon SageMaker es una plataforma integral de machine learning que permite la creación, entrenamiento y despliegue de modelos de IA a gran escala. Incluye herramientas de AutoML para automatizar la selección de algoritmos y optimización de modelos, reduciendo significativamente el tiempo de desarrollo. SageMaker soporta múltiples frameworks de deep learning como TensorFlow, PyTorch y MXNet, brindando flexibilidad a los desarrolladores. Además, cuenta con capacidades de análisis de datos en tiempo real a través de su integración con otros servicios de AWS, como S3 y Redshift, facilitando la implementación de modelos predictivos en entornos empresariales.

- **Tipos de datos a tratar:** Datos estructurados y no estructurados en la nube de AWS.
- **Ventajas:**
  - Escalabilidad y automatización.
  - Ideal para big data y aplicaciones empresariales.
- **Desventajas:**
  - Coste elevado.
  - Requiere conocimientos avanzados.
- **Aplicaciones y Casos de Uso:**

- **Predicción de ventas y demanda:** Empresas de retail lo emplean para prever tendencias de compra y ajustar estrategias de abastecimiento.
- **Optimización en el sector salud:** Se usa en la creación de modelos predictivos para la detección temprana de enfermedades y personalización de tratamientos médicos.
- **Mantenimiento predictivo en manufactura:** Permite analizar datos de sensores en maquinaria industrial para anticipar fallos y reducir costos de reparación.
- **Automatización de servicios en e-commerce:** Empresas como Amazon lo utilizan para personalizar la experiencia de compra y mejorar la recomendación de productos.
- **Ciberseguridad y análisis de amenazas:** Empresas de tecnología lo emplean para identificar patrones de ataques y mejorar la seguridad de sus infraestructuras digitales.

Las herramientas de inteligencia artificial han encontrado aplicaciones en prácticamente todos los sectores, desde salud y finanzas hasta educación y logística. Las soluciones open-source ofrecen flexibilidad y personalización, mientras que las herramientas de pago proporcionan soporte avanzado, escalabilidad y facilidad de integración. Dependiendo de las necesidades específicas, las empresas pueden optar por herramientas gratuitas o comerciales para mejorar la eficiencia, reducir costos y optimizar la toma de decisiones.

3.1.10 Transcripciones

La inteligencia artificial ha transformado la manera en que interactuamos con el lenguaje, facilitando la conversión de voz en texto con una precisión y rapidez sin precedentes. Las herramientas de transcripción basadas en IA permiten automatizar este proceso, reduciendo el tiempo y el esfuerzo manual necesario para convertir discursos, entrevistas, reuniones o dictados en texto escrito. Esto no solo optimiza la productividad, sino que también abre nuevas oportunidades de accesibilidad para personas con discapacidades auditivas y mejora la experiencia en sectores como el periodismo, la educación, la atención al cliente y la gestión de documentación empresarial.

Gracias a los avances en el reconocimiento automático del habla (ASR, por sus siglas en inglés) y el procesamiento del lenguaje natural (NLP), las herramientas de transcripción han alcanzado niveles de precisión que hace unos años eran impensables. Sin embargo, no todas las soluciones son iguales; algunas ofrecen modelos más avanzados con funciones específicas según el sector, mientras que otras están orientadas a proporcionar una alternativa accesible y gratuita. A continuación, se presentan algunas de las mejores herramientas de transcripción, dividiéndolas entre opciones de código abierto o gratuitas y soluciones de pago.

3.1.10.1 Herramientas gratuitas y OpenSource de transcripción

Las soluciones de código abierto y gratuitas permiten a los usuarios acceder a tecnología de transcripción sin costos elevados, aunque pueden requerir conocimientos técnicos adicionales para su implementación y configuración.

3.1.10.1.1 Whisper (OpenAI)

Whisper de OpenAI es una de las herramientas más avanzadas en el reconocimiento de voz a texto. Su modelo de inteligencia artificial está entrenado con una gran variedad de datos, lo que le permite identificar diferentes acentos y variaciones lingüísticas con alta precisión. Una de sus características más destacadas es la capacidad de transcribir automáticamente en varios idiomas sin necesidad de entrenamiento adicional. Además, Whisper puede diferenciar y separar múltiples voces en un mismo archivo de audio, lo que lo convierte en una excelente opción para transcripciones de entrevistas, reuniones o conferencias. Otra funcionalidad clave es su capacidad para realizar traducciones de voz en diferentes idiomas, facilitando así la conversión de contenidos hablados en múltiples lenguas.

- **Tipos de datos a tratar:**
  - Archivos de audio en distintos formatos como MP3, WAV y FLAC.

- Transcripción de discursos en tiempo real o en archivos previamente grabados.

- **Ventajas:** Alta precisión y soporte para múltiples idiomas sin necesidad de entrenamiento adicional.
- **Desventajas:** Requiere cierta configuración técnica para su implementación en sistemas locales.
- **Aplicaciones y casos de uso:**
  - **Transcripción automática en medios de comunicación:** Medios como BBC o The Guardian han implementado modelos de IA como Whisper para transcribir entrevistas y discursos políticos en tiempo real.
  - **Accesibilidad en educación:** Universidades como MIT han experimentado con Whisper para mejorar la accesibilidad de las clases al transcribir automáticamente conferencias y seminarios en diferentes idiomas.
  - **Automatización en producción de contenido:** Plataformas de video como YouTube han integrado sistemas similares para generar subtítulos automáticos de alta precisión en diferentes idiomas.

3.1.10.1.2 Mozilla DeepSpeech

DeepSpeech es una herramienta de código abierto basada en redes neuronales profundas que permite el reconocimiento de voz con un alto nivel de precisión. Su arquitectura está optimizada para permitir transcripciones rápidas y eficientes, con la capacidad de aprender patrones de voz para mejorar la exactitud en entornos ruidosos. Una ventaja clave de DeepSpeech es que permite personalizar los modelos de lenguaje y acústicos, lo que posibilita su adaptación a casos de uso específicos, como aplicaciones médicas o de servicio al cliente. Su integración con diversas plataformas y su flexibilidad lo hacen ideal para desarrolladores que buscan construir soluciones de reconocimiento de voz personalizadas sin depender de servicios comerciales.

- **Tipos de datos a tratar:**
  - Audio limpio y estructurado para mejorar la precisión en la transcripción.
  - Adaptación para aplicaciones de voz en dispositivos integrados.
- **Ventajas:** Accesibilidad y capacidad de personalización para entrenar modelos con datos propios.
- **Desventajas:** Requiere hardware potente para el entrenamiento de modelos personalizados.
- **Aplicaciones y casos de uso:**
  - **Asistentes virtuales en dispositivos inteligentes:** Empresas como Mycroft AI han utilizado DeepSpeech para crear asistentes de voz que funcionan sin conexión a internet.
  - **Automatización en call centers:** Organizaciones han adaptado DeepSpeech para transcribir automáticamente llamadas de atención al cliente y mejorar la experiencia del usuario.
  - **Sistemas de voz offline:** DeepSpeech ha sido utilizado en dispositivos médicos y de navegación en áreas sin conectividad a internet, como en sistemas de control de voz para aviación.

3.1.10.1.3 Kaldi

Kaldi es un software de reconocimiento de voz altamente flexible y personalizable, utilizado principalmente en el ámbito de la investigación y en proyectos comerciales avanzados. Su arquitectura modular permite adaptar y mejorar los modelos acústicos y lingüísticos para ajustarse a necesidades específicas, lo que lo convierte en una opción ideal para organizaciones que requieren soluciones de transcripción de alta precisión. Kaldi es compatible con múltiples formatos de datos de audio y permite la integración con herramientas de procesamiento de lenguaje natural para mejorar la calidad de la transcripción. Aunque su implementación puede ser compleja, su alto nivel de personalización lo hace ideal para proyectos que requieren soluciones específicas en reconocimiento de voz.

- **Tipos de datos a tratar:**
  - Grandes volúmenes de datos de audio utilizados en proyectos de investigación o empresas con necesidades específicas.
- **Ventajas:** Excelente para proyectos que requieren alta personalización y precisión.
- **Desventajas:** Requiere conocimientos avanzados en procesamiento del lenguaje natural y programación.
- **Aplicaciones y casos de uso:**
  - **Reconocimiento de voz en telecomunicaciones:** Empresas como Vodafone han integrado sistemas basados en Kaldi para mejorar el análisis de llamadas en sus servicios de atención al cliente.
  - **Procesamiento de datos en el sector financiero:** Bancos han utilizado Kaldi para transcribir reuniones y llamadas de clientes con el fin de analizar patrones de comportamiento.
  - **Investigación en inteligencia artificial:** Universidades y laboratorios como Google Research han usado Kaldi para entrenar modelos avanzados de reconocimiento de voz.

3.1.10.2 Herramientas de pago de transcripción

Las soluciones comerciales suelen ofrecer mayor facilidad de uso, integración con otras plataformas y soporte técnico, a cambio de un costo por suscripción o pago por uso.

3.1.10.2.1 Otter.ai

Otter.ai es una plataforma de transcripción automática en tiempo real que destaca por su capacidad para identificar y etiquetar hablantes en una conversación. Su integración con plataformas como Zoom, Google Meet y Microsoft Teams permite la transcripción instantánea de reuniones virtuales, facilitando el acceso y la colaboración entre equipos de trabajo. Además, Otter.ai permite a los usuarios resaltar, comentar y compartir fragmentos de la transcripción, mejorando la gestión de contenido en entornos profesionales. Su capacidad de aprendizaje automático también mejora la precisión de la transcripción con el tiempo, reconociendo patrones de voz y términos específicos utilizados con frecuencia.

- **Tipos de datos a tratar:**
  - Reuniones, conferencias y entrevistas en vivo o pregrabadas.
  - Colaboración en equipo con transcripciones accesibles en la nube.
- **Ventajas:** Interfaz fácil de usar, integración con plataformas populares.
- **Desventajas:** Puede haber errores en la transcripción si la calidad del audio no es óptima.
- **Aplicaciones y casos de uso:**
  - **Transcripción de reuniones empresariales:** Empresas como IBM y Airbnb utilizan Otter.ai para capturar automáticamente notas de reuniones y mejorar la colaboración entre equipos.
  - **Educación a distancia:** Universidades han adoptado Otter.ai para transcribir clases en vivo y permitir a los estudiantes acceder a las lecciones en formato escrito.
  - **Investigación de mercado:** Empresas de marketing han empleado Otter.ai para transcribir grupos de discusión y entrevistas con clientes.

3.1.10.2.2 Sonix.ai

Sonix.ai es una herramienta de transcripción que ofrece velocidad y precisión en la conversión de audio a texto. Su potente motor de inteligencia artificial permite realizar transcripciones rápidas y automáticas en más de 40 idiomas, lo que la convierte en una excelente opción para empresas y profesionales que trabajan con contenido multilingüe. Una característica clave de Sonix es su funcionalidad de edición avanzada, que permite a los usuarios ajustar el texto directamente en la plataforma mediante un editor sincronizado con el audio original. Además, la herramienta incluye opciones de búsqueda dentro de las transcripciones mediante palabras clave, facilitando la organización y recuperación de información en grandes volúmenes de contenido.

- **Tipos de datos a tratar:**
  - Documentación y transcripción de audio en múltiples idiomas para empresas y periodistas.
- **Ventajas:** Gran precisión y funciones avanzadas de búsqueda y edición.
- **Desventajas:** Puede ser costoso para usuarios individuales o pequeñas empresas.
- **Aplicaciones y casos de uso:**
  - **Creación de subtítulos para contenido multimedia:** Empresas de producción como Netflix han utilizado herramientas como Sonix.ai para automatizar la generación de subtítulos en múltiples idiomas.
  - **Optimización SEO en podcasts y blogs:** Productores de contenido han usado Sonix.ai para transcribir episodios de podcast y mejorar su visibilidad en buscadores.
  - **Archivo y recuperación de información:** Bibliotecas y centros de documentación han implementado Sonix.ai para indexar conferencias y entrevistas históricas.

3.1.10.2.3 Rev.com

Rev.com es una plataforma que ofrece tanto transcripciones automáticas como manuales realizadas por profesionales humanos, garantizando un alto nivel de precisión. Su servicio de transcripción automática es más económico y rápido, mientras que la transcripción manual asegura la máxima exactitud en contenidos sensibles como documentos legales, médicos o periodísticos. Rev.com también admite una amplia variedad de formatos de audio y video, permitiendo una integración sencilla con plataformas de almacenamiento en la nube y software de edición. Su servicio de subtitulado y traducción lo convierte en una opción ideal para creadores de contenido que necesitan accesibilidad y distribución en múltiples idiomas.

- **Tipos de datos a tratar:**
  - Materiales con alta sensibilidad donde la precisión es clave (por ejemplo, en procesos legales o médicos).
- **Ventajas:** Alta precisión gracias a transcripciones humanas.
- **Desventajas:** Mayor costo y tiempo de entrega en comparación con las soluciones automáticas.
- **Aplicaciones y casos de uso:**
  - **Transcripción de documentos legales y judiciales:** Tribunales y bufetes de abogados utilizan Rev.com para generar documentos precisos de declaraciones y audiencias.
  - **Subtitulación profesional:** Canales de televisión como BBC han usado Rev.com para la transcripción y subtitulación de contenido en diferentes idiomas.
  - **Servicios médicos y de salud:** Clínicas han integrado Rev.com para convertir dictados médicos en informes escritos de alta precisión.

La elección de la herramienta adecuada para la transcripción de voz a texto depende de múltiples factores, como la precisión requerida, el presupuesto disponible y la facilidad de uso. Las opciones de código abierto como Whisper o Kaldi son ideales para proyectos que requieren personalización y no tienen limitaciones de recursos técnicos, mientras que las soluciones de pago como Otter.ai o Rev.com ofrecen comodidad y funciones adicionales que pueden ser esenciales en entornos empresariales o profesionales.

El avance de la inteligencia artificial ha permitido que la transcripción de audio sea más accesible, rápida y precisa que nunca. Con la correcta elección de herramientas, las empresas y profesionales pueden optimizar sus flujos de trabajo y mejorar la accesibilidad de la información de una manera eficiente y escalable.

3.1.11 Traducción

La inteligencia artificial permite la innovación en la industria de la traducción, permitiendo procesar grandes volúmenes de texto de manera rápida y eficiente. Desde la traducción automática neuronal hasta herramientas especializadas que integran memorias de traducción y glosarios terminológicos, la IA ha mejorado la calidad y la accesibilidad de los servicios de traducción en múltiples sectores. A pesar de su eficiencia, el uso de estas herramientas sigue presentando retos como la gestión del contexto, la interpretación de expresiones idiomáticas y la fidelidad estilística en textos altamente especializados.

En esta sección, se presentan las principales herramientas de traducción asistida por IA, divididas en dos categorías: herramientas de código abierto o gratuitas y herramientas de pago. Se analizarán sus funciones más destacadas, los tipos de datos que pueden manejar y sus ventajas y desventajas en comparación con otras soluciones.

3.1.11.1 Herramientas gratuitas y OpenSource para traducción

Las herramientas de código abierto y gratuitas son una opción accesible para individuos, empresas emergentes y desarrolladores que buscan soluciones eficientes sin costos asociados. Aunque pueden tener ciertas limitaciones en comparación con las versiones de pago, muchas ofrecen capacidades avanzadas y pueden ser integradas en otros sistemas para mejorar su rendimiento.

3.1.11.1.1 DeepL Free

DeepL Free es una de las herramientas de traducción automática más avanzadas basadas en redes neuronales. Su principal característica es la alta calidad de sus traducciones en comparación con otros motores gratuitos, gracias a su enfoque en la comprensión contextual y la generación de frases naturales.

DeepL Free permite traducir textos de forma rápida y precisa en varios idiomas, destacándose en la traducción de textos técnicos, comerciales y académicos. También ofrece integración con navegadores para traducir páginas web y fragmentos de texto en tiempo real. A pesar de sus ventajas, la versión gratuita impone restricciones en el número de caracteres y en la cantidad de documentos que pueden procesarse, lo que limita su uso en proyectos de gran envergadura.

- **Tipos de datos tratados:** Textos en diversos formatos, correos electrónicos, documentos.
- **Ventajas:**
    - Alta calidad en traducciones comparado con otros sistemas gratuitos.
    - Interfaz intuitiva y fácil de usar.
    - Disponible para varios idiomas con traducciones contextualizadas.
- **Desventajas:**
    - Límite de palabras en la versión gratuita.
    - No permite cargar documentos completos sin pago.
    - Algunos idiomas tienen menos precisión que otros.
- **Aplicaciones y Casos de Uso:**
    - **Uso académico y educativo:** Estudiantes e investigadores lo utilizan para traducir artículos científicos, resúmenes y textos académicos en idiomas como inglés, alemán, francés y español.

- **Traducción de correos electrónicos y documentos básicos:** Profesionales y empresas lo emplean para traducir comunicaciones rápidas sin pagar por un servicio premium.
- **Apoyo en redes sociales y blogs:** Usuarios que gestionan contenido en diferentes idiomas lo utilizan para traducir publicaciones de forma más natural que con Google Translate.

3.1.11.1.2 Google Translate

Google Translate es una de las herramientas de traducción más populares a nivel mundial, con soporte para más de 100 idiomas y múltiples formatos de entrada. Su principal ventaja radica en su versatilidad, ya que permite la traducción de texto, imágenes, documentos y audio en tiempo real.

Gracias a su sistema de traducción neuronal, Google Translate ha mejorado considerablemente la coherencia y fluidez de sus traducciones. La función de traducción de imágenes mediante la cámara del móvil es especialmente útil para viajeros y profesionales que necesitan interpretar textos impresos. Además, su integración con servicios de voz permite la comunicación instantánea entre personas que hablan diferentes idiomas. Sin embargo, su precisión puede verse afectada en textos largos o especializados, ya que no siempre mantiene la coherencia del contexto.

- **Tipos de datos tratados:** Textos, documentos, audios, imágenes.
- **Ventajas:**
  - Gran soporte de idiomas (más **de 100).**
  - **Traducción instantánea en diversas plataformas.**
  - **Disponible en aplicaciones móviles** con traducción de voz.
- **Desventajas:**
  - Traducciones no siempre **precisas en textos complejos.**
  - **Falta de coherencia en textos largos.**
  - **No permite ajustes de estilo o** tono.
- **Aplicaciones y Casos de Uso:**
  - **Viajes internacionales:** Su función de traducción en tiempo real con la cámara del móvil permite a los viajeros entender carteles, menús y señales en otros países.
  - **Traducción de conversaciones en tiempo real:** La función de audio es útil para hablar con personas en diferentes idiomas, como en restaurantes, aeropuertos o reuniones de negocios.
  - **Integración en sitios web y plataformas digitales:** Muchas páginas web incorporan Google Translate para ofrecer traducciones instantáneas a los visitantes internacionales.
  - **Traducción de documentos básicos:** Aunque no es tan preciso como DeepL, permite traducir textos y documentos en múltiples formatos.

3.1.11.1.3 Apertium

Apertium es un motor de traducción automática basado en reglas y completamente de código abierto. A diferencia de los sistemas neuronales como DeepL o Google Translate, Apertium utiliza un enfoque basado en diccionarios y gramáticas predefinidas, lo que lo hace especialmente útil para idiomas con estructuras lingüísticas bien documentadas.

Este sistema es ideal para lenguas menos representadas en otras herramientas de traducción automática y permite personalización por parte de desarrolladores y lingüistas. Además, es una opción interesante para proyectos de traducción en comunidades académicas o gubernamentales que requieren una plataforma flexible y accesible. No obstante, su precisión es inferior a la de los sistemas neuronales, y su implementación puede requerir conocimientos técnicos avanzados.

- **Tipos de datos tratados:** Documentos estructurados, archivos de texto.
- **Ventajas:**
  - Totalmente gratuito y de código abierto.
  - Permite modificaciones y personalización.
  - Enfoque basado en reglas que puede ser útil en lenguas menos representadas.
- **Desventajas:**
  - Menos preciso que los modelos neuronales.
  - Soporte limitado de idiomas.
  - No incluye aprendizaje automático avanzado.
- **Aplicaciones y Casos de Uso:**
  - **Traducción en lenguas minoritarias:** Es una herramienta clave para comunidades lingüísticas menos representadas en la traducción automática, como el catalán, el gallego o el euskera.
  - **Proyectos de software libre y académicos:** Universidades e investigadores utilizan Apertium para desarrollar motores de traducción personalizados.
  - **Traducción de documentos gubernamentales y académicos:** Algunas administraciones públicas emplean Apertium para traducir textos oficiales sin depender de herramientas comerciales.

3.1.11.2 Herramientas de pago para traducción

Las herramientas de traducción de pago ofrecen características avanzadas diseñadas para satisfacer las necesidades de traductores profesionales, empresas y organizaciones internacionales. Estas soluciones suelen incluir capacidades como memorias de traducción, glosarios personalizables y control de calidad avanzado.

3.1.11.2.1 DeepL Pro

DeepL Pro es la versión premium del popular traductor DeepL y ofrece mejoras significativas con respecto a la versión gratuita. Una de sus funciones más destacadas es la posibilidad de traducir documentos completos en formatos como Word y PowerPoint sin perder el formato original.

Otra característica clave de DeepL Pro es su capacidad de personalización mediante glosarios, lo que permite adaptar las traducciones a terminologías específicas utilizadas en diferentes sectores, como el legal, el médico o el técnico. Además, la versión Pro garantiza mayor privacidad y seguridad en la gestión de datos, ya que no almacena textos traducidos en sus servidores. Sin embargo, su precio puede resultar elevado para usuarios individuales, y su soporte de idiomas sigue siendo más limitado que el de Google Translate.

- **Tipos de datos tratados:** Documentos en Word, PowerPoint, texto plano.
- **Ventajas:**
  - Traducciones más naturales y precisas.
  - Mayor control sobre el estilo y el tono.
  - Protección de datos mejorada en la versión de pago.
- **Desventajas:**
  - Menos idiomas compatibles que Google Translate.
  - Requiere suscripción mensual.
- **Aplicaciones y Casos de Uso:**

- Traducción de contratos y documentos empresariales: Empresas lo usan para traducir contratos, acuerdos y documentos legales con mayor precisión.
- Integración con software corporativo: DeepL Pro permite la integración con plataformas como Microsoft Word y PowerPoint para traducir documentos manteniendo su formato.
- Marketing digital y localización de contenido: Equipos de marketing utilizan DeepL Pro para adaptar campañas publicitarias a distintos mercados internacionales sin perder matices del idioma.
- Atención al cliente multilingüe: Empresas lo emplean para traducir consultas de clientes en tiempo real en sectores como tecnología, turismo y comercio electrónico.

3.1.11.2.2 SDL Trados Studio

SDL Trados Studio es una de las herramientas de traducción asistida por IA más utilizadas en entornos profesionales. Su principal función es la integración de memorias de traducción, lo que permite reutilizar fragmentos previamente traducidos para mejorar la coherencia y reducir el tiempo de trabajo en proyectos extensos.

Además, SDL Trados Studio cuenta con herramientas avanzadas de control de calidad que detectan inconsistencias, errores de terminología y omisiones en la traducción. Su capacidad de integración con bases de datos terminológicas lo convierte en una opción ideal para traducciones especializadas en sectores como el legal, el financiero y el técnico. No obstante, su curva de aprendizaje es pronunciada y su costo inicial puede ser un obstáculo para autónomos y pequeñas empresas.

- **Tipos de datos tratados:** Textos técnicos, documentos legales, informes empresariales.
- **Ventajas:**
  - Alta precisión en traducciones especializadas.
  - Uso de memoria de traducción para mejorar la consistencia.
  - Integración con otros software de traducción.
- **Desventajas:**
  - Alto coste inicial y suscripción.
  - Curva de aprendizaje pronunciada.
- **Aplicaciones y Casos de Uso:**
  - **Traducción profesional en agencias de traducción:** Empresas de traducción utilizan SDL Trados Studio para mejorar la eficiencia y la coherencia en traducciones de gran volumen.
  - **Localización de software y videojuegos:** Es ampliamente usado por desarrolladores para traducir interfaces de usuario y contenido de videojuegos sin perder coherencia.
  - **Traducción de textos técnicos y científicos:** Empresas de ingeniería, farmacéuticas y tecnológicas confían en Trados para traducir manuales técnicos, patentes y estudios clínicos.
  - **Automatización de traducciones en empresas multinacionales:** Compañías con presencia global lo integran en su flujo de trabajo para gestionar traducciones de manera eficiente.

3.1.11.2.3 MemoQ

MemoQ es una plataforma de traducción asistida diseñada para optimizar el flujo de trabajo de equipos de traductores. Entre sus principales características destaca su sistema de control de calidad, que permite verificar la precisión de las traducciones en tiempo real y detectar posibles errores de terminología.

Otra ventaja de MemoQ es su capacidad de compartir glosarios y memorias de traducción en entornos colaborativos, lo que facilita la estandarización de términos en proyectos de gran escala. Su compatibilidad con múltiples formatos de archivo y su integración con otras herramientas de traducción lo convierten en una opción robusta para empresas con necesidades lingüísticas específicas. Sin embargo, su coste puede ser elevado en comparación con otras alternativas, y su uso eficiente requiere formación previa.

- **Tipos de datos tratados:** Traducciones especializadas en sectores técnicos, médicos y legales.
- **Ventajas:**
  - Optimización del flujo de trabajo en equipos de traducción.
  - Herramientas de control de calidad avanzadas.
  - Uso compartido de glosarios y bases terminológicas.
- **Desventajas:**
  - Coste elevado en comparación con otras herramientas.
  - Requiere formación previa para su uso eficiente.
- **Aplicaciones y Casos de Uso:**
  - **Gestión de proyectos de traducción en equipo:** Empresas de traducción y corporaciones usan MemoQ para gestionar proyectos con múltiples traductores y asegurar la coherencia terminológica.
  - **Traducción en el sector médico y farmacéutico:** Se usa para traducir informes médicos, historias clínicas y documentación regulatoria con alta precisión.
  - **Traducción de contenido legal y financiero:** Despachos de abogados y bancos utilizan MemoQ para traducir documentos legales y financieros con un control estricto de calidad.
  - **Automatización del flujo de trabajo de traducción:** Equipos internos de traducción en empresas lo emplean para reducir tiempos de entrega y mejorar la eficiencia en la localización de contenido.

Las herramientas de inteligencia artificial han cambiado la manera en que se realizan las traducciones, proporcionando soluciones rápidas y eficientes tanto para usuarios ocasionales como para profesionales. Mientras que las herramientas gratuitas ofrecen acceso universal y facilitan la comunicación básica, las opciones de pago proporcionan precisión y control en entornos especializados.

A pesar de sus beneficios, la inteligencia artificial en la traducción aún tiene limitaciones, como la falta de comprensión del contexto profundo y las sutilezas lingüísticas. Por ello, la combinación de IA con la intervención humana sigue siendo la mejor estrategia para garantizar traducciones de alta calidad.

3.2 Imágenes con herramientas de IA

La inteligencia artificial ofrece herramientas innovadoras para la generación y edición de imágenes, gráficos, esquemas y videos. Estos avances han permiten a diseñadores, artistas, creadores de contenido y empresas ampliar sus capacidades creativas, optimizar procesos y explorar nuevas formas de expresión visual sin necesidad de habilidades técnicas avanzadas.

Los modelos de IA generativa, como las redes neuronales profundas y los modelos de difusión, han revolucionado la producción de contenido visual. Estas herramientas permiten transformar descripciones textuales en imágenes detalladas, mejorar la calidad de fotografías, crear avatares animados e incluso sintetizar estilos visuales únicos en segundos.

En esta sección se explorarán algunas de las herramientas más destacadas para la creatividad visual con IA, dividiéndolas en dos categorías: herramientas gratuitas y de código abierto, ideales para experimentar y aprender sin grandes inversiones, y herramientas comerciales de pago, que ofrecen funcionalidades avanzadas y soporte técnico especializado. Para cada herramienta, se detallarán sus características, los tipos de datos que manejan y sus principales aplicaciones en el mundo creativo y profesional.

3.2.1 Herramientas gratuitas y OpenSource

Las herramientas de código abierto y gratuitas han democratizado el acceso a la inteligencia artificial aplicada a la creatividad visual. Estas opciones permiten a cualquier usuario, sin importar su nivel técnico, experimentar con modelos de generación de imágenes y videos sin necesidad de invertir en licencias costosas.

3.2.1.1 Stable Diffusion

Stable Diffusion es una de las herramientas de inteligencia artificial más influyentes en la generación de imágenes a partir de descripciones textuales. Desarrollado por Stability AI, este modelo de código abierto utiliza técnicas de difusión latente, lo que le permite crear imágenes de alta calidad con un nivel de detalle impresionante. A diferencia de otros generadores de imágenes que dependen de servidores en la nube, Stable Diffusion permite a los usuarios ejecutarlo localmente en sus propios equipos, siempre que cuenten con suficiente capacidad de procesamiento.

Una de las principales ventajas de Stable Diffusion es su flexibilidad y personalización. Los usuarios pueden ajustar parámetros como la resolución, el nivel de aleatoriedad y el grado de fidelidad al prompt, lo que ofrece un control más preciso sobre el resultado final. Además, existen múltiples implementaciones y complementos que amplían sus capacidades, como ControlNet, que permite aplicar restricciones a la estructura de la imagen, y Inpainting, que facilita la edición de imágenes ya generadas.

En cuanto a sus aplicaciones, Stable Diffusion es ampliamente utilizado en la creación de ilustraciones digitales, diseño de personajes, arte conceptual y generación de fondos para videojuegos o animaciones. También se ha convertido en una herramienta clave para la automatización del diseño gráfico, permitiendo a profesionales crear contenido visual a gran velocidad sin comprometer la calidad. Su uso también se ha extendido en el ámbito de la moda y el diseño de productos, ya que permite explorar conceptos visuales sin necesidad de realizar bocetos manuales.

Otra de sus fortalezas es su comunidad de desarrolladores y artistas, que continuamente lanzan modelos personalizados y optimizaciones. Esto ha permitido el desarrollo de modelos especializados en distintos estilos artísticos, desde ilustraciones tipo anime hasta imágenes hiperrealistas.

3.2.1.2 Deep Dream (Google)

Deep Dream fue uno de los primeros experimentos de Google en la intersección de la inteligencia artificial y la creatividad visual. Desarrollado por el equipo de Google Research en 2015, esta herramienta utiliza redes neuronales convolucionales (CNNs) para analizar imágenes y realzar patrones que el modelo identifica en ellas, generando efectos visuales oníricos y psicodélicos.

Lo que hace único a Deep Dream es su capacidad para "soñar" con imágenes. Cuando se le proporciona una fotografía, la red neuronal la procesa en múltiples capas y trata de reconocer patrones en ella. Luego, amplifica estos patrones de manera iterativa, lo que da lugar a imágenes abstractas con formas distorsionadas, figuras repetitivas y texturas irreales. Dependiendo del tipo de red neuronal utilizada, se pueden generar imágenes con estilos surrealistas, parecidos a los de artistas como Dalí o Escher.

Deep Dream ha sido ampliamente utilizado en la creación de arte experimental y en la visualización de datos de redes neuronales. Su capacidad para resaltar detalles ocultos en imágenes también lo ha convertido en una herramienta útil para comprender cómo funcionan las redes neuronales profundas.

Además del arte digital, Deep Dream ha encontrado aplicaciones en la terapia creativa y la exploración visual en neurociencia, ya que ofrece una representación gráfica de cómo las máquinas interpretan el mundo visual.

3.2.1.3 Runway ML

Runway ML es una plataforma de inteligencia artificial diseñada para democratizar el acceso a modelos de aprendizaje automático en la creación de contenido audiovisual. A diferencia de otras herramientas de IA, Runway ML está orientado a creadores multimedia, ofreciendo una interfaz intuitiva que permite aplicar modelos avanzados de IA sin necesidad de conocimientos en programación.

Uno de sus mayores atractivos es su capacidad para la edición de video asistida por IA. Runway ML permite realizar tareas como la eliminación de fondos sin pantalla verde (green screen virtual), la generación de efectos especiales y la transferencia de estilos artísticos a videos. Estas características han convertido a la plataforma en una de las favoritas de editores de video, diseñadores de efectos visuales y creadores de contenido para redes sociales.

Otra característica destacada de Runway ML es su capacidad para entrenar modelos personalizados, lo que permite a los usuarios adaptar la IA a sus necesidades específicas. Esto es especialmente útil para artistas digitales que buscan generar imágenes en un estilo particular o para cineastas que necesitan efectos visuales únicos.

En términos de aplicación, Runway ML se usa ampliamente en la producción cinematográfica, la animación digital, el diseño de interfaces interactivas y el arte generativo. Su facilidad de uso lo convierte en una herramienta accesible para cualquier persona interesada en experimentar con IA en la producción visual.

3.2.1.4 Napkin.ai

Napkin.ai es una plataforma innovadora que se diferencia de otros generadores de imágenes al enfocarse en la organización y desarrollo de ideas visuales. En lugar de simplemente generar imágenes a partir de texto, Napkin.ai permite a los usuarios estructurar pensamientos, tomar notas visuales y explorar conceptos a través de representaciones gráficas generadas por IA.

Una de sus principales ventajas es su capacidad para ayudar en la fase de ideación y conceptualización de proyectos visuales. Diseñadores, creativos y equipos de innovación pueden utilizar Napkin.ai para mapear ideas, conectar conceptos y visualizar estructuras complejas. Esto es particularmente útil en campos como el diseño UX/UI, la planificación de campañas publicitarias y la creación de storyboards.

Napkin.ai también facilita la colaboración entre equipos, permitiendo que varias personas trabajen en el mismo espacio digital, aportando ideas y ajustando elementos visuales en tiempo real. Esto lo convierte en una herramienta ideal para workshops de creatividad, sesiones de brainstorming y planificación de estrategias visuales.

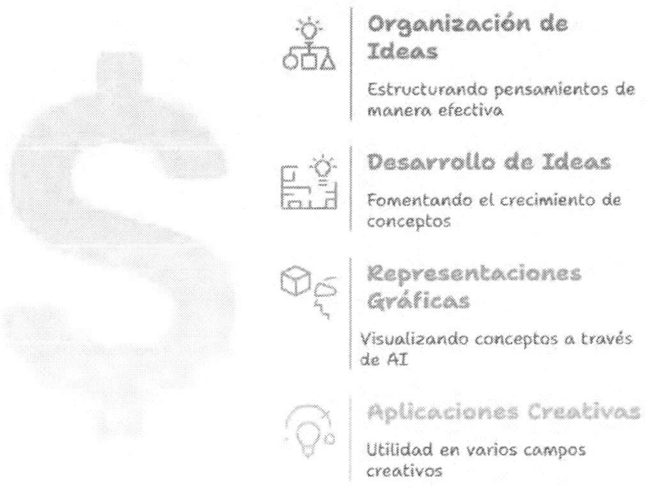

Figura 27: Desarrollo de ideas visuales con Napkin.ia

3.2.1.5 Generative Pre-trained Transformer (GPTs)

Los **Generative Pre-trained Transformers (GPTs)** son modelos de inteligencia artificial basados en la arquitectura **Transformer**, diseñados para comprender y generar texto de manera coherente y natural. Estos modelos se entrenan en dos fases principales:

1. **Preentrenamiento**: Se entrenan con grandes volúmenes de texto de diversas fuentes, como libros, artículos y páginas web. Durante esta fase, el modelo aprende patrones del lenguaje, gramática, significado de palabras y estructuras sintácticas.

2. **Ajuste fino (Fine-tuning)**: Se especializan en tareas específicas, como generación de respuestas, resúmenes o asistencia conversacional, con conjuntos de datos más controlados y bajo supervisión humana.

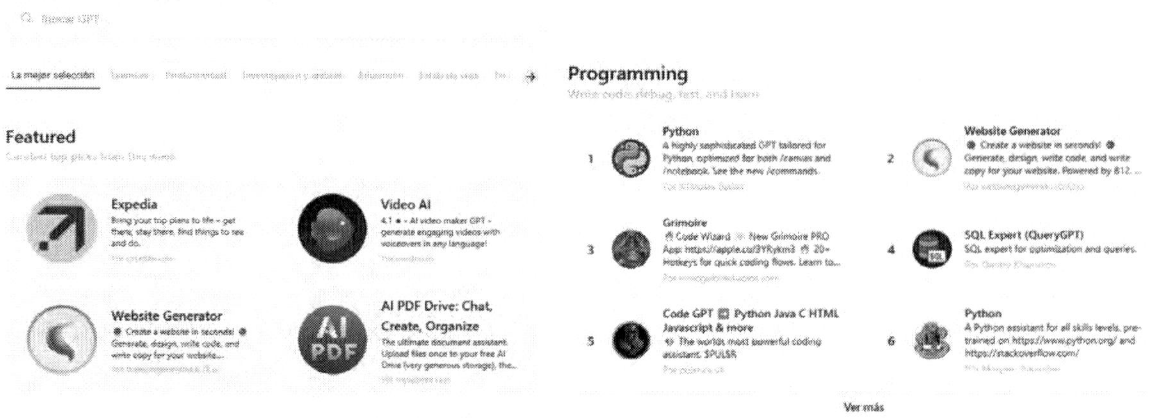

Figura 28: Plataforma de GPT´s (Generative Pre-trained Transformer). OPEN IA

Características clave de los GPTs:

- **Generación de texto**: Pueden redactar artículos, responder preguntas, escribir código y más.
- **Comprensión del contexto**: Son capaces de entender el significado dentro de una conversación o un documento largo.
- **Escalabilidad**: Cuanto mayor sea el número de parámetros del modelo (como en GPT-3 o GPT-4), mejor es su capacidad de respuesta.
- **Aprendizaje sin supervisión**: No necesitan datos etiquetados para el preentrenamiento, lo que les permite aprender de grandes cantidades de información de manera autónoma.

Los **GPTs** han revolucionado múltiples áreas, desde chatbots hasta generación de contenido, traducción automática y análisis de datos.

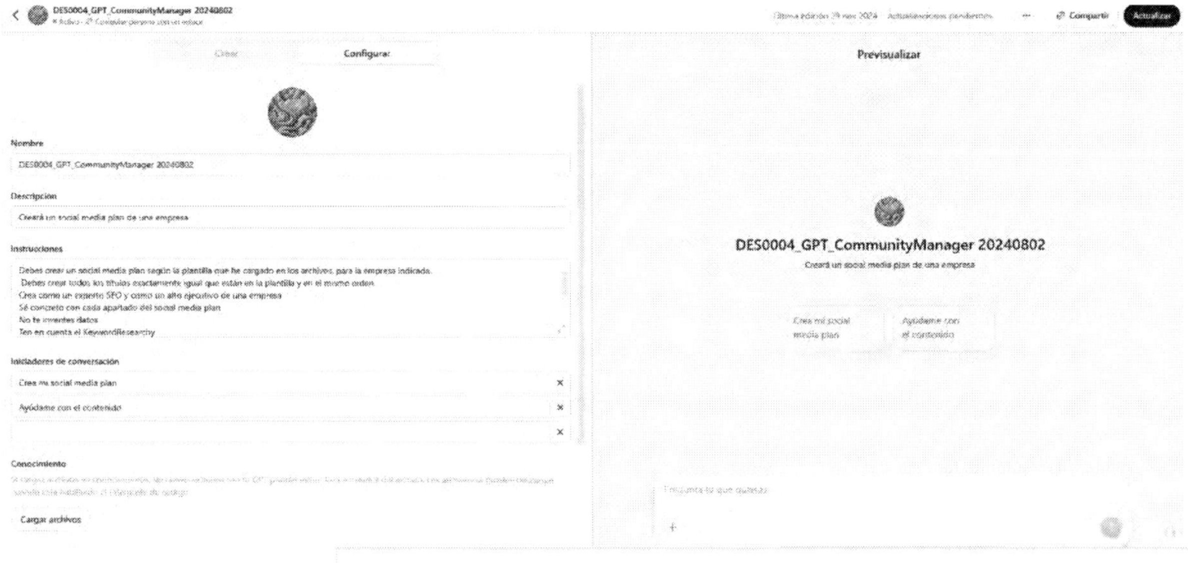

Figura 29: Ejemplo de un Generative Pre-trained Transformer (GPTs)

3.2.2 Herramientas de pago para generación de imagenes

Las herramientas de pago ofrecen funcionalidades más avanzadas, mejor integración con software profesional y soporte técnico especializado. Estas plataformas están orientadas a profesionales que buscan la máxima calidad y eficiencia en sus proyectos visuales.

3.2.2.1.1 MidJourney

MidJourney es una de las herramientas más populares de IA para la generación de arte digital a partir de texto. A diferencia de otras plataformas, se especializa en la producción de imágenes con una estética artística única, combinando estilos pictóricos tradicionales con la capacidad de generación automatizada.

Uno de los aspectos más destacados de MidJourney es su enfoque en la creatividad y la interpretación artística. Mientras que otras herramientas buscan generar imágenes ultra realistas, MidJourney permite a los usuarios explorar estilos visuales más abstractos, surrealistas y estilizados. Esto ha hecho que la plataforma sea especialmente popular entre ilustradores, diseñadores gráficos y artistas conceptuales.

MidJourney se opera a través de Discord, donde los usuarios pueden ingresar prompts en un chat y recibir imágenes generadas en segundos. La comunidad de MidJourney es particularmente activa, con miles de usuarios compartiendo sus creaciones y participando en desafíos creativos semanales.

Las aplicaciones de MidJourney son diversas. Se utiliza en la ilustración de portadas de libros, diseño de personajes para videojuegos, creación de material para marketing y publicidad, y generación de contenido visual para redes sociales. Su capacidad para producir imágenes de alta calidad con interpretaciones artísticas avanzadas la ha convertido en una herramienta imprescindible para los creativos digitales.

Además, MidJourney permite a los usuarios refinar las imágenes generadas, ofreciendo opciones para modificar colores, estilos y detalles específicos. Esta flexibilidad ha hecho que la plataforma sea una de las más versátiles dentro del ámbito de la IA generativa..

3.2.2.1.2 DALL·E 3 (OpenAI)

DALL·E 3 es la última versión de la serie de modelos generativos de OpenAI diseñados para la creación de imágenes a partir de descripciones textuales. Este sistema ha sido entrenado con un extenso conjunto de datos visuales y es capaz de interpretar instrucciones complejas con una precisión impresionante. Su desarrollo se basa en modelos de inteligencia artificial avanzados que combinan el procesamiento del lenguaje natural con redes neuronales para generar imágenes de alta fidelidad.

Una de las características más destacadas de DALL·E 3 es su capacidad para comprender descripciones detalladas y matizadas, lo que permite a los usuarios crear imágenes altamente personalizadas. A diferencia de sus versiones anteriores, esta iteración ha mejorado en la generación de composiciones más coherentes, especialmente en la disposición de elementos dentro de la imagen y en la integración de detalles pequeños que antes podían ser omitidos o distorsionados.

DALL·E 3 también ofrece herramientas para la edición de imágenes generadas. Los usuarios pueden realizar modificaciones precisas en áreas específicas de una imagen sin necesidad de regenerarla por completo. Esto lo convierte en una opción ideal para diseñadores gráficos y creadores de contenido que necesitan un mayor grado de control sobre la personalización de sus imágenes.

El uso de DALL·E 3 se ha extendido a múltiples sectores. En el ámbito del marketing y la publicidad, las empresas utilizan esta herramienta para la creación de contenido visual atractivo sin depender de fotógrafos o ilustradores. En el diseño gráfico, permite generar composiciones únicas para branding, carteles promocionales y elementos visuales para redes sociales. También ha demostrado ser útil en la producción de ilustraciones para libros, artículos periodísticos y materiales educativos, donde la personalización y el detalle son fundamentales.

Otro aspecto clave de DALL·E 3 es su integración con otras plataformas de OpenAI, como ChatGPT, lo que facilita la generación de imágenes directamente desde conversaciones en lenguaje natural. Esto es especialmente útil para aquellos que buscan una experiencia fluida y sin necesidad de conocimientos técnicos avanzados en diseño o edición.

3.2.2.1.3 Adobe Firefly

Adobe Firefly es la propuesta de Adobe para la generación de contenido visual impulsado por inteligencia artificial. Diseñada para integrarse perfectamente con la suite de Adobe Creative Cloud, Firefly se centra en la generación de imágenes, la manipulación de gráficos y la aplicación de efectos visuales mediante instrucciones en lenguaje natural.

A diferencia de otras herramientas de IA generativa, Adobe Firefly está optimizada para su uso en entornos profesionales, brindando a los diseñadores un conjunto de herramientas potentes que pueden combinarse con software de edición como Photoshop, Illustrator y After Effects. Esto permite a los creativos aprovechar la IA sin abandonar su flujo de trabajo habitual, facilitando la automatización de tareas y la exploración de nuevas ideas visuales de manera eficiente.

Entre sus características más innovadoras, Firefly permite a los usuarios generar texturas, patrones y efectos de iluminación dinámicos con solo ingresar una breve descripción. Además, su capacidad de transformación de imágenes permite modificar estilos visuales sin necesidad de ajustes manuales complejos, lo que acelera considerablemente la producción de gráficos y diseños personalizados.

Uno de los usos más populares de Adobe Firefly es en la creación de mockups y prototipos visuales. Diseñadores de productos y agencias de publicidad lo utilizan para generar representaciones realistas de conceptos antes de la producción final. También se ha convertido en una herramienta clave para la producción de material promocional, ya que facilita la generación de imágenes adaptadas a diferentes formatos y plataformas sin comprometer la calidad visual.

Otra ventaja significativa de Firefly es su capacidad para mejorar imágenes preexistentes. Puede incrementar la resolución de fotos, restaurar detalles en imágenes de baja calidad y aplicar efectos artísticos sin afectar la coherencia de la composición. Esto la hace ideal para fotógrafos y editores de contenido que buscan mejorar la calidad de sus imágenes sin invertir horas en retoques manuales.

A nivel empresarial, Firefly se está utilizando para la generación automatizada de contenido en estrategias de marketing digital. Empresas de comercio electrónico, por ejemplo, emplean la IA para crear variaciones de imágenes de productos adaptadas a diferentes públicos o campañas. Su integración con plataformas de diseño colaborativo permite además que equipos creativos trabajen en conjunto en proyectos de gran escala sin necesidad de software adicional.

En términos de accesibilidad, Adobe ha diseñado Firefly con una interfaz intuitiva y herramientas fáciles de usar, lo que la convierte en una excelente opción tanto para profesionales del diseño como para usuarios con menos experiencia en software de edición gráfica.

3.2.2.1.4 Synthesia

Synthesia es una plataforma de generación de videos basada en inteligencia artificial que permite la creación de contenido audiovisual sin necesidad de grabaciones tradicionales. Utilizando modelos de IA avanzados, Synthesia genera avatares virtuales capaces de hablar en múltiples idiomas con expresiones faciales realistas y sincronización labial precisa.

Uno de los aspectos más innovadores de Synthesia es su capacidad para transformar texto en video de manera eficiente. Los usuarios pueden escribir un guion, seleccionar un avatar y un idioma, y la IA generará un video con un presentador digital que interpreta el contenido de manera fluida y natural. Esto elimina la necesidad de actores, estudios de grabación y equipos de producción, lo que reduce significativamente los costos y tiempos de desarrollo de contenido audiovisual.

Synthesia es ampliamente utilizada en el sector educativo y corporativo. Empresas y organizaciones emplean esta herramienta para la creación de cursos de formación, videos de entrenamiento y material de aprendizaje en línea. Su capacidad para generar contenido en múltiples idiomas también la hace ideal para la globalización de materiales educativos y comerciales sin la necesidad de doblaje o subtitulación manual.

En el ámbito del marketing digital, Synthesia ha permitido a marcas y agencias crear anuncios personalizados y mensajes dirigidos a audiencias específicas. Al permitir la personalización masiva de contenido, las empresas pueden adaptar mensajes publicitarios en función de diferentes segmentos demográficos sin necesidad de producir múltiples versiones del mismo video.

Otra aplicación clave de Synthesia es en la comunicación interna dentro de empresas. Muchas organizaciones lo utilizan para la creación de anuncios corporativos, mensajes del CEO y actualizaciones de empleados sin necesidad de videoconferencias o grabaciones en vivo. Esto facilita la distribución de información de manera profesional y eficiente en entornos de trabajo remoto o con equipos distribuidos en diferentes regiones.

Además de su versatilidad, Synthesia destaca por su facilidad de uso. Su interfaz permite a cualquier usuario, sin conocimientos de edición de video, crear contenido audiovisual de alta calidad en minutos. La plataforma ofrece una amplia variedad de avatares y estilos visuales, así como opciones avanzadas de personalización, lo que la convierte en una solución flexible para múltiples industrias.

Recientemente, Synthesia ha comenzado a explorar la personalización avanzada de avatares, permitiendo a los usuarios crear presentadores virtuales basados en rostros reales con autorización previa. Esto abre nuevas posibilidades en la creación de contenido corporativo y educativo, haciendo que los videos sean más cercanos y auténticos.

3.2.2.1.5 HeyGen

HeyGen es una herramienta de inteligencia artificial enfocada en la creación de videos generados automáticamente con avatares digitales. Se trata de una plataforma innovadora que permite convertir texto en contenido audiovisual sin necesidad de actores, equipos de grabación o edición de video avanzada. Su principal objetivo es facilitar la producción de videos personalizados para marketing, formación corporativa, e-learning y comunicación interna.

HeyGen se basa en modelos de IA de síntesis de voz y animación facial, lo que le permite generar presentaciones de video en las que un avatar digital puede hablar con sincronización labial realista y expresiones faciales naturales. La plataforma ofrece una amplia selección de avatares prediseñados, pero también permite a los usuarios personalizar avatares únicos que se asemejen a una persona real.

En sus características principales, HeyGen destaca por su capacidad para transformar textos en videos con presentadores virtuales. Los usuarios simplemente ingresan un guion en la plataforma, eligen un avatar y seleccionan un idioma y tono de voz. La IA se encarga del resto, generando un video en el que el avatar interpreta el contenido de manera fluida y convincente.

Además, HeyGen soporta múltiples idiomas y voces, lo que la convierte en una excelente opción para la creación de contenido multilingüe sin la necesidad de doblajes o subtitulaciones manuales. Su tecnología de conversión de texto a video es altamente precisa, y los resultados finales son lo suficientemente realistas como para ser utilizados en videos corporativos, campañas publicitarias y materiales educativos.

Otro aspecto clave de HeyGen es su capacidad de personalización avanzada. Los usuarios pueden modificar la apariencia del avatar, cambiar el fondo del video, agregar elementos gráficos y ajustar la velocidad del discurso para obtener el resultado deseado. También ofrece integración con herramientas de edición de video y plataformas de e-learning para facilitar su uso en distintos entornos.

Como usos y aplicaciones, HeyGen se utiliza principalmente en la producción de contenido audiovisual automatizado, eliminando la necesidad de grabaciones tradicionales. Empresas y marcas lo emplean para generar anuncios publicitarios personalizados, presentaciones de productos y mensajes de atención al cliente de manera eficiente y escalable.

En el ámbito corporativo, es una herramienta valiosa para la formación y comunicación interna. Muchas organizaciones utilizan HeyGen para la creación de videos de onboarding para empleados, capacitaciones en línea y actualizaciones corporativas sin necesidad de recurrir a locutores o estudios de grabación.

En el sector educativo, HeyGen facilita la producción de contenido e-learning, permitiendo a instructores y universidades generar cursos en video con explicaciones dinámicas sin necesidad de grabar cada lección de manera manual. Esto es especialmente útil para la creación de material educativo accesible en diferentes idiomas y formatos.

Otra aplicación emergente de HeyGen es en la personalización de contenido en marketing digital. Al permitir la creación de videos personalizados a gran escala, las empresas pueden adaptar mensajes dirigidos a audiencias específicas, aumentando el impacto de sus campañas publicitarias y de redes sociales.

En resumen, HeyGen es una solución innovadora que permite la creación rápida y eficiente de videos con avatares digitales. Su combinación de inteligencia artificial para la síntesis de voz, generación de avatares y edición de video la convierte en una herramienta poderosa para la automatización del contenido audiovisual, reduciendo costos y tiempos de producción sin comprometer la calidad.

3.2.2.1.6 TopView

Topview es una herramienta de inteligencia artificial enfocada en la creación y optimización de videos publicitarios para redes sociales y plataformas digitales. Su objetivo principal es ayudar a las empresas y creadores de contenido a generar anuncios de alto impacto mediante la automatización del diseño, la edición y la personalización del contenido audiovisual. A través de algoritmos avanzados de IA, Topview analiza tendencias, optimiza la disposición de elementos visuales y sugiere mejoras para maximizar el rendimiento de los videos en términos de engagement y conversiones.

A diferencia de herramientas como HeyGen o Synthesia, que están más centradas en avatares digitales y narración de texto a video, Topview se especializa en la optimización de videos publicitarios para plataformas como TikTok, Instagram, YouTube y Facebook, adaptando automáticamente el contenido a los formatos y estilos más efectivos para cada red social.

Características principales

Topview ofrece una plataforma intuitiva basada en IA que permite generar videos de manera rápida y sin necesidad de conocimientos avanzados en edición. Una de sus características más destacadas es su capacidad para adaptar los anuncios a diferentes formatos publicitarios, ajustando automáticamente la duración, el encuadre, los efectos visuales y los subtítulos según el medio en el que se publicará el contenido.

Otra función clave de Topview es su análisis de tendencias y recomendaciones de contenido. La plataforma puede escanear datos en tiempo real sobre lo que funciona mejor en cada plataforma y generar sugerencias personalizadas para mejorar la efectividad de los anuncios. Esto incluye uso de colores, efectos, tipos de transiciones y texto optimizado para conversiones.

Además, Topview permite la integración con bancos de imágenes y videos, lo que facilita la creación de contenido sin necesidad de material original. Su sistema de generación automática de guiones y subtítulos ayuda a optimizar la accesibilidad y la comprensión del mensaje en diferentes mercados.

Otra ventaja es su capacidad de automatizar pruebas A/B, permitiendo a los usuarios generar diferentes versiones de un mismo video para determinar cuál tiene mejor rendimiento en una campaña publicitaria.

Usos y aplicaciones

Topview se usa principalmente en la publicidad digital y la creación de contenido para redes sociales. Empresas de comercio electrónico, startups y agencias de marketing lo utilizan para generar anuncios efectivos de manera rápida y escalable sin depender de costosos equipos de producción.

En el ámbito del marketing digital, Topview facilita la creación de videos publicitarios adaptados a los diferentes formatos de redes sociales, ayudando a optimizar campañas de publicidad programática y remarketing. También es útil para influencers y creadores de contenido que buscan mejorar la calidad de sus publicaciones sin invertir tiempo en edición manual.

Otra aplicación relevante es en la producción de contenido automatizado para tiendas en línea. Marcas que venden productos en plataformas como Amazon, Shopify y Mercado Libre utilizan Topview para generar anuncios dinámicos basados en sus catálogos de productos, destacando características clave y promociones de forma visualmente atractiva.

En el sector corporativo, Topview también se emplea para la creación de videos institucionales y de comunicación interna, permitiendo a las empresas generar mensajes visuales impactantes sin necesidad de recurrir a equipos de producción audiovisuales.

3.2.2.1.7 Kling AI

KlingAI es una herramienta de inteligencia artificial especializada en la generación de contenido de voz y narraciones hiperrealistas para videos, podcasts, asistentes virtuales y otros formatos multimedia. Su tecnología se basa en modelos avanzados de síntesis de voz que permiten crear locuciones naturales y expresivas en múltiples idiomas y estilos de comunicación.

A diferencia de herramientas como HeyGen o Synthesia, que combinan voz e imagen con avatares virtuales, KlingAI se enfoca exclusivamente en la voz, ofreciendo una calidad superior en narraciones, doblajes y asistentes conversacionales. Su versatilidad la convierte en una opción ideal para empresas que buscan automatizar la creación de contenido sonoro sin depender de locutores humanos.

Características principales

KlingAI utiliza inteligencia artificial basada en redes neuronales profundas para crear voces sintéticas que suenan naturales, con entonación, pausas y expresividad personalizables. Su sistema permite seleccionar distintos tonos emocionales, ajustando la voz para transmitir alegría, tristeza, entusiasmo o seriedad según el contexto del mensaje.

Una de sus características más destacadas es su capacidad de clonación de voz, lo que permite a los usuarios replicar voces reales con alta fidelidad. Esto es especialmente útil para empresas que desean mantener una identidad de marca sonora o para creadores de contenido que buscan narraciones personalizadas en sus producciones.

KlingAI también ofrece soporte para múltiples idiomas y acentos, lo que facilita la generación de contenido global sin necesidad de recurrir a múltiples locutores. Su sistema de aprendizaje automático se adapta a la pronunciación y ritmo de cada idioma, asegurando una locución fluida y sin errores.

Otra función clave es su integración con plataformas de edición de video y generación de contenido, permitiendo a los usuarios sincronizar fácilmente la voz con imágenes y animaciones. También cuenta con una API que permite su uso en asistentes virtuales, aplicaciones móviles y chatbots, facilitando la automatización de respuestas en servicios de atención al cliente.

Usos y aplicaciones

KlingAI es una herramienta versátil utilizada en diversos sectores. En el ámbito del marketing digital y la producción audiovisual, se emplea para la creación de anuncios publicitarios con voces realistas, optimizando la personalización de los mensajes para diferentes audiencias sin necesidad de grabaciones manuales.

En la educación y el e-learning, KlingAI facilita la creación de audiolibros, narraciones de cursos y videos educativos con una calidad de voz natural. Esto permite a las plataformas educativas generar contenido accesible y atractivo sin depender de narradores profesionales.

Las empresas de atención al cliente utilizan KlingAI para automatizar respuestas en call centers y asistentes virtuales, mejorando la experiencia del usuario mediante voces naturales que pueden responder en tiempo real con diferentes tonos y estilos de comunicación.

En el sector de los videojuegos y entretenimiento, KlingAI se usa para generar diálogos de personajes y doblajes dinámicos, lo que permite crear narrativas interactivas sin necesidad de contratar actores de voz para cada actualización del juego.

Otro uso emergente de KlingAI es en la accesibilidad digital, ya que permite generar lecturas automáticas de contenido web, artículos y documentos, facilitando el acceso a la información para personas con discapacidades visuales.

3.2.2.1.8 Look Fashion AI

Look Fashion AI es una plataforma de inteligencia artificial especializada en la **generación y optimización de diseños de moda, estilización virtual y personalización de prendas.** Su objetivo principal es transformar la industria de la moda mediante la automatización del diseño, la simulación de outfits y la recomendación de estilos basados en inteligencia artificial.

A diferencia de herramientas como **HeyGen o Synthesia**, que se centran en la generación de contenido audiovisual, Look Fashion AI está diseñada específicamente para marcas de moda, diseñadores y tiendas de ropa que buscan optimizar su proceso creativo y mejorar la experiencia del cliente mediante simulaciones visuales y recomendaciones personalizadas.

Características principales

Look Fashion AI emplea modelos avanzados de **aprendizaje profundo y visión por computadora para analizar tendencias de moda**, generar diseños realistas y ofrecer recomendaciones basadas en los gustos y preferencias del usuario. La plataforma permite a los diseñadores crear y visualizar nuevos outfits en tiempo real, aplicando distintos colores, texturas y cortes a los modelos digitales sin necesidad de fabricar muestras físicas.

Una de sus características más innovadoras es la prueba virtual de ropa, que permite a los usuarios subir una foto y ver cómo lucirían distintas prendas en su cuerpo mediante simulaciones realistas. Esta tecnología es especialmente útil para e-commerce y retail, ya que reduce las devoluciones al permitir a los clientes visualizar los productos antes de comprarlos.

Look Fashion AI también ofrece herramientas para la creación automatizada de catálogos de moda, permitiendo a las marcas generar imágenes de productos sin necesidad de realizar sesiones fotográficas. La IA puede ajustar la iluminación, el fondo y la postura del modelo, proporcionando resultados de calidad profesional en cuestión de minutos.

Otro aspecto clave de la plataforma es su capacidad de análisis de tendencias de moda en tiempo real, utilizando big data para identificar patrones de consumo y sugerir diseños alineados con las preferencias del mercado. Esto permite a las marcas optimizar sus colecciones y lanzar productos con mayor probabilidad de éxito.

Además, la plataforma cuenta con integración con herramientas de personalización, lo que permite a los clientes diseñar prendas a medida eligiendo entre una variedad de cortes, colores y materiales.

Usos y aplicaciones

Look Fashion AI es ampliamente utilizada en la industria de la moda y el retail, facilitando la creación de nuevas colecciones y mejorando la experiencia de compra en línea. Marcas de moda y diseñadores independientes emplean la plataforma para prototipar prendas digitalmente, reduciendo costos de producción y acelerando los procesos de diseño.

En el comercio electrónico, Look Fashion AI permite a las tiendas ofrecer probadores virtuales, lo que mejora la conversión de ventas y disminuye las devoluciones de productos. Esta funcionalidad ha sido adoptada por marcas de ropa, tiendas de lujo y plataformas de moda sostenible que buscan reducir su impacto ambiental al minimizar la sobreproducción de prendas.

Otra aplicación clave de la herramienta es en la publicidad y marketing de moda. Gracias a su capacidad para generar imágenes de alta calidad sin necesidad de modelos humanos, las empresas pueden crear campañas visuales de manera rápida y rentable, adaptando las imágenes a diferentes públicos y mercados.

En el sector de la moda personalizada, Look Fashion AI permite a los clientes diseñar su propia ropa y visualizarla antes de realizar la compra. Esto ha impulsado la tendencia de moda a medida y personalización masiva, brindando una experiencia más exclusiva y atractiva para los consumidores.

Finalmente, Look Fashion AI también se usa en el análisis de datos de tendencias, ayudando a las marcas a identificar colores, estilos y patrones populares para diseñar colecciones que respondan a la demanda del mercado.

Conclusión

Las herramientas de IA están redefiniendo el proceso creativo, permitiendo a diseñadores y empresas explorar nuevas posibilidades visuales. Desde opciones gratuitas hasta plataformas profesionales, la IA sigue expandiendo sus aplicaciones en la producción de contenido visual. También se detallan otras herramientas en el punto 7.2 más enfocado a generación de contenido visual.

3.3 Audio con Inteligencia Artificial (IA)

3.3.1 Música

Los **generadores de música con IA** son herramientas avanzadas que utilizan modelos de aprendizaje profundo para componer, editar y producir música de manera autónoma. Estas herramientas analizan patrones musicales y combinan diferentes elementos, como ritmo, armonía y melodía, para crear composiciones originales.

¿Cómo Funcionan?

Los generadores de música con IA emplean diversas técnicas, entre ellas:

- **Redes Neuronales Generativas**: Modelos como GANs (Generative Adversarial Networks) o Transformers analizan patrones musicales y generan nuevas piezas a partir de ellos.
- **Procesamiento del Lenguaje Natural (NLP) y Texto a Música**: Permiten a los usuarios escribir descripciones o indicar estilos específicos para generar música acorde a sus instrucciones.
- **Análisis y Composición Basada en Datos**: La IA aprende de grandes bibliotecas musicales para imitar géneros, artistas o estilos específicos.
- **Modificación y Adaptación**: Herramientas que permiten la personalización de melodías, cambios de tempo y generación de acompañamientos instrumentales.

Principales Aplicaciones

Los generadores de música con IA se utilizan en diferentes ámbitos, como:

1. **Producción Musical y Composición**: Creación de piezas musicales desde cero para artistas, productores y creadores de contenido.
2. **Publicidad y Marketing**: Generación de música de fondo sin restricciones de derechos de autor para anuncios y contenido digital.
3. **Entretenimiento y Videojuegos**: Composición de bandas sonoras dinámicas y adaptativas para videojuegos y experiencias interactivas.
4. **Educación y Experimentación Musical**: Ayuda a músicos y compositores a explorar nuevas ideas y estilos.
5. **Asistentes de Composición**: IA que colabora con artistas para mejorar composiciones o generar acompañamientos.

Tabla 5: Generadores de música con IA.

Nombre	Funcionalidad Principal	Enlace
Suno	Generación de música a partir de texto	suno.ai
AIVA	Composición de música basada en IA para bandas sonoras	aiva.ai
Boomy	Creación automatizada de música con opciones de personalización	boomy.com
Soundraw	Generación de música para creadores de contenido	soundraw.io
Mubert	Generación de música libre de derechos mediante IA	mubert.com
Ecrett Music	Creación de música en diferentes estilos y estados de ánimo	ecrettmusic.com
Loudly	Música generada por IA con opciones de edición avanzada	loudly.com

Amper Music	Composición y producción de música para medios digitales	(Adquirida por Shutterstock)
Jukebox	Generación de música en múltiples géneros con vocales y estilos	openai.com/research/jukebox

3.3.2 Texto a voz (TTS)

La tecnología de conversión de texto a voz (TTS, por sus siglas en inglés) ha avanzado significativamente gracias a la inteligencia artificial (IA). Estas herramientas permiten transformar texto escrito en audio con voces cada vez más naturales y expresivas. Sus aplicaciones son diversas: accesibilidad para personas con discapacidades visuales, asistencia virtual, generación de contenido para podcasts y audiolibros, e incluso automatización en el servicio al cliente.

También ha revolucionado la forma en que interactuamos con el contenido digital. En los últimos años, gracias a los avances en inteligencia artificial y el aprendizaje profundo, estas herramientas han logrado sintetizar voces cada vez más naturales, con matices, expresividad y una cadencia más cercana a la voz humana. Su aplicación ha trascendido el ámbito de la accesibilidad, donde inicialmente fueron creadas para personas con discapacidad visual o dificultades en la lectura, para convertirse en un recurso fundamental en la generación de contenido multimedia, la automatización de servicios de atención al cliente, la creación de asistentes virtuales y la producción de audiolibros y podcasts.

Las herramientas TTS modernas no solo convierten texto en voz, sino que también permiten ajustes personalizados en la velocidad, el tono, la pronunciación y la entonación, logrando una experiencia auditiva más rica y comprensible. Con la creciente demanda de contenido de audio en plataformas digitales y el auge de los asistentes virtuales como Alexa, Siri y Google Assistant, las soluciones de TTS se han convertido en una pieza clave para las empresas y los creadores de contenido.

A la hora de elegir una herramienta de conversión de texto a voz, es crucial considerar aspectos como la naturalidad de la voz, los idiomas y acentos disponibles, la capacidad de personalización, la compatibilidad con otras aplicaciones y el modelo de negocio, ya que existen soluciones de código abierto y gratuitas, así como opciones comerciales de pago con características avanzadas.

3.3.2.1 Herramientas Open source y Gratuitas para generación de audio

Las herramientas de código abierto y gratuitas son una excelente alternativa para desarrolladores, investigadores y empresas que buscan integrar soluciones de TTS sin incurrir en costos elevados. Aunque pueden requerir mayor esfuerzo técnico para su implementación, ofrecen un alto grado de personalización y flexibilidad.

3.3.2.1.1 Festival Speech Synthesis System

Festival es un sistema de síntesis de voz desarrollado por la Universidad de Edimburgo, ampliamente utilizado en entornos académicos y de investigación. Se trata de una solución modular que permite la creación y personalización de voces sintéticas a través de un sistema basado en concatenación de unidades. Su arquitectura abierta lo convierte en una opción ideal para quienes desean desarrollar nuevos modelos de síntesis de voz o experimentar con algoritmos de generación de audio.

- **Historia y desarrollo:** Festival fue desarrollado por el Centre for Speech Technology Research (CSTR) de la Universidad de Edimburgo. Desde su lanzamiento en la década de 1990, ha sido utilizado en investigaciones académicas y en aplicaciones comerciales, consolidándose como una de las herramientas de síntesis de voz más versátiles en el ámbito del software libre.
- **Características principales:** Festival funciona mediante la concatenación de unidades fonéticas extraídas de una base de datos de voz humana. Esto permite crear voces artificiales relativamente naturales, aunque su calidad puede depender de la calidad del corpus de entrenamiento utilizado. Algunas de sus características destacadas incluyen:
    - Soporte para múltiples idiomas, incluidos inglés, español y japonés.

- Capacidad de personalización de voces mediante la grabación y el entrenamiento de nuevos modelos.
- Integración con herramientas de procesamiento de lenguaje natural para mejorar la entonación y fluidez de la síntesis de voz.

- **Aplicaciones y casos de uso:** Festival es ampliamente utilizado en la investigación de síntesis de voz y en aplicaciones de accesibilidad. Se ha implementado en sistemas de lectura para personas con discapacidad visual y en sistemas de respuesta automatizada en centros de atención al cliente.
- **Ventajas:** Festival es una de las herramientas de síntesis de voz más flexibles disponibles de manera gratuita. Su modularidad permite a los usuarios personalizar las voces y entrenar nuevos modelos para mejorar la calidad de la síntesis. También es compatible con múltiples idiomas, lo que lo convierte en una opción atractiva para la investigación y la accesibilidad. Además, su integración con otros sistemas de procesamiento de lenguaje natural le otorga mayor versatilidad en aplicaciones avanzadas.
- **Desventajas:** A pesar de su flexibilidad, la calidad de las voces generadas por Festival no alcanza el nivel de naturalidad de los sistemas basados en redes neuronales. Su implementación y personalización requieren conocimientos técnicos avanzados, lo que puede suponer una barrera para usuarios sin experiencia en programación. También consume más recursos computacionales que otras herramientas similares, lo que podría afectar su rendimiento en dispositivos con hardware limitado.

3.3.2.1.2 eSpeak

eSpeak es un sintetizador de voz ligero y eficiente diseñado para funcionar en diversas plataformas, incluidas Windows, Linux y MacOS. A diferencia de otros sistemas más avanzados, eSpeak se basa en un enfoque de síntesis de voz formante, lo que le permite generar voces artificiales sin necesidad de grandes bases de datos de audio. Esto lo convierte en una opción ideal para dispositivos con recursos limitados, como sistemas embebidos y aplicaciones móviles de accesibilidad.

- **Historia y desarrollo:** eSpeak fue desarrollado como un sintetizador de voz ligero y eficiente para sistemas operativos de escritorio y dispositivos embebidos. Su principal ventaja es su capacidad para funcionar con muy pocos recursos de hardware, lo que lo hace ideal para sistemas embebidos y dispositivos móviles.
- **Características principales:** eSpeak se basa en un modelo de síntesis de voz formante, lo que significa que genera la voz a partir de modelos matemáticos en lugar de utilizar muestras de audio de voces humanas. Esto permite que el software sea extremadamente liviano, aunque a costa de una menor naturalidad en la pronunciación. Entre sus características destacan:
    - Soporte para más de 80 idiomas y dialectos.
    - Velocidad y eficiencia, ideal para dispositivos con bajos recursos.
    - Capacidad de modificar la entonación y velocidad de la voz generada.
- **Aplicaciones y casos de uso:** eSpeak es popular en dispositivos de accesibilidad, software de lectores de pantalla como NVDA y sistemas de automatización donde se necesita una salida de voz rápida y eficiente sin consumir demasiados recursos.
- **Ventajas:** eSpeak destaca por su eficiencia y ligereza, ya que es capaz de generar audio de forma rápida y con un bajo consumo de recursos. Su compatibilidad con más de 80 idiomas lo convierte en una opción versátil para la lectura de textos en múltiples lenguas. Además, al ser de código abierto, permite a los desarrolladores ajustar ciertos parámetros para mejorar la pronunciación y adaptar el software a necesidades específicas.
- **Desventajas:** El principal inconveniente de eSpeak es la baja calidad de sus voces, que resultan mecánicas y poco naturales en comparación con herramientas más avanzadas. Aunque se pueden realizar ajustes en la entonación y velocidad, las voces generadas carecen de la fluidez y

expresividad de los modelos basados en deep learning. Por otro lado, la interfaz y documentación pueden resultar poco intuitivas para usuarios sin experiencia técnica.

3.3.2.1.3 Mozilla TTS

Mozilla TTS es una herramienta de síntesis de voz basada en aprendizaje profundo, desarrollada como parte del proyecto Mozilla Common Voice. A diferencia de Festival y eSpeak, que se basan en técnicas tradicionales de síntesis, Mozilla TTS utiliza redes neuronales avanzadas para generar voces más naturales y expresivas. Este enfoque permite que las voces producidas tengan mejor fluidez, con pausas y entonaciones más similares a las humanas.

Una de sus principales ventajas es que los usuarios pueden entrenar modelos personalizados utilizando conjuntos de datos propios, lo que la convierte en una excelente opción para proyectos que requieren voces específicas o que buscan mejorar la calidad de síntesis en idiomas menos representados. Sin embargo, su implementación requiere conocimientos en deep learning y procesamiento del lenguaje natural.

- **Historia y Desarrollo:**Mozilla TTS nació como parte de Mozilla Common Voice, una iniciativa de código abierto para crear modelos de voz accesibles. Basado en deep learning, utiliza modelos avanzados como Tacotron 2 y Glow-TTS, permitiendo generar voces más naturales que las técnicas tradicionales.
- **Características Principales:**
    - Modelos neuronales avanzados para síntesis de voz realista.
    - Soporte para múltiples arquitecturas de deep learning.
    - Posibilidad de entrenar voces personalizadas.
    - Compatibilidad con varios idiomas y dialectos.
    - Integración con asistentes virtuales y chatbots.
- **Aplicaciones y casos de Uso:** Utilizado en accesibilidad digital, generación de audiolibros y podcasts automatizados, asistentes de voz personalizados y proyectos de inteligencia artificial conversacional.
- **Ventajas:** Mozilla TTS es una de las opciones open source más avanzadas en términos de calidad de voz, ya que emplea redes neuronales profundas para generar voces más naturales y expresivas. Su capacidad de entrenamiento de modelos personalizados permite crear voces únicas que se adapten a necesidades específicas, lo que la convierte en una herramienta muy útil para desarrolladores y empresas que buscan diferenciación en sus aplicaciones de síntesis de voz.
- **Desventajas:** A pesar de sus avances en calidad de voz, Mozilla TTS tiene una barrera de entrada alta, ya que requiere conocimientos en inteligencia artificial y procesamiento del lenguaje natural para su implementación y personalización. Su consumo de recursos es considerablemente mayor que el de herramientas más simples como eSpeak, lo que puede limitar su uso en dispositivos con hardware menos potente. Además, aunque la comunidad de código abierto la respalda, el soporte y la documentación aún pueden ser mejorados.

3.3.2.1.4 Coqui TTS

Coqui TTS es una bifurcación de Mozilla TTS que ha seguido evolucionando como una plataforma independiente de código abierto. Esta herramienta permite a los usuarios generar y entrenar modelos de síntesis de voz con alta personalización. Soporta múltiples modelos de conversión de texto a voz, permitiendo ajustar la entonación, la velocidad y la calidad del audio.

- **Historia y Desarrollo:**Coqui TTS es una bifurcación de Mozilla TTS, creada tras la reducción del equipo de IA en Mozilla en 2021. Su desarrollo se centra en mejorar la accesibilidad y la documentación, facilitando su uso en entornos comerciales y de investigación.

- **Características Principales:**
  - Basado en modelos de deep learning como FastSpeech2 y Glow-TTS.
  - Interfaz más intuitiva y documentación mejorada respecto a Mozilla TTS.
  - Compatible con múltiples idiomas y adaptable a nuevos dialectos.
  - Soporte para entrenar voces personalizadas.
  - Funciona tanto en servidores locales como en la nube.
- **Aplicaciones y casos de Uso:** Ampliamente usado en generación automática de contenido (audiolibros, podcasts), asistentes de voz empresariales, accesibilidad digital y videojuegos
- **Ventajas:** Coqui TTS hereda las capacidades de Mozilla TTS, pero con mejoras en la accesibilidad y facilidad de uso. Ofrece soporte para múltiples modelos de síntesis de voz, lo que permite experimentar con diferentes enfoques para obtener una mejor calidad de audio. Además, su capacidad de entrenar voces personalizadas la hace ideal para proyectos donde la identidad de la voz es un factor clave, como en la creación de asistentes virtuales o narradores automatizados.
- **Desventajas:** Al igual que Mozilla TTS, Coqui TTS exige conocimientos técnicos avanzados para su configuración y entrenamiento de modelos. El proceso de generación de voz puede ser intensivo en términos computacionales, lo que significa que no es una opción ideal para implementaciones en tiempo real sin el hardware adecuado. Además, aunque es una herramienta prometedora, aún está en constante desarrollo, por lo que pueden surgir problemas de estabilidad o compatibilidad en algunas plataformas.

3.3.2.2 Herramientas de pago para generar audio

Las soluciones comerciales ofrecen modelos de síntesis más avanzados, con voces altamente realistas, opciones de personalización y soporte técnico. Estas herramientas suelen estar basadas en la nube, lo que permite escalabilidad y fácil integración con otras plataformas.

3.3.2.2.1 Amazon Polly

Amazon Polly es un servicio de conversión de texto a voz basado en inteligencia artificial que forma parte de Amazon Web Services (AWS). Utiliza modelos neuronales para generar voces naturales y ofrece una amplia variedad de idiomas y acentos. Su capacidad de personalización permite ajustar la pronunciación de palabras específicas y utilizar Speech Synthesis Markup Language (SSML) para afinar detalles como pausas, entonación y emoción.

- **Historia y desarrollo:** Amazon Polly es una de las herramientas de conversión de texto a voz más avanzadas del mercado, desarrollada como parte de los servicios en la nube de Amazon Web Services (AWS). Su lanzamiento se produjo en 2016 como una alternativa avanzada para empresas que necesitan generar contenido de audio de alta calidad de manera automatizada.
- **Características principales:** Amazon Polly utiliza modelos de síntesis de voz basados en deep learning para ofrecer una entonación natural y expresiva. Algunas de sus características incluyen:
  - Soporte para más de 30 idiomas y múltiples acentos.
  - Opciones de personalización mediante el uso de SSML (Speech Synthesis Markup Language).
  - Capacidad de generar voces neuronales con entonaciones más realistas.
  - Conversión de texto a audio en tiempo real o con almacenamiento en la nube para su uso posterior.
- **Aplicaciones y casos de uso:** Amazon Polly es ampliamente utilizado en aplicaciones comerciales, como asistentes de voz, audiolibros automatizados, generación de contenido para podcasts y soluciones de accesibilidad.

- **Ventajas:** Amazon Polly es una de las soluciones más avanzadas en cuanto a calidad de voz, gracias a su uso de modelos neuronales de última generación. Su capacidad de generar voces con entonaciones naturales y expresivas la convierte en una opción ideal para narraciones automatizadas y asistentes virtuales. Además, su integración con otros servicios de AWS permite escalar su uso de manera eficiente, ofreciendo almacenamiento en la nube y opciones de conversión en tiempo real.
- **Desventajas:** El costo de Amazon Polly se basa en el volumen de texto procesado, lo que puede hacer que los costos aumenten rápidamente para proyectos de gran escala. También depende completamente de la infraestructura de AWS, lo que implica una curva de aprendizaje para quienes no están familiarizados con este ecosistema. Otro aspecto a considerar es que, aunque ofrece personalización mediante SSML, las opciones son más limitadas en comparación con herramientas que permiten entrenar modelos de voz personalizados.

3.3.2.2.2 Google Text-to-Speech

Google ofrece su propia API de síntesis de voz a través de Google Cloud. Basado en la tecnología WaveNet, este servicio proporciona voces increíblemente realistas con entonaciones y pausas naturales. Admite más de 40 idiomas y permite personalizar la velocidad y el tono de la voz generada.

Google TTS se integra fácilmente con otros servicios de Google, como Google Assistant y aplicaciones móviles, lo que lo convierte en una opción ideal para desarrolladores que buscan implementar asistentes de voz, chatbots y aplicaciones interactivas.

- **Historia y desarrollo:** Google ha estado invirtiendo en la síntesis de voz durante más de una década, y su solución TTS forma parte de la plataforma Google Cloud. Basado en la tecnología WaveNet de DeepMind, Google TTS ha logrado sintetizar voces con un realismo impresionante.
- **Características principales:**
    - Soporte para más de 40 idiomas y una amplia variedad de acentos.
    - Personalización avanzada del tono, velocidad y volumen.
    - Tecnología WaveNet que genera voces con una entonación fluida y realista.
- **Aplicaciones y casos de uso:** Google TTS es utilizado en asistentes de voz, narración de contenido y generación de voz para chatbots en aplicaciones empresariales.
- **Ventajas:** La tecnología WaveNet de Google ha revolucionado la síntesis de voz al generar voces altamente realistas con una entonación fluida y natural. Su compatibilidad con más de 40 idiomas y múltiples acentos la convierte en una opción versátil para aplicaciones globales. Además, su integración con la infraestructura de Google Cloud permite una fácil implementación en productos de Google como Google Assistant y Android.
- **Desventajas:** Al igual que Amazon Polly, Google TTS sigue un modelo de pago por uso, lo que puede representar un costo significativo para usuarios con grandes volúmenes de texto. También requiere conocimientos en la plataforma Google Cloud para su correcta implementación, lo que puede suponer un desafío para quienes no están familiarizados con este entorno. Aunque ofrece personalización en la voz, la falta de capacidad para entrenar modelos completamente nuevos limita su flexibilidad en comparación con herramientas más avanzadas.

3.3.2.2.3 Microsoft Azure Speech Services

Microsoft Azure ofrece una potente plataforma de conversión de texto a voz con soporte para múltiples idiomas y capacidades avanzadas de personalización. Permite entrenar voces personalizadas, ajustar parámetros de pronunciación y utilizar modelos neuronales para lograr un sonido más realista.

Este servicio es ampliamente utilizado en el desarrollo de aplicaciones de accesibilidad, experiencias de usuario interactivas y soluciones empresariales. Su integración con el ecosistema de Microsoft lo hace ideal para empresas que ya utilizan otras herramientas de Azure.

- **Historia y Desarrollo:** Microsoft ha trabajado en tecnologías de síntesis de voz durante décadas, integrándolas en productos como Windows, Cortana y Xbox. Azure Speech Services es su plataforma comercial, ofreciendo voces neuronales altamente realistas y personalización avanzada.
- **Características Principales:**
  - Voces neuronales de alta calidad con entonación natural.
  - Más de 80 idiomas y múltiples acentos.
  - Personalización de voz a partir de grabaciones propias.
  - Integración con productos Microsoft y APIs en la nube.
  - Ajuste de pronunciación y entonación mediante SSML.
- **Casos de Uso:** Utilizado en call centers automatizados, generación de contenido multimedia, asistentes de voz para software empresarial, accesibilidad y videojuegos.
- **Ventajas:** Microsoft Azure Speech Services es una de las soluciones más completas para la conversión de texto a voz, con soporte para múltiples idiomas y opciones avanzadas de personalización. Su capacidad para entrenar voces personalizadas lo hace ideal para marcas que buscan crear una identidad sonora única. Además, su integración con el ecosistema de Microsoft facilita su uso en aplicaciones empresariales y dispositivos con Windows.
- **Desventajas:** El uso de Azure Speech Services requiere familiaridad con la plataforma de Microsoft Azure, lo que puede suponer una curva de aprendizaje para nuevos usuarios. Su modelo de precios basado en el consumo de recursos puede hacer que los costos sean impredecibles, especialmente en implementaciones de gran escala. Además, aunque ofrece una amplia gama de voces preentrenadas, la personalización de voces requiere un esfuerzo adicional en términos de tiempo y datos de entrenamiento.

3.3.2.2.4 Eleven Labs

Eleven Labs se especializa en la generación de voces sintéticas hiperrealistas, utilizando inteligencia artificial avanzada para ofrecer una calidad de audio que imita con precisión la entonación, la emoción y los matices del habla humana. Su función principal es convertir texto en voz con una naturalidad excepcional, lo que la hace ideal para audiolibros, doblaje de videos, narración automatizada de contenido y asistentes virtuales. Gracias a su tecnología de deep learning, permite ajustar la entonación, el ritmo y la emoción de la voz, brindando una experiencia auditiva mucho más realista en comparación con otros sistemas de TTS tradicionales.

Otra de sus funciones clave es la clonación de voz, que permite recrear voces con solo unos minutos de grabación de audio. Esto es especialmente útil para creadores de contenido, empresas de medios y doblaje, ya que pueden generar nuevas grabaciones sin necesidad de locutores. Además, Eleven Labs ofrece soporte multilingüe con adaptación automática de acentos y pronunciaciones, lo que facilita la creación de contenido en varios idiomas sin perder naturalidad. Su API flexible también permite integrar la tecnología en aplicaciones, videojuegos y plataformas interactivas, asegurando una experiencia de usuario envolvente y personalizada.

- **Historia y Desarrollo:** Desde su lanzamiento, Eleven Labs ha atraído la atención de creadores de contenido, empresas tecnológicas y medios de comunicación, posicionándose como una de las soluciones más avanzadas para la generación de voz con IA.
- **Características Principales:**
  - **Voces de alta fidelidad**, con entonación y emoción ajustables.
  - **Capacidad de clonar voces** con solo unos minutos de grabación de audio.
  - **Generación en tiempo real**, permitiendo su uso en asistentes virtuales y videojuegos.
  - **Soporte multilingüe**, con adaptación de acentos y pronunciaciones naturales.

    - **Interfaz intuitiva y API flexible**, facilitando la integración con otras plataformas.

- **Casos de Uso:** Eleven Labs es ampliamente utilizado en **narración de audiolibros, doblaje de videos, creación de podcasts automatizados y asistentes de voz.** Su capacidad de clonación de voz ha revolucionado sectores como el entretenimiento y los medios digitales, permitiendo personalizar experiencias auditivas de manera nunca antes vista. También es utilizado en accesibilidad digital, generando soluciones para personas con dificultades en la lectura o la comunicación verbal.

- **Ventajas:** Generación de voces sintéticas increíblemente realistas, capturando matices como la entonación, la emoción y la fluidez del habla humana. Su tecnología de clonación de voz permite a los usuarios replicar voces con solo unos minutos de audio, facilitando la creación de contenido sin necesidad de grabaciones constantes. Además, su soporte multilingüe y la adaptación automática de acentos hacen que sea una opción versátil para creadores de contenido globales. Su API flexible y su interfaz intuitiva permiten una integración sencilla con aplicaciones, videojuegos, asistentes virtuales y plataformas interactivas, optimizando la accesibilidad y la automatización de contenido de audio.

- **Desventajas:** La clonación de voz, aunque innovadora, plantea preocupaciones éticas y de privacidad, ya que podría ser utilizada indebidamente para generar contenido engañoso o deepfakes de audio. Además, al ser una herramienta comercial, su modelo de precios puede resultar costoso para usuarios que requieran un alto volumen de generación de voz, en comparación con alternativas gratuitas o de código abierto. También, aunque su IA es avanzada, en algunos casos las voces generadas pueden no capturar completamente ciertas inflexiones humanas específicas, lo que limita su uso en contextos que requieren una expresión extremadamente precisa.

Las herramientas de conversión de texto a voz han evolucionado considerablemente en los últimos años, ofreciendo opciones tanto gratuitas como de pago para diferentes necesidades. Desde soluciones de código abierto como Festival y Mozilla TTS hasta servicios comerciales avanzados como Amazon Polly y Google TTS, cada herramienta tiene sus propias ventajas y limitaciones. La elección dependerá de factores como la calidad de la voz, la personalización, la integración con otras plataformas y el presupuesto disponible.

3.4 Video con Inteligencia Artificial (IA)

Los **generadores de video con IA** son herramientas basadas en inteligencia artificial que pueden crear, editar y mejorar videos de manera automatizada. Estos sistemas utilizan modelos avanzados de aprendizaje profundo, como redes neuronales y modelos generativos, para generar contenido visual dinámico a partir de texto, imágenes, clips preexistentes o datos estructurados.

¿Cómo Funcionan?

Los generadores de video con IA utilizan técnicas avanzadas como:

- **Modelos Generativos (GANs y Transformers)**: Redes neuronales que crean videos realistas mediante la síntesis de imágenes y la interpolación de cuadros.

- **Procesamiento del Lenguaje Natural (NLP)**: Convierte descripciones textuales en escenas animadas o guiones visuales.

- **Renderizado Basado en IA**: Mejora la calidad de imagen y video con efectos avanzados como iluminación realista, texturización y suavizado de movimientos.

- **Interpolación y Estilización**: Genera transiciones suaves entre imágenes y aplica estilos específicos para lograr diferentes efectos visuales.

Aplicaciones

Los generadores de video con IA tienen un gran impacto en diversas industrias:

1. **Marketing y Publicidad**: Creación de anuncios y contenido promocional automatizado basado en datos de audiencia.
2. **Producción de Contenido Digital**: Generación de videos para redes sociales, tutoriales y presentaciones sin necesidad de equipos de grabación.
3. **Entretenimiento y Cine**: Creación de efectos especiales, animaciones y deepfakes en la industria cinematográfica.
4. **Educación y Formación**: Desarrollo de material didáctico interactivo con personajes animados o narraciones automatizadas.
5. **E-commerce y Retail**: Generación de demostraciones de productos y experiencias de compra personalizadas con modelos virtuales.

A pesar de sus ventajas, los generadores de video con IA enfrentan desafíos como:

- **Calidad y Realismo**: Lograr animaciones naturales sin artefactos visuales sigue siendo un reto.
- **Ética y Uso Responsable**: La generación de deepfakes plantea preocupaciones sobre desinformación y privacidad.
- **Limitaciones Creativas**: Aunque potentes, estos sistemas aún requieren supervisión humana para lograr resultados óptimos.

Tabla 6: Generadores de imágenes y vídeo con IA.

Nombre	Empresa	Enlace
Runway Gen-2	Generación de videos a partir de texto o imágenes, desarrollado por Runway AI	runwayml.com
Pika Labs	Creación de videos animados a partir de descripciones de texto, desarrollado por Pika Labs	pika.art
Synthesia	Avatares realistas con voz generada por IA, desarrollado por Synthesia	synthesia.io
Kaiber	Transformación de imágenes en videos animados, desarrollado por Kaiber AI	kaiber.ai
DeepBrain AI	Creación de presentadores virtuales y contenido educativo, desarrollado por DeepBrain AI	deepbrain.io
HeyGen	Generación de videos con avatares parlantes, desarrollado por HeyGen AI	heygen.com
Dreamix	Edición y generación de video con IA avanzada, desarrollado por Google DeepMind	deepmind.google
Fliki	Conversión de texto a video con locución AI, desarrollado por Fliki	fliki.ai
Veed.io	Edición y generación de videos con subtítulos automáticos, desarrollado por Veed.io	veed.io
Elai.io	Generación de videos con avatares personalizables, desarrollado por Elai	elai.io

3.4.1 Generación audiovisual a partir de audio

Este documento describe un proceso automatizado para transformar grabaciones de audio en contenido audiovisual estructurado. El sistema implica mejoras en la calidad del audio, transcripción, generación de guiones optimizados y conversión a video mediante avatares virtuales.

3.4.1.1.1 Requisitos del proyecto

Para llevar a cabo este sistema, se requiere:

1. **Grabación de audio:** Dispositivo móvil o micrófono.
2. **Mejora del audio:** Software de reducción de ruido y mejora de calidad (ej. Adobe Audition, Auphonic, IA como Demucs).
3. **Transcripción de audio:** Modelos de IA como Whisper de OpenAI.

4. **Optimización del texto:** Modelo GPT ajustado para mejorar la legibilidad y estructurarlo como un guion.
5. **Generación de video:** Herramientas de IA para avatares como HeyGen, Synthesia o D-ID.
6. **Automatización:** Script en Python para orquestar el flujo de trabajo.

3.4.1.1.2 Flujo de trabajo

1. **Grabación del Audio**
   - Utiliza un móvil o micrófono profesional para capturar el contenido.
   - Asegúrate de grabar en un ambiente silencioso.
   - Guarda el archivo en formato .wav o .mp3.
2. **Procesamiento y Mejora del Audio**
   - Se emplean herramientas de reducción de ruido y mejora de calidad:
     - Opción 1: Software comercial → Adobe Audition, Auphonic.
     - Opción 2: IA de código abierto → Demucs (separación de fuentes de audio).

3.4.1.1.3 Transcripción de audio

Una vez que se ha mejorado la calidad del audio, el siguiente paso es transcribir su contenido a texto. Para ello, se utilizan herramientas de inteligencia artificial especializadas en reconocimiento automático del habla, como **Whisper de OpenAI** o alternativas como **IBM Watson Speech to Text**, **Google Speech-to-Text o AssemblyAI**. Estas herramientas convierten la voz en texto con gran precisión, incluso en entornos con ruido moderado o con diferentes acentos y velocidades de habla.

El proceso de transcripción comienza con la carga del archivo de audio en la plataforma elegida. Dependiendo de la herramienta, esta puede trabajar en la nube o en un entorno local. La IA analiza el audio, detecta los segmentos de voz y los convierte en texto estructurado, manteniendo en la medida de lo posible los signos de puntuación y separando frases de manera coherente. En algunos casos, si el audio incluye múltiples hablantes, algunas herramientas permiten la identificación y separación de sus intervenciones.

Tras la transcripción, es recomendable revisar manualmente el texto para corregir posibles errores en nombres propios, términos técnicos o expresiones que puedan haber sido malinterpretadas por la IA. También es conveniente dividir el texto en párrafos y aplicar una estructura básica para facilitar la comprensión y su posterior edición.

3.4.1.1.4 Mejora de la transcripción para generar el guion

Una transcripción en bruto suele ser un reflejo directo del lenguaje hablado, lo que significa que puede contener pausas innecesarias, repeticiones, errores gramaticales o frases sin una estructura clara. Para transformar este texto en un guion legible y atractivo para un formato audiovisual, es necesario optimizarlo.

En esta fase, se utiliza un modelo de inteligencia artificial de procesamiento del lenguaje natural, como **GPT de OpenAI**, que ayuda a mejorar la redacción, la gramática y la coherencia del texto. La IA reescribe el contenido de manera fluida, eliminando muletillas y ajustando el tono para que el texto tenga una estructura lógica y profesional.

Además, el texto se formatea como un guion para facilitar su posterior conversión en video. Esto significa que debe incluir:

- **Introducción:** Presentación del tema y objetivos de la clase o explicación.
- **Desarrollo:** Explicación clara y estructurada de los conceptos clave, dividiendo en secciones o puntos importantes.
- **Pausas y énfasis:** Indicaciones sobre dónde hacer énfasis en ciertas palabras o dónde incluir pausas para reforzar la comprensión.

- **Llamados a la acción o interacción:** Incluir preguntas retóricas o indicaciones para que el espectador reflexione o participe.
- **Conclusión y resumen:** Reafirmación de las ideas principales y cierre del tema con una despedida clara.

Este proceso es fundamental para garantizar que el contenido final sea fácil de entender, atractivo y adecuado para su conversión en material audiovisual.

3.4.1.1.5 Creación de vídeo con avatar IA

Una vez que el texto ha sido optimizado y estructurado como un guion, el siguiente paso es convertirlo en un video con un avatar virtual que actúe como presentador. Para esto, existen plataformas basadas en inteligencia artificial como **HeyGen, Synthesia, D-ID o Elai.io**, que permiten generar videos realistas con avatares digitales capaces de hablar con sincronización labial precisa.

En estas herramientas, el usuario puede elegir un avatar entre una selección de personajes prediseñados, o incluso crear un avatar personalizado con su propia imagen. También es posible seleccionar distintos estilos de voz para adaptar el tono y la expresión a la audiencia objetivo. Estas plataformas utilizan modelos avanzados de inteligencia artificial para generar expresiones faciales y gestos que acompañen la narración, logrando una experiencia visual más inmersiva.

El proceso de creación del video suele incluir los siguientes pasos:

1. **Carga del guion:** Se introduce el texto previamente optimizado en la plataforma.
2. **Selección del avatar:** Se elige el presentador virtual, pudiendo ajustarse el estilo según el contexto del contenido.
3. **Configuración de la voz:** Se selecciona un tono de voz, idioma y velocidad de narración para que el mensaje sea claro y natural.
4. **Personalización del fondo y diseño:** Dependiendo de la herramienta, se puede agregar un fondo estático, dinámico o incluso una presentación visual para acompañar el contenido.
5. **Generación del video:** Una vez configuradas todas las opciones, la plataforma procesa el video y genera el contenido final listo para su distribución.

Este tipo de videos con avatares son especialmente útiles para la formación en línea, ya que permiten crear contenido profesional sin la necesidad de grabaciones en estudio o presentadores en cámara. Además, facilitan la creación de material multilingüe sin requerir locutores adicionales, lo que hace que la producción de contenido educativo sea más rápida, escalable y accesible.

3.5 Automatización de procesos de gestión con IA

La eficiencia y la optimización de tareas son clave para el éxito empresarial, las herramientas de automatización de procesos con IA se han convertido en una solución indispensable. Estas plataformas permiten conectar aplicaciones, procesar datos y ejecutar flujos de trabajo complejos sin necesidad de intervención manual, ahorrando tiempo y reduciendo errores operativos.

Plataformas que ofrecen un entorno visual intuitivo donde los usuarios pueden crear automatizaciones personalizadas, integrando múltiples herramientas y servicios sin necesidad de programación avanzada. Desde la gestión de datos hasta la automatización de marketing y la inteligencia de negocios, estas soluciones permiten que empresas y profesionales optimicen sus operaciones con facilidad.

La automatización de procesos de gestión con inteligencia artificial (IA) es una tendencia creciente en el mundo empresarial. La aplicación de IA en la gestión permite optimizar tareas administrativas, reducir errores, mejorar la eficiencia operativa y aumentar la productividad. A través del uso de algoritmos avanzados, aprendizaje automático y procesamiento de lenguaje natural (PLN), las organizaciones pueden transformar sus procesos internos y lograr una mayor competitividad.

3.5.1 Beneficios de la Automatización con IA

1. **Reducción de Errores Humanos**: La IA minimiza fallos en tareas repetitivas y mejora la precisión en la gestión de datos.
2. **Ahorro de Tiempo y Costos**: La automatización de procesos reduce la necesidad de intervención manual, permitiendo a los empleados enfocarse en tareas más estratégicas.
3. **Mejora en la Toma de Decisiones**: La IA analiza grandes volúmenes de datos en tiempo real y proporciona información basada en patrones y tendencias.
4. **Personalización y Experiencia del Cliente**: Los sistemas inteligentes pueden ofrecer respuestas automáticas y personalizadas a los usuarios.
5. **Mayor Escalabilidad**: La IA permite manejar un mayor volumen de procesos sin necesidad de incrementar los recursos humanos.

3.5.2 Metodologías de automatización de contenidos

3.5.2.1 Entradas del entorno, tratamiento, validación, consolidación

3.5.2.1.1 Importancia de obtener buenas entradas del entorno

En cualquier estrategia de marketing y automatización de contenidos basada en inteligencia artificial, la calidad de los datos de entrada es crucial. Estas entradas pueden provenir de diversas fuentes, como Looker Studio, herramientas de analítica web, CRM, redes sociales o sensores IoT, dependiendo del negocio. La IA necesita datos estructurados, precisos y representativos del entorno real para hacer predicciones y generar contenido relevante. Si los datos están sesgados, incompletos o incorrectos, la salida generada será ineficaz, irrelevante o incluso perjudicial para la toma de decisiones.

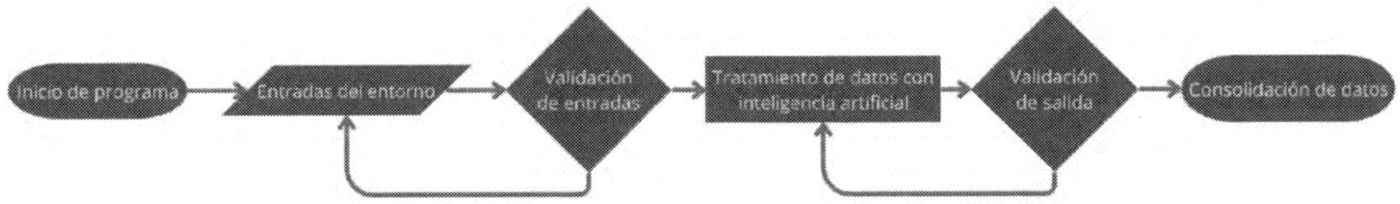

Figura 30: Diagrama de flujo de automatización de contenidos

Además, la automatización de contenidos basada en IA requiere datos con un alto nivel de granularidad y contexto. Un dashboard de Looker Studio puede mostrar métricas de rendimiento de campañas publicitarias, tráfico web o comportamiento del usuario, pero si no se extraen correctamente los insights relevantes, la IA puede malinterpretar la información y generar contenido erróneo o ineficaz.

3.5.2.1.2 Necesidad de la validación humana de los datos de entrada

A pesar de los avances en inteligencia artificial, la validación humana sigue siendo esencial en el proceso de extracción de datos. Existen múltiples razones para ello:

- **Detección de errores y sesgos**: Los sistemas de IA pueden interpretar datos de manera literal sin comprender el contexto real. Un analista humano puede detectar valores atípicos, errores de medición o tendencias inesperadas que podrían afectar la precisión de la salida.
- **Filtrado de información irrelevante**: No todos los datos son útiles para una estrategia de marketing. Un humano puede priorizar qué métricas son realmente relevantes para los objetivos comerciales.
- **Corrección de inconsistencias**: Diferentes fuentes de datos pueden tener discrepancias. La validación humana ayuda a normalizar la información antes de que sea utilizada por la IA.

3.5.2.1.3 Tratamiento de los datos validados con IA para generar una salida

Una vez que los datos han sido validados, la inteligencia artificial puede procesarlos para generar información útil. Dependiendo del objetivo, este tratamiento puede incluir:

- **Análisis predictivo**: Identificación de tendencias futuras basadas en el comportamiento histórico de los datos.
- **Generación de contenido**: Creación de textos automatizados, como descripciones de productos, publicaciones en redes sociales o informes de rendimiento.
- **Segmentación de audiencias**: Agrupación de clientes en segmentos específicos basados en patrones detectados en los datos.
- **Optimización de campañas**: Ajuste dinámico de estrategias de marketing en función del rendimiento y las predicciones del modelo de IA.

Para que el proceso sea efectivo, es fundamental que la IA trabaje con datos previamente filtrados y estructurados. De lo contrario, los resultados pueden ser inconsistentes o poco útiles.

3.5.2.1.4 Segunda validación humana de los datos procesados

Aunque la IA puede generar contenido o conclusiones basadas en datos procesados, una segunda validación humana es imprescindible antes de su implementación. Algunas razones clave incluyen:

- **Coherencia y calidad del contenido**: En el caso de la generación de textos o mensajes de marketing, un humano puede revisar si el contenido tiene sentido, es persuasivo y está alineado con la estrategia de la marca.
- **Verificación de insights**: Los modelos de IA pueden detectar patrones que pueden interpretarse de distintas maneras. Un analista puede confirmar si la interpretación es correcta y si las recomendaciones son aplicables.
- **Evitar riesgos reputacionales**: Un error en los datos procesados por IA puede llevar a la publicación de mensajes erróneos o perjudiciales para la empresa. La validación humana minimiza estos riesgos.

3.5.2.1.5 Consolidación de los datos para su posterior tratamiento

El último paso es la consolidación de los datos validados en un entorno que permita su reutilización y análisis continuo. Para ello, es necesario:

- **Integración de fuentes**: Unificar los datos provenientes de diferentes plataformas y herramientas en una única base de datos o data warehouse.
- **Estandarización**: Asegurar que los datos siguen un mismo formato y estructura, facilitando su uso en futuras automatizaciones.
- **Almacenamiento y acceso**: Garantizar que los datos estén accesibles para su posterior análisis sin comprometer la seguridad ni la privacidad.

3.5.3 Automatización de procesos administrativos. Procesos sensibles y herramientas

1. **Gestión de Documentos**: Implementación de sistemas de IA que clasifican, archivan y extraen información de documentos automáticamente.
2. **Procesamiento de Facturas**: Uso de IA para escanear y procesar facturas, reduciendo la carga manual en contabilidad.
3. **Gestión de Correo Electrónico**: Implementación de asistentes inteligentes que organizan, priorizan y responden correos electrónicos de forma automática.

4. **Atención al Cliente Automatizada**: Uso de chatbots avanzados para responder consultas y resolver problemas sin intervención humana.
5. **Monitoreo y Cumplimiento Normativo**: IA aplicada en la supervisión de regulaciones para garantizar el cumplimiento normativo y reducir riesgos legales.

Existen diversas herramientas que facilitan la automatización de procesos administrativos y empresariales mediante la integración de flujos de trabajo y la optimización de tareas repetitivas. Algunas de las plataformas más destacadas incluyen:

- **MAKE**: Una plataforma de automatización visual que permite conectar múltiples aplicaciones y servicios para crear flujos de trabajo personalizados sin necesidad de programación avanzada.
- **Zapier**: Herramienta popular de automatización que facilita la integración de aplicaciones web para transferir datos y ejecutar procesos automáticos sin intervención manual.
- **n8n**: Solución de automatización de código abierto que permite conectar APIs y servicios con un enfoque flexible y auto-hospedado para personalizar flujos de trabajo.
- **UiPath**: Plataforma líder en Automatización de Procesos Robóticos (RPA) que permite a las empresas automatizar tareas repetitivas mediante bots inteligentes.
- **Microsoft Power Automate**: Herramienta de Microsoft que integra aplicaciones empresariales dentro del ecosistema de Office 365 y otras plataformas para automatizar procesos de negocio de manera eficiente.

Estas herramientas permiten a las empresas mejorar la productividad, reducir costos operativos y garantizar una mayor eficiencia en la gestión de procesos administrativos.

Tabla 7: Herramientas de automatización con IA.

MAKE	Plataforma de automatización visual que permite conectar aplicaciones y automatizar flujos de trabajo sin necesidad de código.	make.com
Zapier	Herramienta de automatización que permite integrar miles de aplicaciones y crear flujos de trabajo personalizados sin programación.	zapier.com
n8n	Plataforma de automatización basada en nodos con código abierto, ideal para flujos de trabajo avanzados con IA y API.	n8n.io
UiPath	Solución de automatización robótica de procesos (RPA) con IA para optimizar tareas empresariales y flujos de trabajo.	uipath.com
Microsoft Power Automate	Plataforma de automatización de Microsoft que permite crear flujos de trabajo integrados con herramientas como Office 365 y Dynamics.	powerautomate.microsoft.com
Workato	Plataforma de automatización empresarial con integración de IA, ideal para conectar aplicaciones y gestionar datos de manera eficiente.	workato.com
IBM Watson Orchestrate	Solución de automatización impulsada por IA que ayuda a los empleados a realizar tareas complejas sin programación manual.	ibm.com/watson-orchestrate
Airflow	Plataforma de orquestación de flujos de trabajo basada en Python, utilizada para la automatización de tareas en ciencia de datos y big data.	airflow.apache.org
Tallyfy	Plataforma de automatización de procesos basada en flujos de trabajo para mejorar la eficiencia en empresas.	tallyfy.com
Automate.io	Herramienta de automatización similar a Zapier, que permite conectar aplicaciones y sincronizar datos en tiempo real.	(Adquirida por Notion)
Encharge.io	Plataforma de automatización de marketing para startups y negocios SaaS. Permite crear flujos de trabajo automatizados, segmentar audiencias y enviar correos electrónicos personalizados.	https://encharge.io/
IFTTT	Plataforma de automatización que conecta aplicaciones, dispositivos y servicios para optimizar flujos de trabajo. Permite integraciones para marketing, IoT y diversas aplicaciones	https://ifttt.com/
ZOHO Flow	Plataforma de automatización que conecta aplicaciones y sincroniza datos sin necesidad de código. Permite crear flujos de trabajo personalizados, automatizar procesos empresariales.	https://www.zoho.com/es-xl/flow/
Pabbly Connect	Plataforma de automatización que integra aplicaciones y servicios sin necesidad de programación. Permite crear flujos de trabajo personalizados, transferir datos entre herramientas y automatizar tareas en tiempo real. Un solo pago de por vida.	https://www.pabbly.com/connect/
Integrately	Plataformas de automatización con automatizaciones listas para gran cantidad de aplicaciones.Tiene algunos flujos de trabajo prediseñados interesantes y una biblioteca extensa.	https://integrately.com/

3.5.4 Automatizaciones de flujos de trabajo personalizados con n8n

3.5.4.1.1 ¿Qué es n8n y en qué consiste?

n8n es una plataforma de **automatización de flujos de trabajo** de código abierto que permite conectar diversas aplicaciones y servicios para optimizar procesos repetitivos y tareas complejas. Su nombre, "n8n", proviene de la palabra alemana *"nodemation"*, una combinación de **"node" (nodo)** y **"automation" (automatización)**.

A diferencia de herramientas como **Zapier** o **Make (antes Integromat)**, n8n permite **autoalojamiento (self-hosting)**, brindando un control total sobre los datos y la infraestructura. Esto lo hace ideal para empresas que buscan seguridad, flexibilidad y escalabilidad en sus procesos de automatización.

3.5.4.1.2 ¿Cómo funciona n8n?

n8n opera mediante un sistema de nodos conectados entre sí para crear flujos de trabajo automatizados. Estos nodos representan acciones en aplicaciones externas, transformaciones de datos o condiciones lógicas que determinan el comportamiento del flujo. Su interfaz visual permite a los usuarios diseñar procesos de manera intuitiva sin necesidad de programar.

La plataforma puede ejecutar tareas en segundo plano, ya sea de forma programada o en respuesta a eventos específicos. Por ejemplo, se puede configurar un flujo de trabajo para que se active cuando se reciba un nuevo correo, se actualice una base de datos o se dispare un webhook. Esta flexibilidad permite integrar n8n con diversas herramientas y servicios, optimizando procesos empresariales de manera eficiente.

n8n cuenta con más de 200 integraciones nativas con aplicaciones como Google Sheets, Slack, Notion, Trello, GitHub, entre otras. Además, permite conectarse con cualquier API REST, lo que amplía sus capacidades y facilita la automatización de procesos en servicios que no tienen soporte nativo dentro de la plataforma.

Una de sus principales ventajas es la posibilidad de autoalojamiento, lo que significa que los usuarios pueden instalar n8n en sus propios servidores en lugar de depender de una solución en la nube. Esto garantiza un mayor control sobre la privacidad de los datos y facilita el cumplimiento de normativas como GDPR o HIPAA.

Finalmente, n8n es una plataforma de código abierto, lo que permite a los desarrolladores personalizar su funcionalidad, crear nodos específicos para necesidades particulares y contribuir a su mejora continua. Esta flexibilidad lo convierte en una opción ideal para empresas que buscan una solución adaptable y sin restricciones en la automatización de procesos.

3.5.4.1.3 Requisitos previos

Para instalar y ejecutar **n8n** en un entorno de **self-hosting**, es necesario contar con algunos elementos básicos en el sistema. Primero, se requiere un servidor o máquina local con un sistema operativo compatible como Linux, macOS o Windows. Aunque n8n puede ejecutarse en cualquier entorno, es recomendable utilizar un servidor basado en **Linux (Ubuntu, Debian, CentOS, etc.)** para mayor estabilidad y control.

También es necesario contar con **Docker**, una herramienta de contenedores que facilita la instalación y gestión de n8n sin necesidad de configurar manualmente todas sus dependencias. Docker permite ejecutar n8n de manera aislada en un entorno controlado, lo que simplifica su despliegue y actualización.

Otra opción es instalar n8n sin Docker utilizando **Node.js y npm,** pero esta alternativa requiere una configuración más avanzada y un mantenimiento manual de las actualizaciones. Si se opta por usar Docker, no es necesario instalar Node.js, ya que todo está contenido dentro del paquete.

Para quienes desean **persistencia avanzada**, es recomendable utilizar una base de datos externa como **PostgreSQL o MySQL** en lugar del almacenamiento predeterminado en **SQLite**. Esto mejora el rendimiento y facilita la escalabilidad de la plataforma, especialmente cuando se gestionan grandes volúmenes de datos o múltiples flujos de trabajo automatizados.

Además, si se quiere acceder a n8n desde Internet y no solo en una red local, se recomienda configurar un **proxy inverso con Nginx** y habilitar **HTTPS** mediante un certificado SSL, garantizando una conexión segura y protegida.

3.5.4.1.4 Instalación con Docker y n8n

Docker es la forma más recomendada y sencilla de instalar n8n, ya que permite ejecutar la aplicación en un entorno controlado sin necesidad de configurar manualmente dependencias. Al usar Docker, n8n se ejecuta dentro de **un contenedor**, lo que facilita su despliegue, mantenimiento y escalabilidad.

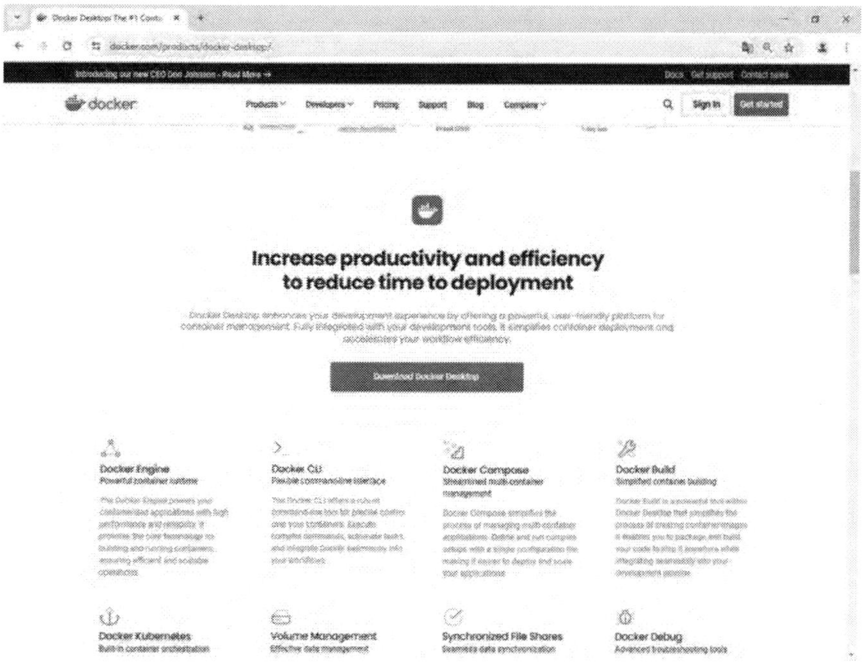

Figura 31: Instalación de Docker Desktop en Windows.

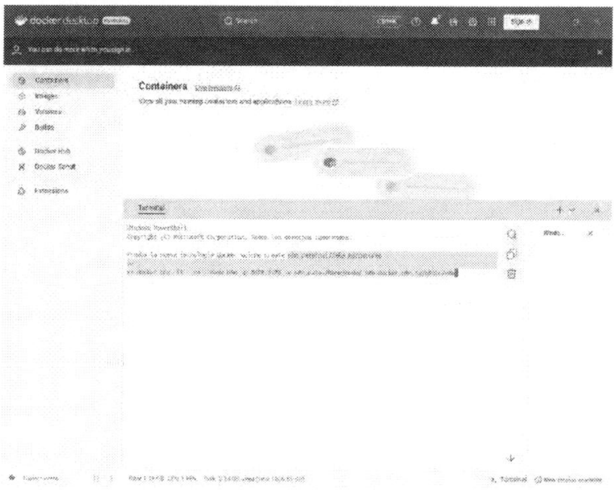

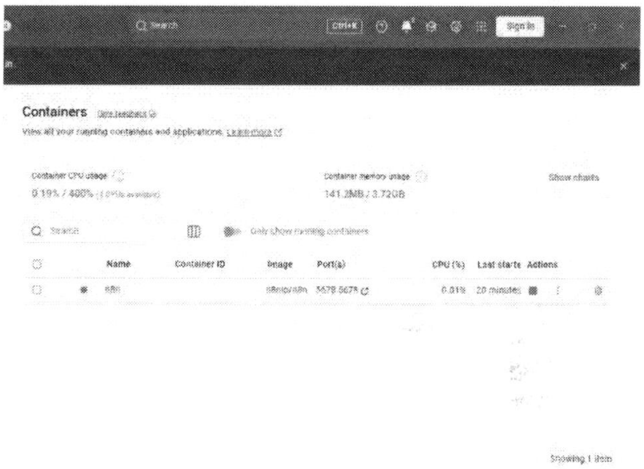

Figura 32: Creación de Container a través de los comandos de la terminal.

Figura 33: Interfaz de Docker Desktop en el apartado de Containers.

El proceso de instalación con Docker implica tres pasos fundamentales. Primero, es necesario **instalar Docker y Docker Compose** en el servidor o máquina donde se ejecutará n8n. En el caso del sistema operativo de Windows se puede utilizar **Docker Desktop (**Figura 27**).** Docker se encargará de gestionar los contenedores, mientras que Docker Compose facilitará la ejecución y configuración de la aplicación mediante un archivo de configuración.

Una vez instalado Docker, se debe **crear un directorio** en el servidor donde se almacenarán los datos de n8n (**¡Error! No se encuentra el origen de la referencia.**). Esto es importante para garantizar que la información de los flujos de trabajo no se pierda al reiniciar o actualizar el sistema. Luego, **se define un archivo de configuración (docker-compose.yml)** que especifica cómo se ejecutará n8n dentro del contenedor, incluyendo configuraciones como autenticación, puertos de acceso y almacenamiento de datos. En Windows se puede hacer a través de **Windows PowerShell** y de la **Terminal de Docker (**¡Error!

No se encuentra el origen de la referencia.). Los comandos se pueden encontrar fácilmente en el apartado de SelfHost de la web n8n.

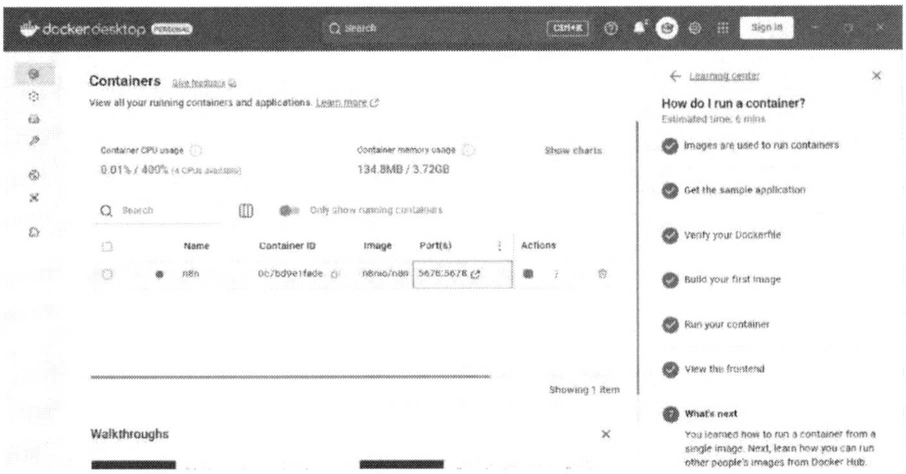

Figura 34: Acceso a n8n a través de http://localhost:5678, o dirección utilizada.

Después de configurar el entorno, simplemente se ejecuta el comando para iniciar n8n dentro de Docker. Este proceso descarga la imagen oficial de n8n, la ejecuta en un contenedor y la deja funcionando en segundo plano. Una vez finalizado este paso, la aplicación estará accesible desde un navegador web a través de la dirección **http://localhost:5678** (o la dirección IP del servidor si se ejecuta en la nube).

Para mantener n8n actualizado, basta con detener el contenedor, descargar la versión más reciente de la imagen y reiniciar la aplicación. Esto hace que Docker sea una opción muy práctica, ya que elimina la necesidad de configurar manualmente dependencias y facilita el mantenimiento del sistema.

Con esta instalación, n8n ya estará funcionando en modo **self-hosted**, listo para ser utilizado y configurado con los flujos de trabajo que se requieran. Para quienes buscan mayor seguridad o acceso desde Internet, se pueden aplicar configuraciones adicionales como el uso de dominios personalizados, autenticación y certificados SSL.

3.5.4.1.5 Ventajas de n8n sobre Zapier y Make

- **Autoalojamiento y control de datos:** Una de las mayores ventajas de n8n es su capacidad de autoalojamiento (self-hosting), lo que significa que los usuarios pueden instalarlo en sus propios servidores en lugar de depender de una infraestructura en la nube de terceros. Esto es crucial para empresas y organizaciones que manejan datos sensibles y necesitan cumplir con normativas de privacidad como GDPR o HIPAA. A diferencia de Zapier y Make, donde los datos pasan por servidores de la empresa proveedora, con n8n los usuarios tienen control total sobre la seguridad y almacenamiento de la información.
- **Código abierto y personalización:** n8n es de código abierto, lo que permite a los desarrolladores modificarlo y adaptarlo a sus necesidades. Se pueden crear nodos personalizados para conectar aplicaciones específicas, algo que no es posible en Zapier o Make sin pagar planes avanzados o sin depender de sus integraciones predefinidas. Además, la comunidad contribuye continuamente con mejoras y nuevos nodos, lo que garantiza un crecimiento constante de la plataforma sin depender exclusivamente de una empresa propietaria.

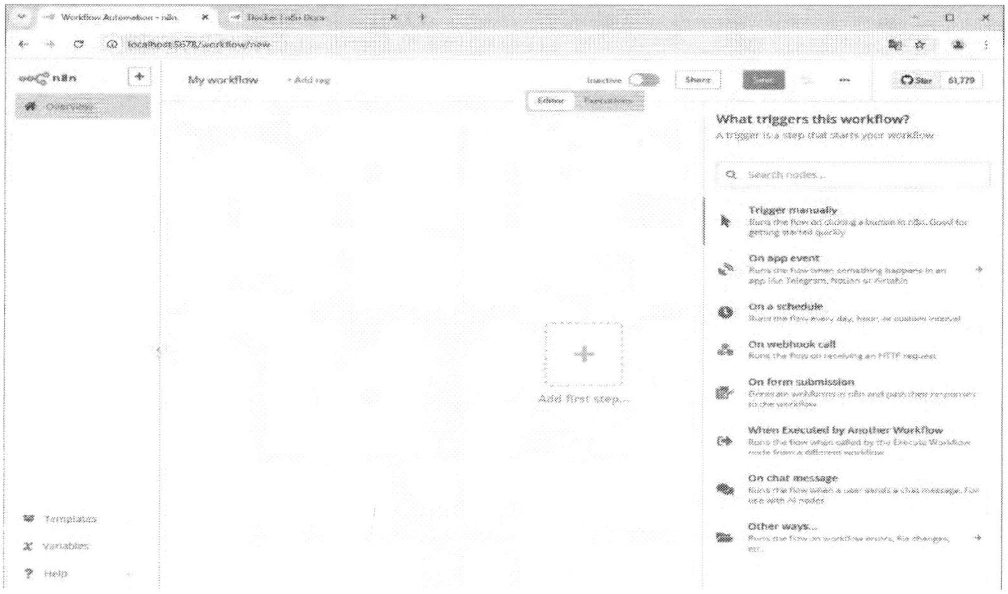

Figura 35: Aplicación web de n8n ejecutada en un servidor local.

- **Costo y escalabilidad:** A diferencia de Zapier y Make, que operan con un modelo de suscripción basado en la cantidad de ejecuciones, n8n puede usarse de forma gratuita si se aloja en un servidor propio. Para empresas con necesidades de automatización masivas, el costo de herramientas como Zapier puede volverse extremadamente alto, mientras que con n8n solo se paga por el servidor en el que se ejecuta, lo que permite ahorrar costos en el largo plazo.

- **Mayor flexibilidad en la creación de flujos de trabajo:** Zapier y Make están diseñados para ser fáciles de usar, pero con ciertas limitaciones en lógica avanzada. En cambio, n8n permite crear flujos de trabajo altamente personalizados y con condiciones complejas, incluyendo la posibilidad de agregar código JavaScript dentro de los nodos, bucles y estructuras condicionales avanzadas. Esto hace que n8n sea más adecuado para usuarios técnicos que necesitan una automatización más profunda y específica.

3.5.4.1.6 Desventajas de n8n frente a Zapier y Make

- **Mayor curva de aprendizaje y configuración inicial:** Mientras que Zapier y Make ofrecen una experiencia de usuario enfocada en la simplicidad con interfaces intuitivas, n8n requiere más conocimientos técnicos para su instalación y mantenimiento, especialmente si se elige el autoalojamiento. Configurar un servidor, administrar bases de datos y manejar contenedores Docker puede ser un desafío para usuarios sin experiencia en sistemas.

- **Falta de soporte oficial y comunidad en crecimiento:** Aunque n8n tiene una comunidad activa y en crecimiento, no cuenta con el mismo nivel de soporte y documentación que ofrecen herramientas como Zapier o Make. Si un usuario encuentra problemas en n8n, puede que tenga que recurrir a foros o a la documentación técnica para solucionarlos, mientras que en Zapier y Make se dispone de soporte técnico oficial y detallado.

- **Menos integraciones predefinidas:** Zapier y Make tienen miles de integraciones listas para usar con aplicaciones populares, mientras que n8n, aunque cuenta con muchas integraciones, aún está en proceso de alcanzar ese nivel de cobertura. Esto significa que en algunos casos, los usuarios pueden necesitar programar sus propias integraciones mediante APIs, lo que añade complejidad al uso de la herramienta.

- **Requerimientos de infraestructura:** El autoalojamiento de n8n implica que el usuario debe encargarse del mantenimiento del servidor, actualizaciones, backups y gestión de recursos. En contraste, Zapier y Make eliminan esta preocupación al ser plataformas en la nube gestionadas por sus propias empresas. Esto puede ser un factor determinante para empresas que prefieren una solución sin mantenimiento técnico.

3.5.4.1.7 Cómo crear flujos de trabajo en n8n

Los flujos de trabajo en n8n se crean mediante una interfaz visual basada en **nodos conectados** entre sí. Cada nodo representa una acción o evento dentro del flujo, como obtener datos de una API, transformar información o enviar un mensaje a otra plataforma. La creación de estos flujos es altamente flexible, permitiendo automatizaciones simples y complejas sin necesidad de escribir código (aunque **se puede usar JavaScript** para personalización avanzada).

1. Acceder a la interfaz de n8n

Antes de crear un flujo de trabajo, es necesario asegurarse de que n8n esté instalado y en ejecución. Para acceder a la interfaz:

1. Abrir un navegador web.
2. Ingresar la URL donde se encuentra ejecutándose n8n en localhost.
3. Iniciar sesión si se ha configurado autenticación.

Una vez dentro, se presenta el Editor de flujos de trabajo, una interfaz visual donde se pueden agregar nodos y conectarlos de manera lógica.

2. Crear un nuevo flujo de trabajo

Para empezar a crear una automatización en n8n:

1. Hacer clic en “New” (Nuevo) en la esquina superior izquierda.
2. Aparecerá un espacio en blanco donde se pueden agregar nodos.

Cada flujo de trabajo requiere al menos un nodo inicial que funcione como disparador (Trigger) o como primer paso de una secuencia de acciones.

3. Agregar un nodo inicial (Trigger o Manual)

Los flujos pueden activarse de diferentes maneras:

1. Manual (ejecución manual): Se usa para pruebas y depuración.
2. Webhook: Escucha eventos externos como formularios enviados o peticiones de API.
3. Cron: Programa la ejecución automática en intervalos específicos.
4. Nodos específicos (Triggers): Como el de Gmail, Slack, Trello, etc., que reaccionan ante eventos en otras plataformas.

Para agregar un Trigger:

1. Hacer clic en el botón “+” en el espacio de trabajo.
2. Buscar y seleccionar un nodo de tipo Trigger (como "Webhook", "Cron" o una aplicación específica).
3. Configurar sus parámetros según el evento deseado.

Si no se requiere un evento externo, también se puede usar el nodo "**Start**", que permite ejecutar el flujo manualmente.

4. Agregar nodos de procesamiento

Una vez definido el nodo inicial, se pueden agregar nodos que procesen la información. Algunos tipos comunes incluyen:

- **Transformación de datos:**
  - **Set:** Define valores personalizados en el flujo.
  - **Function:** Ejecuta código JavaScript para manipular datos.
  - **Merge:** Combina información de varios nodos.

- **Condiciones y lógica:**
  - **IF:** Permite ejecutar acciones diferentes según una condición.
  - **Switch:** Funciona como un "caso múltiple" para dividir flujos según valores específicos.
- **Interacción con APIs externas:**
  - **HTTP Request:** Realiza peticiones a servicios web.
  - **Google Sheets:** Guarda o lee datos en hojas de cálculo.
  - **MySQL/PostgreSQL:** Consulta o modifica bases de datos.

Para agregar estos nodos:

1. Hacer clic en el botón "+" y buscar el nodo deseado.
2. Arrastrarlo al espacio de trabajo.
3. Conectar con el nodo anterior mediante una línea de flujo.
4. Configurar los parámetros específicos del nodo.

5. Conectar los nodos y definir el flujo

Cada nodo tiene puntos de conexión que permiten unirlos en secuencia. Para conectar nodos:

1. Hacer clic en el punto de salida de un nodo.
2. Arrastrar la línea hacia el punto de entrada del siguiente nodo.
3. Repetir para todos los nodos necesarios hasta completar el flujo.

6. Configurar y probar el flujo de trabajo

Una vez construido el flujo, es recomendable probarlo antes de activarlo:

1. Hacer clic en "Execute Workflow" (Ejecutar flujo de trabajo) en la parte superior.
2. Revisar los resultados en cada nodo. Si hay errores, ajustar la configuración.
3. Si todo funciona correctamente, hacer clic en "Activate" para que el flujo se ejecute según lo programado.

7. Guardar y activar el flujo de trabajo

Cuando el flujo de trabajo esté listo:

1. Hacer clic en "Save" (Guardar) para almacenarlo.
2. Si se quiere que se ejecute automáticamente, hacer clic en "Activate".
3. Si el flujo usa nodos de Webhook o eventos externos, permanecerá escuchando eventos hasta que se desactive manualmente.

3.5.4.1.8 Exportación de flujos de trabajo para hacer una aplicación independiente

Aunque n8n está diseñado para ejecutar flujos de trabajo dentro de su plataforma, es posible exportar un flujo de trabajo y convertirlo en código independiente para **integrarlo en una aplicación sin depender de n8n.** Esto implica extraer la lógica del flujo, convertirla en código y luego ejecutarla con tecnologías estándar como **JavaScript, Python o Node.js.**

1. **Exportar el flujo de trabajo desde n8n**

Para comenzar, es necesario obtener la configuración completa del flujo de trabajo en JSON.

a) Abrir n8n y cargar el flujo de trabajo que se desea exportar.

b) En la parte superior derecha, hacer clic en "**Workflow Actions**"

c) Seleccionar "**Download**" o "**Export**" para obtener un archivo .json con la estructura del flujo de trabajo

El archivo JSON contiene información sobre cada nodo, las conexiones y las configuraciones específicas del flujo.

2. **Analizar la estructura del JSON exportado**

Cada nodo representa una acción específica, como una llamada HTTP, un procesamiento de datos o una integración con una API externa.

3. **Convertir el flujo en código JavaScript/Node.js**

Para hacer una aplicación independiente basada en este flujo, se puede convertir en código JavaScript usando Node.js o cualquier otro lenguaje compatible con APIs.

4. **Convertir flujos más complejos a código**

Si el flujo en n8n incluye lógica condicional o integración con bases de datos, podemos usar herramientas como Express.js, Python Flask o Laravel en PHP para crear una aplicación más completa.

5. **Integrar el flujo en una API independiente**

Si queremos que este flujo sea ejecutado desde una API, podemos envolverlo en un servidor Express.js para que sea accesible desde cualquier parte. Con esto, podemos convertir el flujo de n8n en un servicio web que se puede integrar en cualquier aplicación sin depender de la plataforma n8n.

Exportar un flujo de trabajo de n8n a código independiente implica extraer la lógica del JSON, analizar los nodos y convertirlos en código en un lenguaje como JavaScript, Python o cualquier otro que permita la integración de APIs.

Mientras que n8n facilita la creación visual de automatizaciones, convertir los flujos en código independiente permite llevar esas automatizaciones a cualquier aplicación sin necesidad de ejecutar n8n en segundo plano. Esta metodología es útil cuando se busca integrar flujos de trabajo dentro de aplicaciones personalizadas o reducir la dependencia de herramientas externas.

3.5.5 Automatización documental de actas de reunión

Este proceso permite que la inteligencia artificial pueda seguir aprendiendo y mejorando con el tiempo, utilizando un conjunto de datos confiable y depurado. Además, facilita la optimización continua de las estrategias de marketing y la automatización de contenidos, asegurando que las decisiones basadas en IA sean precisas y efectivas.

Documentación de reuniones voz a texto resumen acta

Figura 36: Flujo de automatización de documentación de reuniones en actas.

Esta sección describe cómo desarrollar un sistema para la documentación de reuniones mediante inteligencia artificial. El sistema graba las reuniones, transcribe el audio, genera resúmenes y crea actas automatizadas. Existen dos enfoques principales para su implementación:

- Mediante herramientas de automatización sin código.
- Usando scripts en Python.

3.5.5.1.1 Requisitos Previos

- **Hardware**
  - Un dispositivo de grabación (smartphone, micrófono USB, grabadora digital).
  - Un servidor o equipo con capacidad de procesamiento para ejecutar modelos de IA.
  - Conexión a internet para acceder a APIs de IA.
- **Software y Servicios**
  - **Para transcripción:** OpenAI Whisper (API o modelo local) o servicios como Otter.ai, Rev.com.
  - **Para procesamiento de texto:** OpenAI GPT (como ChatGPT), Google Bard u otras herramientas de NLP.
  - **Para automatización:** Zapier, Make (antes Integromat) o scripts en Python.
  - **Para almacenamiento:** Google Drive, Dropbox, OneDrive o bases de datos SQL/NoSQL.

3.5.5.1.2 Flujo del trabajo del sistema (Figura 33)

1. **Grabación de la reunión.**
   - Se usa un smartphone o micrófono conectado a un PC para grabar el audio.
   - El archivo se almacena en una carpeta predefinida.
2. **Transcripción del audio.**
   - Se usa Whisper (de OpenAI) para transcribir el audio en texto.
   - Alternativamente, se pueden usar APIs de Google Speech-to-Text, IBM Watson o Azure Speech.
3. **Postprocesamiento de la transcripción.**
   - Limpieza del texto: eliminar ruido, palabras repetitivas y errores de transcripción.

- Corrección gramatical y formateo.

4. **Generación de un resumen automático.**
   - Se usa un modelo de IA (GPT u otro modelo NLP) para extraer los puntos clave de la reunión.
5. **Generación de un acta estructurada.**
   - El sistema organiza los datos en formato de acta de reunión con estructura definida (fecha, asistentes, temas discutidos, acuerdos, acciones a seguir).
6. **Almacenamiento y distribución.**
   - Se guarda en un archivo (PDF, DOCX o Notion).
   - Opcional: se envía automáticamente por email o se sube a Google Drive.

3.5.5.1.3 Implementación técnica del flujo en herramientas sin código

La implementación de un sistema automatizado de documentación de reuniones sin necesidad de programar es posible mediante el uso de plataformas de automatización como Zapier o Make. Estas herramientas permiten conectar diferentes servicios y automatizar el flujo de trabajo desde la grabación de la reunión hasta la generación del acta, sin intervención manual. A continuación, se describe cómo configurar este proceso utilizando estas plataformas.

1. **Configuración del Disparador: Captura y Almacenamiento del Audio**

El primer paso consiste en establecer un sistema para capturar y almacenar la grabación de la reunión. Para ello, se puede utilizar un teléfono móvil, una grabadora digital o un software de videoconferencias como **Zoom, Google Meet o Microsoft Teams**, los cuales permiten grabar automáticamente las reuniones. Es recomendable que los archivos de audio se almacenen en un servicio de almacenamiento en la nube como **Google Drive, Dropbox o OneDrive**.

En Zapier o Make, se debe configurar un disparador que detecte la subida de un nuevo archivo de audio en una carpeta específica de la nube. Esto activará la automatización y permitirá que el proceso se ejecute sin necesidad de intervención humana.

2. **Transcripción automática del audio**

Una vez que el archivo de audio está disponible en la nube, el siguiente paso es enviarlo a un servicio de transcripción. Existen varias opciones para realizar esta tarea de forma automática, como:

- **Whisper API de OpenAI**, que ofrece un alto nivel de precisión en la transcripción de audios a texto.
- **Google Speech-to-Text**, que permite convertir el audio en texto con integración nativa en Google Cloud.
- **Otter.ai o Rev.com**, que ofrecen transcripción automática y pueden integrarse con Zapier.

En la configuración de la automatización, se debe crear una acción **que envíe automáticamente el archivo de audio al servicio de transcripción**. Al completarse el proceso, el texto generado se guardará en una nueva carpeta en la nube o en una aplicación de notas como **Notion, Google Docs o Evernote**.

3. **Procesamiento y mejora del texto transcrito**

La transcripción generada puede contener errores gramaticales, frases redundantes o información irrelevante. Para mejorar la calidad del texto, se puede utilizar una IA de procesamiento de lenguaje natural, como **ChatGPT** de OpenAI o herramientas como **Grammarly**.

En este punto, se configura una acción en la automatización para enviar el texto transcrito a la IA con una instrucción específica, como: *"Corrige la gramática y estructura este texto en formato profesional, eliminando errores y mejorando la legibilidad."*

El resultado procesado se guarda nuevamente en la nube o en una plataforma de gestión documental.

4. **Generación del resumen de la reunión**

El siguiente paso es extraer los puntos clave de la reunión y generar un resumen conciso. Esto es útil para que los participantes puedan revisar rápidamente los temas tratados sin necesidad de leer toda la transcripción.

Para esto, se puede utilizar nuevamente una IA como **ChatGPT, Claude de Anthropic o Google Gemini**, proporcionando una instrucción específica, por ejemplo: *"Resume este texto en formato de puntos clave, destacando las decisiones tomadas y los próximos pasos."*

La automatización configurada enviará el texto transcrito a la IA, recibirá el resumen y lo almacenará en la misma carpeta de la nube donde se encuentran los documentos de la reunión.

5. **Creación del acta**

El acta de la reunión es un documento estructurado que organiza la información en secciones como:

- **Fecha y hora de la reunión**
- **Asistentes y participantes**
- **Orden del día**
- **Puntos tratados**
- **Decisiones y acuredos alcanzados**
- **Tareas asignadas y responsables**
- **Fecha de la próxima reunión**

En la automatización, se debe configurar una acción para que la IA transforme la transcripción en un acta con este formato. Esto se logra proporcionando un modelo de estructura como plantilla en la herramienta de IA utilizada.

El resultado se puede almacenar en **Google Docs, Notion o Microsoft Word**, según las necesidades de la empresa. También se puede generar un documento en **PDF** para facilitar su distribución.

6. **Monitoreo y ajustes del sistema**

Es recomendable realizar pruebas periódicas para asegurarse de que la automatización funciona correctamente. Algunos aspectos a monitorear incluyen:

- **Precisión de la transcripción.** Si hay errores frecuentes, se puede probar otro servicio de transcripción.
- **Calidad del resumen.** La IA puede necesitar ajustes en las instrucciones para mejorar la concisión del resumen.
- **Formato del acta.** Se pueden definir reglas más precisas para estructurar mejor la información.

7. **Ventajas de la implementación sin código**

Con este enfoque basado en herramientas de automatización, cualquier empresa puede optimizar la documentación de reuniones sin necesidad de desarrollar software personalizado, asegurando una gestión eficiente de la información y mejorando la productividad del equipo.

- **Rapidez en la configuración.** No requiere conocimientos de programación.
- **Automatización eficiente.** Reduce el trabajo manual en la documentación de reuniones.
- **Flexibilidad.** Se pueden ajustar los flujos de trabajo según las necesidades de la empresa.
- **Escalabilidad.** Permite gestionar múltiples reuniones sin aumentar la carga de trabajo.

3.5.5.1.4 Implementación técnica usando Script de Python

Para empresas o equipos que requieren mayor control sobre el proceso de documentación de reuniones y desean evitar el uso de plataformas externas, es posible desarrollar una solución personalizada mediante un script en Python. Esta opción permite integrar distintas herramientas de inteligencia artificial y automatizar completamente el flujo de trabajo, desde la grabación del audio hasta la generación del acta de reunión. A continuación, se detalla cómo se puede construir este sistema paso a paso.

1. **Captura y almacenamiento de audio**

Para realizar la grabación, consiste en el mismo sistema que la implementación técnica del punto anterior. Lo que cambia es la manera de almacenar los archivos. Para facilitar el procesamiento automático, se establece una carpeta específica en el ordenador o en un servidor donde se almacenarán todos los archivos de audio generados. Este directorio será monitoreado constantemente por el sistema, de modo que cualquier nuevo archivo activará el proceso de transcripción.

El primer paso es la grabación del audio de la reunión. Si se quiere capturar en tiempo real desde un micrófono, se pueden utilizar módulos como pyaudio o sounddevice, que permiten grabar directamente desde el micrófono del ordenador.

Si la grabación se realiza previamente con un software externo y se almacena en una carpeta, se puede gestionar su detección y almacenamiento utilizando os y shutil, que permiten manejar archivos y directorios en el sistema.

2. **Transcripción Automática del Audio**

Una vez que se detecta un nuevo archivo de audio en la carpeta designada, el sistema procede a su transcripción. Para ello, se puede emplear una herramienta de reconocimiento de voz basada en inteligencia artificial, como **Whisper de OpenAI.** Este modelo permite convertir el habla en texto con un alto nivel de precisión y puede ejecutarse en la nube o localmente en un ordenador con capacidad suficiente.

Si se prefiere un servicio basado en la nube, existen opciones como **Google Speech-to-Text o IBM Watson Speech-to-Text**, que permiten cargar el archivo de audio y recibir la transcripción en pocos minutos. Una vez finalizado este proceso, el texto generado se guarda en un archivo dentro del mismo sistema. Para manejar archivos de audio y convertir formatos, se pueden usar **pydub o ffmpeg-python**, que permiten transformar archivos de audio en distintos formatos para facilitar su procesamiento.

3. **Procesamiento y corrección de texto**

El texto transcrito suele contener errores, frases redundantes y puede carecer de una estructura adecuada. Para solucionar esto, se implementa un sistema de procesamiento del lenguaje natural (NLP) que mejora la calidad del texto. Se pueden utilizar modelos de inteligencia artificial como GPT-4 para corregir la gramática, mejorar la coherencia y eliminar errores de interpretación.

El procesamiento del texto incluye tareas como:

- **Corrección ortográfica y gramatical.**
- **Eliminación de ruido o palabras irrelevantes.**
- **Estructuración de párrafos para mejorar la legibilidad.**

Este proceso se ejecuta automáticamente en segundo plano, garantizando que el resultado final sea un documento claro y fácil de leer. Además, para realizar operaciones sobre cadenas de texto, como limpieza y eliminación de caracteres no deseados, se pueden emplear módulos estándar de Python como **re** (expresiones regulares) y **nltk** (procesamiento de lenguaje natural).

4. **Generación del resumen**

Una vez que el texto ha sido corregido, el sistema genera un **resumen automático** de la reunión. Este resumen sintetiza los puntos clave abordados durante la sesión, incluyendo:

- Los temas más relevantes.

- Decisiones tomadas.
- Acciones asignadas y sus responsables.
- Aspectos a tratar en próximas reuniones.

Para extraer esta información de manera eficiente, se utiliza un modelo de IA especializado en resúmenes, el cual analiza la transcripción y selecciona la información más relevante. Esto permite reducir el tiempo necesario para revisar la reunión y facilita la comunicación entre los participantes. También se pueden usar otras herramientas de resumen basadas en NLP como sumy o spacy, que permiten extraer frases relevantes y condensar la información en una versión más corta y estructurada.

5. **Creación del Acta de Reunión**

El siguiente paso es organizar la información en un formato de acta de reunión. El sistema estructura el contenido de acuerdo con un modelo predefinido que incluye:

- **Fecha y hora de la reunión**
- **Asistentes y participantes**
- **Orden del día**
- **Puntos tratados**
- **Decisiones y acuredos alcanzados**
- **Tareas asignadas y responsables**
- **Fecha de la próxima reunión**

Para asegurar la coherencia del documento, se utilizan reglas de formateo que estructuran la información de manera clara y profesional. El acta generada se guarda en un archivo de texto, PDF o Word, según las necesidades del equipo.

Para organizar el contenido en un formato estructurado, se pueden emplear módulos como **docx** para generar documentos en formato Word, o **fpdf** para crear un archivo PDF con la información bien organizada.

Si el acta necesita formateo avanzado, se puede utilizar **jinja2**, que permite crear plantillas dinámicas en las que se puede insertar el contenido generado automáticamente.

6. **Almacenamiento y gestión de documentos**

Una vez generado el acta, el sistema se encarga de almacenarla en una ubicación específica. Se pueden utilizar diferentes opciones de almacenamiento, como:

- **Google Drive o Dropbox** para facilitar el acceso desde cualquier dispositivo.
- **Bases de datos SQL o NoSQL** para organizar los documentos de manera estructurada.
- **Notion o SharePoint** para una integración directa con la gestión documental de la empresa.

Este almacenamiento centralizado permite que los documentos estén disponibles para todos los miembros del equipo y se puedan consultar en cualquier momento.

Para almacenar el acta de reunión en la nube, se pueden emplear bibliotecas como **google-drive-api** para subir los archivos a Google Drive, o **dropbox** si se prefiere almacenar en Dropbox.

Si se desea almacenar la información en una base de datos, se pueden usar **sqlite3** para bases de datos locales o **pymongo** si se quiere una solución basada en MongoDB.

7. **Automatización del flujo de trabajo**

Para evitar la necesidad de ejecutar manualmente cada proceso, se configura un **sistema de monitoreo** que detecta automáticamente la presencia de nuevos archivos de audio en la carpeta designada. Cuando se agrega un nuevo archivo, el script se activa y ejecuta todos los pasos descritos anteriormente sin intervención humana.

Este monitoreo se puede lograr mediante el uso de herramientas que permiten detectar cambios en el sistema de archivos y ejecutar las acciones correspondientes en tiempo real. De esta manera, el sistema funciona de manera continua, asegurando que todas las reuniones sean procesadas de forma automática.

8. **Ventajas de la Implementación con un Script en Python**

Optar por una solución basada en un script en Python ofrece varias ventajas sobre el uso de plataformas de automatización sin código:

- **Mayor control sobre el proceso:** Se pueden personalizar todas las etapas del flujo de trabajo según las necesidades de la empresa.
- **Coste reducido a largo plazo:** No se depende de servicios de terceros con suscripciones mensuales.
- **Escalabilidad:** Se puede integrar con otros sistemas internos sin restricciones.
- **Seguridad y privacidad:** Los datos se procesan de manera local sin necesidad de enviarlos a servidores externos.

Si bien la implementación de esta solución requiere conocimientos de programación, proporciona una alternativa robusta y flexible para empresas que buscan automatizar la documentación de reuniones de manera eficiente y personalizada. Con el uso de inteligencia artificial, el sistema puede optimizar la captura, procesamiento y organización de información, permitiendo a los equipos centrarse en la toma de decisiones sin preocuparse por la gestión manual de las actas de reunión.

3.5.6 Automatización de contenidos en web. WebFlowAI – Flujo inteligente de contenido para la web

3.5.6.1.1 Importancia de los activos web en la estrategia de contenidos

Los contenidos web de blog, denominados en este caso como **activos web**, juegan un papel fundamental en la estrategia de marketing digital de cualquier empresa o proyecto. Estos activos no solo proporcionan información relevante y útil para la audiencia, sino que también contribuyen significativamente al posicionamiento en buscadores (SEO), la generación de tráfico y la conversión de usuarios en clientes.

Un blog bien gestionado ayuda a construir autoridad en un nicho específico, estableciendo la empresa como referente en su sector. Además, permite mantener una comunicación constante con la audiencia, fomentando la confianza y la fidelización. Los activos web también son esenciales para captar leads, ya que pueden integrarse con formularios, llamados a la acción y estrategias de email marketing.

3.5.6.1.2 Ventajas de la automatización de los activos web

La automatización de los contenidos web mediante inteligencia artificial y herramientas avanzadas de gestión trae consigo múltiples beneficios. Algunas de las principales ventajas incluyen:

- **Optimización del tiempo**: La automatización permite programar publicaciones con anticipación, asegurando una presencia constante en línea sin requerir intervención manual frecuente.
- **Personalización y segmentación**: La IA puede analizar el comportamiento de los usuarios y adaptar los contenidos a sus intereses, aumentando la relevancia y el engagement.
- **Mejoramiento del SEO**: Los algoritmos pueden generar textos optimizados con palabras clave estratégicas, mejorando el posicionamiento en motores de búsqueda.
- **Generación de contenido en escala**: Se pueden producir múltiples versiones de un mismo contenido para diferentes plataformas sin perder coherencia ni calidad.
- **Análisis y mejora continua**: La automatización facilita la recopilación de datos sobre el rendimiento de los contenidos, permitiendo ajustes en tiempo real para maximizar su efectividad.

3.5.6.1.3 Consideraciones en la automatización de contenidos

Si bien la automatización aporta grandes ventajas, es esencial combinarla con una supervisión humana para garantizar que los activos web mantengan un tono adecuado, precisión y autenticidad. La validación de los contenidos generados por IA es crucial para evitar errores, mejorar la conexión con la audiencia y mantener la identidad de la marca.

En definitiva, los activos web bien gestionados y automatizados con inteligencia artificial pueden convertirse en una fuente inagotable de tráfico, autoridad y conversión para una empresa, siempre que se realice un equilibrio adecuado entre automatización y control humano.

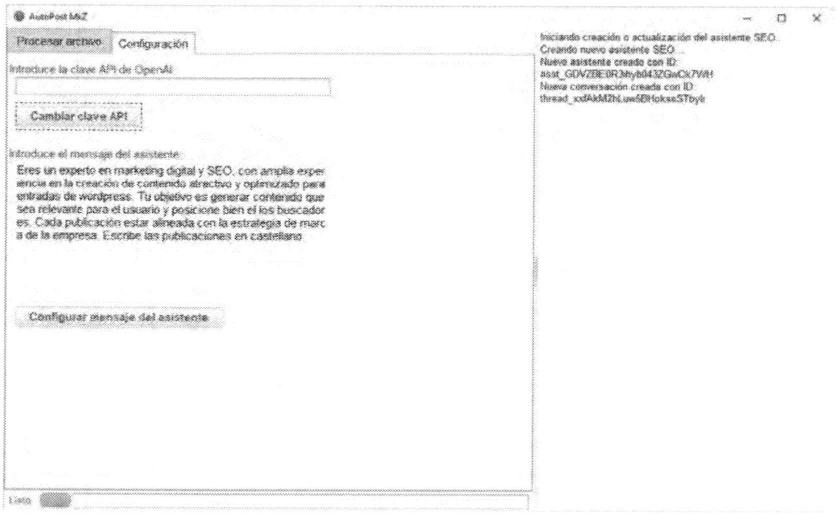

Figura 37: Interfaz de configuración de AutoPost: Clave API de OpenAI; y mensaje del asistente

Figura 38: Interfaz de proceso de archivo sobre la empresa para generar palabras clave.

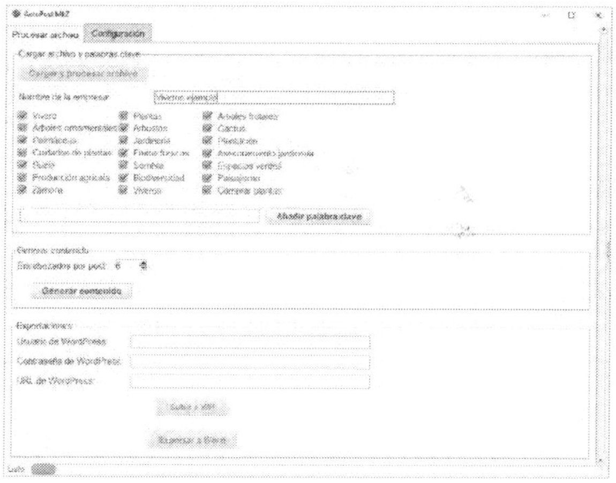

Figura 39: Ejemplo de documento de vivero donde se extraen palabras clave y empresa.

3.5.6.1.4 Proyecto de automatización de activos web (AutoPost)

En la Figura 34 se puede ver la interfaz de configuración del proyecto AutoPost MkZ, donde se conecta con la clave API de OpenAI para realizar llamadas a la IA. Además, se configura el mensaje que precede a las instrucciones que serán dadas automáticamente después.

En la Figura 35 y la Figura 36 se puede observar la interfaz donde se cargará un archivo principal que contenga información sobre la empresa. Eso será enviado a la IA para que detecte a que se dedica la empresa, y el nombre de la empresa para la generación de post.

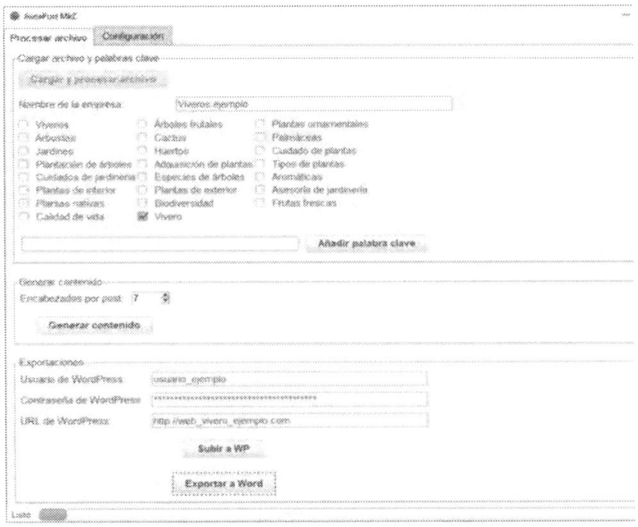

Figura 40: Software AutoPost para exportar contenido a MS Word y Wordpress.

Cómo elegir el mejor vivero para tus plantas y jardines

La importancia de elegir un buen vivero

Tipos de plantas que puedes encontrar en un vivero

Factores a considerar al seleccionar un vivero

Figura 41: Ejemplo de post generado para un vivero de ejemplo.

Como se puede ver en la Figura 37Figura 37 una vez se ha generado el artículo de la, se puede exportar a Word para realizar modificaciones o directamente subir a WordPress como contenido, reduciendo así el tiempo de redacción de activos web y generando el artículo de la Figura 38.

3.5.6.2 Tratamiento de fichas documentales facturas albaranes la estructura de tablas

El tratamiento de formularios cumplimentados a mano para después procesar la información puede requerir mucho tiempo o personal para realizar las tareas. Sin embargo, debido a la revolución que supone la visión por ordenador y la implementación de sistemas de inteligencia artificial, se puede reducir la carga de trabajo al personal necesario para comprobar que la IA ha extraído bien los datos, validando así el proceso. Se podría llegar hasta la automatización de que solo aquella información que no sea capaz de extraer la IA, sea enviada a validación humana.

3.5.6.2.1 Objetivos del proyecto

El objetivo del tratamiento de fichas documentales es la automatización de documentos que han podido ser cumplimentados a mano, escrito sobre archivos pdf, o archivos pdf rellenables, de modo que la información escrita sea estructurada en tablas para después ser tratada.

Esto implica los desafíos del reconocimiento de símbolos alfanuméricos que dependen de la escritura de la persona, símbolos de tachado, remarcado, cruces, y otros.

3.5.6.2.2 ¿Cómo se ha realizado?

1. Digitalización de los documentos y almacenamiento

Los documentos se han digitalizado con una cámara de teléfono móvil. Los requerimientos es que tuviese suficiente resolución para después tratar la imagen. Se coloca el documento de manera que los campos a analizar se vean bien, y estén enfocados. Después. Las imágenes se guardan en Google Drive para su tratamiento.

2. Herramienta de automatización

El proceso de automatización ha sido desarrollado utilizando Make, una herramienta potente para la integración de procesos mediante flujos automatizados. A continuación, se detalla cada una de las fases del flujo:

i. Carga y conexión con Google Drive

- La automatización comienza con la carga de documentos en una carpeta específica de Google Drive.
- Mediante las APIs adecuadas, Make detecta estos archivos y activa el flujo de procesamiento.

ii. **Conversión de documentos a imágenes**

- Los archivos PDF almacenados en Google Drive se convierten en imágenes en formato .jpg utilizando la herramienta en línea iLovePDF.
- Este proceso se realiza a través de la API de iLovePDF, integrada en Make.

iii. **Procesamiento de la imagen con inteligencia artificial**

- La imagen generada a partir del PDF se analiza con una herramienta de inteligencia artificial especializada en procesamiento de imágenes.
- En la figura de referencia se menciona OpenAI DALL·E, pero podrían utilizarse otras soluciones como Gemini de Google o incluso herramientas locales de procesamiento de imágenes.

iv. **Conversión de los resultados en datos estructurados**

- La salida del procesamiento con IA se pasa a través de una API denominada Text Parser.
- Esta API toma los datos no estructurados de la imagen y los transforma en datos organizados y estructurados.

v. **Generación y almacenamiento del JSON estructurado**

- La información obtenida tras el procesamiento se convierte en un archivo JSON con un formato adecuado para ser leído por sistemas informáticos.
- Este archivo JSON se almacena nuevamente en Google Drive, ahora en una forma utilizable para su posterior análisis.

vi. **Integración con Microsoft Excel**

- Finalmente, el archivo JSON se incorpora a Microsoft Excel como una base de datos estructurada.
- Mediante el módulo Iterator, se extraen y organizan los datos requeridos, permitiendo su análisis y uso en distintos procesos automatizados.

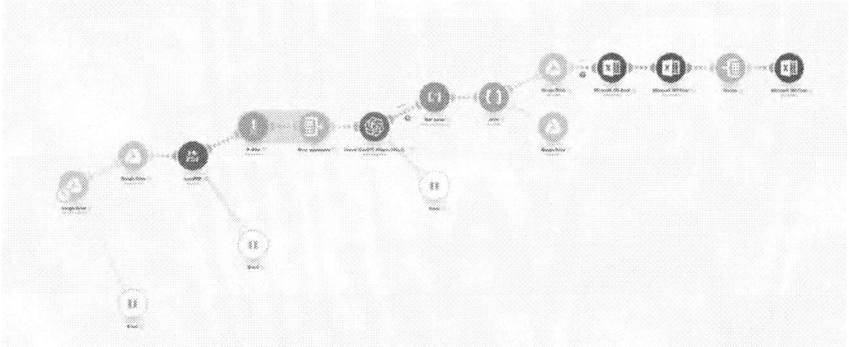

Figura 42: Cadena de automatización de make.

Resultados de salida

Los resultados extraídos son almacenados en una base de datos para tratarlos, y que sean accesibles. En el caso de un menú de cocina, se puede ver como en la Figura 40. Se trata de un archivo que determina si un plato ha sido selecionado o no. Luego, una vez están estructurados en una tabla, se pueden contar cuantas veces ha sido seleccionado para después preparar la cantidad suficiente de comida.

3. **Aplicación para otros tipos de documentos**

Cuando se necesita gestionar otro tipo de documentos, como albaranes, facturas, y archivos, es necesario crear una automatización a medida según que datos se quieran gestionar. Pero desde luego, las posiblidades que ofrecen este tipo de herramientas son enormes para facilitar la gestión empresarial.

El uso de herramientas de visión artificial puede facilitar y agilizar los procesos enormemente. Sin embargo, de momento deben ser validados por seres humanos porque los resultados pueden ser erróneos. Pero con la vista puesta en el futuro, la visión artificial llegará a implantarse en el día a día, ofreciendo ayuda en tiempo real, y solventando problemas que hasta ahora solo podía realizar un ser humano.

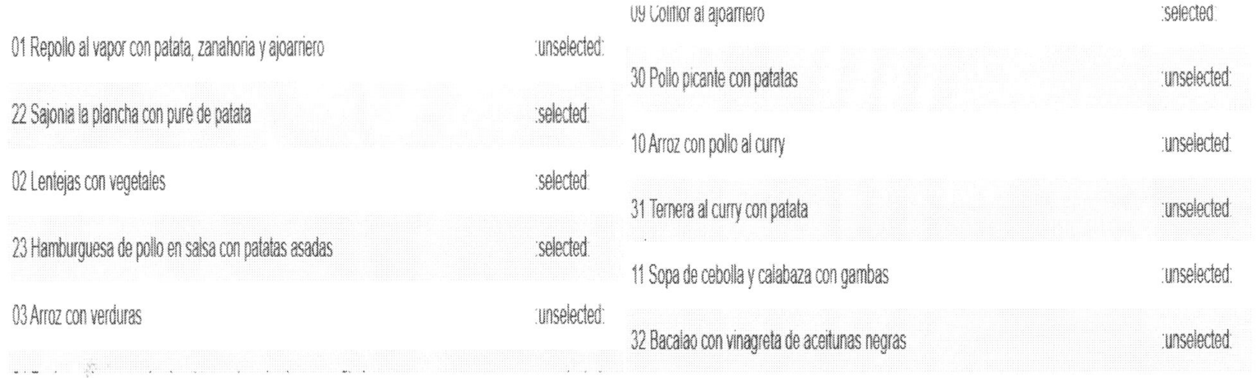

Figura 43: Ejemplo de salida JSON tras analizarlo con IA.

3.5.7 Automatización en sistemas conversacionales. Chatbots comerciales y de técnicos

3.5.7.1 Chats comerciales

1. **Tipos de sistemas conversacionales**

Los sistemas conversacionales pueden clasificarse en dos grandes grupos. Por un lado, están los chatbots basados en reglas predefinidas, que siguen flujos de conversación estructurados y responden a preguntas frecuentes de manera automatizada. Son útiles en sectores con interacciones repetitivas, como atención al cliente o reservas. Por otro lado, los chatbots con inteligencia artificial utilizan procesamiento de lenguaje natural para comprender y responder de forma más flexible. Estos últimos pueden integrarse con bases de datos y sistemas CRM, aprendiendo de cada interacción para mejorar sus respuestas.

Algunas empresas combinan ambos enfoques en un sistema híbrido, en el que el chatbot atiende consultas generales y transfiere casos complejos a agentes humanos. También existen voicebots, que permiten interacciones por voz, ideales para call centers y dispositivos inteligentes.

2. **Aplicaciones en negocios**

- **Ventas y generación de leads:** Los chatbots pueden captar clientes potenciales al interactuar con los visitantes de la web, responder preguntas sobre productos y guiar a los usuarios en el proceso de compra. También pueden personalizar recomendaciones según el comportamiento del usuario.
- **Atención al cliente:** Permiten responder consultas sobre servicios, políticas de devolución y soporte técnico en tiempo real. Además, reducen el tiempo de espera y alivian la carga de los equipos humanos, asegurando una experiencia de usuario más fluida.
- **Gestión de incidencias:** Automatizan la recepción, clasificación y seguimiento de problemas técnicos o reclamaciones. Se pueden integrar con plataformas de gestión de tickets como Zendesk o Freshdesk, facilitando la resolución rápida de problemas.

- **Reservas y citas:** Pueden gestionar la agenda de un negocio, permitiendo a los clientes reservar citas, modificar horarios y recibir recordatorios automáticos, reduciendo cancelaciones y optimizando la disponibilidad de los servicios.

3. Herramientas para implementar chatbots

Herramientas open source:

- **Rasa:** Plataforma de código abierto avanzada para construir asistentes virtuales con inteligencia artificial. Permite personalizar respuestas, integrar bases de datos y entrenar modelos de lenguaje con aprendizaje automático.
- **Botpress:** Framework de chatbot open source con una interfaz visual intuitiva. Facilita la creación de flujos de conversación y permite integración con múltiples plataformas, como WhatsApp y Slack.
- **Chatterbot:** Biblioteca en Python que genera respuestas dinámicas aprendiendo de las conversaciones. Es ideal para desarrolladores que buscan una solución personalizable sin depender de plataformas externas.
- **Microsoft bot framework:** Aunque es desarrollado por Microsoft, permite la creación de bots de manera modular y con opciones open source. Se integra con Azure, pero también puede usarse en entornos locales.

Herramientas de pago

- **Chatfuel:** Enfocado en Facebook Messenger, permite crear chatbots sin conocimientos de programación. Es útil para automatizar respuestas en redes sociales y generar leads desde anuncios de Facebook.
- **Manychat:** Especializado en marketing conversacional, ofrece integración con Instagram, WhatsApp y Facebook. Facilita la automatización de ventas y la interacción con clientes en redes sociales.
- **Tidio:** Herramienta para ecommerce que combina chat en vivo y chatbots. Se integra con Shopify y WooCommerce, permitiendo mejorar la atención al cliente y recuperar carritos abandonados.
- **Drift:** Plataforma centrada en la conversión de visitantes en clientes. Usa chatbots para calificar leads automáticamente y conectar a los usuarios con el equipo de ventas en tiempo real.
- **Intercom:** Solución completa de atención al cliente con IA conversacional. Integra chat en vivo, automatización de soporte y segmentación de clientes para ofrecer una experiencia personalizada.

4. Conclusiones

Los chatbots basados en reglas permiten resolver consultas frecuentes con respuestas predefinidas, mientras que los sistemas con inteligencia artificial ofrecen interacciones más dinámicas y adaptadas al contexto. Además, la combinación de estos con agentes humanos en soluciones híbridas garantiza una atención equilibrada entre automatización y personalización.

La implementación de estas soluciones es accesible gracias a herramientas open source como Rasa y Botpress, que permiten un alto grado de personalización, o plataformas de pago como Chatfuel y Intercom, diseñadas para integración rápida y sencilla.

En definitiva, la adopción de chatbots comerciales no solo mejora la eficiencia operativa, sino que también impulsa la conversión de clientes y fortalece la relación con el consumidor. En un mercado cada vez más digitalizado, contar con un sistema conversacional bien diseñado puede marcar la diferencia entre una experiencia estándar y una que fideliza y genera nuevas oportunidades de negocio.

3.5.7.2 Chats técnicos

1. **Tipos de sistemas conversacionales técnicos**

Los sistemas conversacionales técnicos están diseñados para ofrecer soporte especializado en entornos donde se requiere un alto nivel de precisión y conocimiento, como la asistencia en software, hardware, telecomunicaciones y automatización industrial. Estos sistemas pueden ser chatbots basados en reglas, que siguen flujos predefinidos para resolver problemas comunes, o sistemas con inteligencia artificial, que analizan las consultas del usuario y generan respuestas adaptadas al contexto específico del problema.

Los chatbots híbridos combinan la automatización con la intervención de técnicos humanos en casos más complejos, asegurando una respuesta rápida sin perder la capacidad de gestionar situaciones avanzadas. También existen voicebots técnicos, útiles en centros de atención telefónica para diagnosticar problemas y ofrecer soluciones sin necesidad de intervención humana inmediata.

2. **Aplicaciones en negocios técnicos**

- **Soporte técnico automatizado:** Los chatbots pueden responder a preguntas frecuentes sobre configuraciones, errores y procedimientos de reparación. Se integran con bases de datos de conocimientos y sistemas de tickets para ofrecer soluciones rápidas sin la intervención de un agente.
- **Diagnóstico de incidencias:** Permiten guiar a los usuarios a través de procesos de diagnóstico, recopilando información sobre el problema y sugiriendo soluciones. Algunos sistemas avanzados pueden analizar logs o datos en tiempo real para detectar fallos específicos.
- **Gestión de mantenimiento y revisiones:** En sectores como la industria y la tecnología, los chatbots pueden programar mantenimientos, enviar recordatorios de revisiones técnicas y generar reportes de estado de equipos.
- **Asistencia en la implementación de software y hardware:** Facilitan la configuración de sistemas, responden preguntas sobre compatibilidad y ayudan en la instalación de herramientas, minimizando el tiempo de espera para los usuarios.
- **Asistencia en comprensión e información sobre legislación:** Una vez entrenados con legislación sobre la que se quiere actuar, permiten responder preguntas relativas a normativas, y modificar las explicaciones para que sean más sencillas de entender. Esto no sustituye a la legislación. Solo facilita la comprensión y la indexación.

3. **Herramientas para implementar chatbots técnicos:**

Herramientas open source: Mismas opciones que en chats comerciales. Depende de los documentos de entrenamiento.

Herramientas de pago

- **Zendesk bot:** Especializado en atención técnica, se integra con plataformas de servicio al cliente y sistemas de tickets, permitiendo gestionar incidencias de manera eficiente y escalar problemas a técnicos humanos cuando sea necesario.
- **Intercom:** Chatbot con capacidades avanzadas de soporte técnico que permite la automatización de respuestas en tiempo real, el análisis de consultas y la personalización de interacciones según el historial del usuario.
- **Freshchat:** Solución de Freshdesk que combina chatbots y agentes humanos para gestionar consultas técnicas. Permite el seguimiento de tickets y la integración con bases de conocimiento para ofrecer respuestas precisas.
- **IBM watson assistant:** Chatbot con inteligencia artificial avanzada, ideal para la asistencia técnica en empresas con necesidades complejas. Puede procesar grandes volúmenes de información y ofrecer respuestas basadas en el análisis de datos históricos y en tiempo real.

4. Conclusiones

Los chatbots técnicos han transformado la manera en que las empresas gestionan el soporte y la resolución de incidencias, optimizando tiempos de respuesta y mejorando la eficiencia operativa. Gracias a la automatización, pueden diagnosticar problemas, guiar a los usuarios en la solución de fallos y gestionar solicitudes sin intervención humana inmediata.

En un entorno donde la tecnología evoluciona rápidamente, contar con un chatbot técnico bien implementado no solo reduce costos y tiempos de inactividad, sino que también mejora la experiencia del usuario. Su capacidad para integrarse con bases de datos, sistemas de tickets y plataformas de monitoreo lo convierte en un aliado clave para cualquier empresa que busque un soporte técnico eficiente y escalable.

3.5.8 Automatizaciones técnicas en ingeniería y arquitectura

3.5.8.1.1 Conversión de información CAD información BIM

La transformación de modelos CAD (diseño asistido por computadora) en modelos BIM (modelado de información para la construcción) representa un avance fundamental en la industria de la arquitectura, ingeniería y construcción. Mientras que CAD ha sido la herramienta estándar durante décadas para la elaboración de planos bidimensionales y modelos tridimensionales básicos, BIM lleva la representación digital a un nivel superior al integrar datos inteligentes en los elementos del modelo, permitiendo una gestión más eficiente de los proyectos de construcción.

¿En qué consiste la conversión de CAD a BIM?

Este proceso de conversión no es simplemente una traducción de formatos, sino una reconstrucción del modelo con un enfoque basado en la información. En un entorno BIM, cada componente arquitectónico o estructural no solo tiene una forma y posición en el espacio, sino también atributos específicos, como materiales, costos, tiempos de ejecución y mantenimiento. Esto permite a los profesionales simular, analizar y optimizar cada fase del ciclo de vida de un edificio, desde su concepción hasta su operación y eventual demolición.

Desafíos del proceso de conversión

Sin embargo, la transición de CAD a BIM ha presentado varios desafíos a lo largo de los años. Uno de los principales problemas ha sido la falta de automatización en la conversión, lo que obliga a los modeladores a reconstruir los diseños CAD manualmente en software BIM, consumiendo grandes cantidades de tiempo y recursos. Además, los planos CAD suelen carecer de la información detallada que exige un modelo BIM, lo que requiere la interpretación y enriquecimiento manual de los datos, aumentando el riesgo de errores y omisiones. Otro obstáculo ha sido la interoperabilidad entre diferentes formatos y software, lo que puede generar inconsistencias y pérdida de información durante el proceso de conversión.

¿Qué papel juega la inteligencia artificial?

Afortunadamente, la inteligencia artificial (IA) ha comenzado a transformar esta transición, ofreciendo soluciones innovadoras que automatizan la conversión, mejoran la precisión y reducen el tiempo necesario para migrar de CAD a BIM. A continuación, exploraremos los métodos más avanzados basados en IA que están revolucionando este proceso.

Métodos de conversión basados en IA

- **Plugins de IA para transformar archivos CAD a Revit:** Estos complementos utilizan algoritmos de IA para analizar planos 2D en formatos como DWG, PDF o incluso imágenes JPG, y generan automáticamente modelos 3D en Revit. Por ejemplo, el plugin desarrollado por Diroots para kingspan isoeste automatiza la conversión de archivos DWG en modelos 3D de Revit, incluyendo la creación de dimensiones, leyendas y vistas en láminas. Este proceso reduce significativamente el tiempo y esfuerzo en comparación con la modelación manual. Otros plugins son **Bimdex, Plans2Bim, o Cad-to-BIM translator de Amc Bridge.**

- **Autodesk ai:** Autodesk ha incorporado funcionalidades de IA en sus productos para optimizar los flujos de trabajo de diseño y construcción. Autodesk forma, por ejemplo, ofrece análisis en tiempo real que permiten a los profesionales tomar decisiones informadas basadas en simulaciones predictivas. Aunque no se centra exclusivamente en la conversión de CAD a BIM, estas herramientas mejoran la eficiencia y precisión en la transición entre plataformas.
- **Ahmsys: Sistema automatizado de modelado hvac:** Ahmsys es un sistema diseñado para automatizar la generación de modelos 3D de sistemas de calefacción, ventilación y aire acondicionado (hvac) a partir de dibujos CAD 2D. Utiliza técnicas avanzadas para extraer información esencial de los planos 2D y crear modelos 3D detallados, reduciendo el tiempo dedicado al proceso BIM y mejorando la precisión en la representación de sistemas mecánicos.
- **Wisebim para autodesk Revit:** Wisebim es una herramienta que emplea IA para convertir planos 2D en elementos de revit de forma rápida y precisa. Al importar un plano arquitectónico en 2D, la IA detecta automáticamente elementos como muros, ventanas, puertas y los transforma en objetos 3D dentro de Revit. este proceso agiliza la creación de modelos BIM a partir de documentación existente en 2D.
- **Bricscad BIM con Bimify:** Bricscad bim ofrece una función llamada Bimify, que utiliza IA para automatizar la clasificación de elementos y la generación de modelos BIM a partir de geometrías 3D. Esta herramienta analiza el diseño y asigna automáticamente categorías BIM a los diferentes componentes, facilitando la transición de un modelo CAD a un entorno BIM sin necesidad de una remodelación completa.

3.5.8.1.2 Diseño generativo de objetos 3d

El **diseño generativo** es un enfoque computacional que utiliza algoritmos de inteligencia artificial y optimización para crear y evaluar múltiples soluciones de diseño en función de restricciones y objetivos específicos. En el ámbito de **ingeniería y diseño CAD**, esta metodología permite generar geometrías optimizadas que mejoran la eficiencia estructural, reducen costos de producción y minimizan el consumo de materiales.

¿Cómo funciona el diseño generativo en CAD y BIM?

El proceso de diseño generativo comienza con la **definición de parámetros y restricciones**. En esta fase, los ingenieros y diseñadores establecen las condiciones del diseño, como dimensiones, cargas estructurales, peso, materiales disponibles y requisitos de fabricación. Además, pueden incluirse criterios de sostenibilidad y costos para asegurar que la solución resultante sea viable y eficiente.

Una vez definidos los parámetros, la IA y los algoritmos de optimización entran en acción en la **generación de múltiples alternativas**. A partir de los datos ingresados, el sistema genera cientos o miles de variantes del diseño que cumplen con los criterios establecidos. Cada alternativa se analiza en función de factores clave como resistencia, aerodinámica, distribución del peso y consumo de material, permitiendo explorar una amplia gama de posibilidades que podrían no haber sido consideradas manualmente.

El siguiente paso es la **optimización y selección de la mejor solución**. Todas las opciones generadas son evaluadas mediante métricas de rendimiento para identificar cuáles son las más adecuadas. Se descartan los diseños menos eficientes y se refinan los mejores candidatos, realizando ajustes en función de nuevas simulaciones y requerimientos adicionales. De este modo, se logra un diseño final que maximiza la eficiencia y minimiza el desperdicio de recursos.

Aplicaciones del diseño generativo

El diseño generativo ha transformado varias industrias al proporcionar soluciones innovadoras que antes eran difíciles de alcanzar con métodos tradicionales. Algunas aplicaciones incluyen:

- **Optimización estructural en arquitectura e ingeniería civil:** Se utiliza para diseñar edificaciones con formas eficientes, reduciendo material sin comprometer la seguridad estructural. Ejemplo: la empresa Autodesk ha trabajado en edificios con estructuras generativas que mejoran la distribución de cargas y reducen el desperdicio de materiales. Una extensión de ello es DynamoBIM.

- **Diseño de piezas mecánicas y automotrices:** En la industria automotriz, el diseño generativo se usa para optimizar componentes de vehículos, reduciendo peso sin perder resistencia. Ejemplo: General Motors ha utilizado Autodesk Generative Design para crear soportes de motor ultraligeros con menos material y mayor durabilidad.
- **Fabricación aditiva (impresión 3D):** La combinación de diseño generativo y manufactura aditiva permite la creación de piezas con geometrías complejas imposibles de fabricar con métodos tradicionales. Se aplica en sectores como aeronáutica, donde cada gramo de reducción en peso se traduce en ahorro de combustible.
- **Ingeniería biomédica y prótesis personalizadas:** Se emplea para diseñar implantes ortopédicos y prótesis con formas adaptadas a cada paciente, mejorando la ergonomía y funcionalidad.

Herramientas más utilizadas para el diseño generativo:

1. **Autodesk Fusion 360 (Generative Design)**

   Fusion 360 es una de las plataformas más avanzadas para el diseño generativo, integrando herramientas de inteligencia artificial para la optimización de geometría en ingeniería y manufactura. Sus principales funciones incluyen:

   - **Generación automática de múltiples soluciones de diseño** basadas en restricciones de materiales, cargas y procesos de fabricación.
   - **Integración con manufactura aditiva y sustractiva**, permitiendo la exportación de modelos optimizados listos para impresión 3D, mecanizado CNC y otros métodos de producción.
   - **Análisis estructural y simulación** para evaluar la resistencia y comportamiento de las diferentes opciones generadas.
   - **Optimización topológica**, eliminando material innecesario para reducir peso sin comprometer la integridad estructural.
   - **Compatibilidad con CAD tradicional**, permitiendo importar y exportar archivos en formatos como STEP, IGES y STL.

2. **Grasshopper para Rhino**

   Grasshopper es un plugin paramétrico para Rhino que permite la creación de modelos generativos mediante programación visual. Sus funciones principales incluyen:

   - **Modelado algorítmico y paramétrico**, permitiendo generar geometrías complejas mediante ecuaciones y reglas definidas por el usuario.
   - **Automatización de procesos de diseño**, facilitando la exploración de múltiples variantes de un modelo sin intervención manual.
   - **Compatibilidad con simulaciones estructurales y análisis ambientales**, ideal para arquitectura, diseño industrial y urbanismo.
   - **Integración con herramientas de fabricación digital**, como impresión 3D y corte CNC, para la producción directa de modelos generados.

3. **SolidWorks (Topology Optimization)**

   SolidWorks incorpora funciones de optimización topológica dentro de su entorno de simulación, enfocadas en la ingeniería mecánica y el desarrollo de productos. Sus funciones clave incluyen:

   - **Reducción de peso y optimización de diseño estructural**, eliminando material innecesario en piezas sin comprometer la resistencia mecánica.
   - **Integración con análisis de elementos finitos (FEA)**, permitiendo evaluar la deformación y distribución de esfuerzos en los modelos generados.

- **Compatibilidad con manufactura aditiva**, optimizando modelos para impresión 3D con estructuras ligeras y eficientes.
- **Generación automática de superficies suavizadas**, transformando diseños optimizados en modelos listos para producción.

4. **CATIA de Dassault Systèmes**

CATIA es una de las herramientas más avanzadas para diseño en la industria aeroespacial, automotriz y de manufactura de precisión. Su módulo de diseño generativo incluye:

- **Simulación avanzada y optimización estructural**, aplicable a componentes aeronáuticos, automotrices y mecánicos.
- **Diseño basado en restricciones físicas y funcionales**, permitiendo generar soluciones que cumplen con requisitos específicos de rendimiento.
- **Integración con simulación de fluidos y aerodinámica**, esencial para el desarrollo de vehículos y componentes sometidos a cargas dinámicas.
- **Colaboración en la nube con la plataforma 3DEXPERIENCE**, facilitando el trabajo en equipo en proyectos de gran escala.

Estas herramientas representan algunas de las soluciones más avanzadas en diseño generativo, aplicables a sectores como arquitectura, manufactura, ingeniería mecánica y urbanismo. La integración de inteligencia artificial y algoritmos de optimización permite a los diseñadores explorar nuevas posibilidades y crear productos más eficientes, sostenibles y adaptados a necesidades específicas.

3.5.8.1.3 Conversión de escaneo LiDAR a CAD y multimedia

La representación digital del mundo físico ha avanzado significativamente con el desarrollo de tecnologías como LiDAR (Light Detection and Ranging) y la fotogrametría. Estas herramientas permiten capturar con gran precisión la forma y características de objetos y entornos, facilitando su conversión en modelos tridimensionales. Gracias a los escáneres 3D y al uso de software especializado, se ha conseguido una revolución en diversos sectores como la ingeniería, la arquitectura y la arqueología.

A continuación, se exploran estas tecnologías, las herramientas que facilitan su uso y las aplicaciones prácticas que pueden transformar el futuro del diseño digital.

¿Qué es la tecnología LiDAR?

LiDAR es un método de medición que utiliza pulsos láser para calcular la distancia entre un sensor y un objeto o superficie. Este sistema genera una nube de puntos, que es una representación tridimensional de la escena capturada. Cada punto registrado tiene información sobre su posición en el espacio, lo que permite la creación de modelos digitales de alta precisión.

Se emplea en sectores como la topografía, la planificación urbana, la cartografía y la conducción autónoma, proporcionando datos detallados en menos tiempo y con mayor exactitud que los métodos tradicionales.

¿Qué es la fotogrametría?

La fotogrametría es un proceso mediante el cual se analizan múltiples fotografías de un objeto o paisaje para extraer información espacial y construir un modelo tridimensional. Utilizando el análisis de la perspectiva y algoritmos de reconstrucción, es posible obtener representaciones 3D precisas sin necesidad de sensores especializados.

Esta técnica es ampliamente utilizada en arqueología, restauración de patrimonio, modelado de terrenos y recreación de estructuras arquitectónicas.

Combinación de LiDAR y fotogrametría para crear archivos 3D

La combinación de ambas tecnologías permite obtener modelos más detallados y con texturas más realistas. Mientras que el LiDAR captura la geometría precisa mediante nubes de puntos, la fotogrametría aporta texturas y detalles visuales mediante imágenes de alta resolución.

Los procesos típicos incluyen:

1. **Captura de datos LiDAR**, obteniendo una nube de puntos con información precisa de la geometría.
2. **Fotografía del entorno**, obteniendo imágenes detalladas para texturizar el modelo.
3. **Procesamiento y fusión de datos**, en software especializado que combina ambos conjuntos de información para generar un modelo 3D enriquecido.

¿Cómo funcionan los escáneres 3D?

Los escáneres 3D utilizan diferentes tecnologías para capturar la forma y los detalles de un objeto o entorno. Existen tres tipos principales:

- **Escáneres LiDAR**: Emiten pulsos láser y calculan la distancia del rebote para generar una nube de puntos detallada.
- **Escáneres de luz estructurada**: Proyectan patrones de luz sobre una superficie y analizan las deformaciones para calcular la profundidad.
- **Escáneres basados en fotogrametría**: Utilizan múltiples imágenes desde distintos ángulos para calcular la geometría tridimensional.

Gracias a estos dispositivos, se ha logrado digitalizar con gran precisión objetos, terrenos y edificios para análisis, restauración o modelado en realidad virtual y aumentada.

¿Qué implican estos avances para la humanidad?

El desarrollo de estas tecnologías ha permitido grandes avances en diversos sectores:

- **Medicina y prótesis**: Creación de modelos personalizados para intervenciones quirúrgicas y prótesis.
- **Conservación del patrimonio**: Digitalización de monumentos históricos en riesgo de deterioro.
- **Industria cinematográfica y videojuegos**: Generación de entornos realistas para producciones digitales.
- **Agricultura y ecología**: Análisis de terrenos y monitoreo de deforestación con modelos geoespaciales.

La capacidad de capturar y recrear el mundo en 3D está transformando la forma en que interactuamos con la información visual y espacial.

Herramientas para procesar nubes de puntos y fotografías y convertirlas en archivos 3D

- **CloudCompare:** Un software de código abierto diseñado para procesar nubes de puntos 3D y mallas triangulares. Ofrece herramientas avanzadas para la segmentación, comparación de modelos y análisis de cambios en estructuras a lo largo del tiempo. Es ampliamente utilizado en la investigación geoespacial y en la ingeniería para la inspección de infraestructuras.
- **MeshLab:** Este software es ideal para la edición y reparación de mallas 3D generadas a partir de nubes de puntos. Incluye algoritmos avanzados de filtrado y optimización para mejorar la calidad de los modelos, eliminando ruido y corrigiendo geometrías incorrectas. También es compatible con múltiples formatos de archivo 3D.
- **ArcGIS Pro:** Especializado en análisis geoespacial, ArcGIS Pro permite integrar datos LiDAR con sistemas de información geográfica (GIS). Sus herramientas avanzadas permiten la generación de modelos digitales del terreno, segmentación automática de edificios y extracción de características de entornos urbanos.
- **PhotoModeler:** Este software de fotogrametría permite convertir imágenes en modelos tridimensionales precisos. Se utiliza en sectores como la arqueología, la inspección industrial y la

topografía para generar reconstrucciones detalladas de estructuras y objetos. Su sistema de calibración garantiza alta precisión en los resultados.

- **OpenDroneMap:** Ideal para el procesamiento de imágenes capturadas por drones, OpenDroneMap permite la generación de modelos 3D, mapas de elevación y ortomosaicos a partir de fotografías aéreas. Es ampliamente utilizado en la cartografía y el monitoreo de infraestructuras.

Aplicaciones móviles que complementan estas herramientas

- **Polycam:** Permite capturar escaneos 3D en color de alta calidad utilizando LiDAR. Su motor de procesamiento optimiza la calidad del modelo y permite exportar en múltiples formatos para integrarse con software CAD y BIM.
- **KIRI Engine:** Se trata de una aplicación móvil que permite generar mallas 3d y planos utilizando la cámara del móvil y el sensor LiDAR, siendo posible
- **3D Scanner App:** Con herramientas de medición y modelado en tiempo real, esta aplicación es ideal para profesionales en arquitectura e ingeniería que necesitan capturar dimensiones precisas de objetos o espacios.
- **3D Scan Pro:** Aplicación avanzada que no solo captura modelos 3D, sino que también permite editarlos en el móvil, ajustando detalles y mejorando la calidad de la malla antes de exportar a plataformas profesionales.
- **Qlone:** Perfecta para modelado de objetos pequeños, su sistema basado en realidad aumentada y una alfombrilla especial permite obtener escaneos detallados con gran precisión.
- **Magicplan:** Utilizado en construcción y diseño de interiores, genera planos detallados en 2D y 3D a partir de escaneos LiDAR. Su integración con CAD facilita el trabajo de arquitectos y diseñadores.

Las tecnologías LiDAR y fotogrametría han revolucionado la captura de datos espaciales, permitiendo la creación de modelos 3D con gran precisión y detalle. Gracias a herramientas avanzadas y aplicaciones móviles, cada vez más profesionales pueden aprovechar sus beneficios en diversos sectores. A medida que estas tecnologías evolucionen, su accesibilidad y funcionalidad continuarán expandiéndose, facilitando aplicaciones innovadoras en la vida cotidiana y profesional.

3.5.9 Otras automatizaciones técnicas de la IA

3.5.9.1 Residual Corrective Diffusion Model (CorrDiff)

Herramienta de inteligencia artificial diseñada para mejorar la precisión de las predicciones meteorológicas a escala de kilómetros a partir de datos climáticos globales de menor resolución. Se centra en el problema del downscaling atmosférico, es decir, la conversión de datos climáticos de baja resolución (25 km) a predicciones detalladas a 2 km de resolución.

Entradas: CorrDiff recibe como entrada datos meteorológicos de baja resolución tomados de modelos globales de reanálisis (como ERA5), que contienen información sobre temperatura, velocidad del viento, presión y humedad a diferentes niveles atmosféricos. Específicamente, el modelo usa un conjunto de 12 canales de entrada con una resolución de 36x36 píxeles.

Modo de actuación: Para mejorar las predicciones de alta resolución, CorrDiff emplea una arquitectura de dos pasos:

1. **Predicción de la media (regresión con UNet):** Un modelo basado en redes neuronales convolucionales (UNet) predice la versión suavizada de los datos de alta resolución a partir de los datos globales de entrada.
2. **Corrección mediante difusión (CorrDiff):** Se aplica un modelo de difusión probabilístico para corregir los errores de la predicción inicial y generar detalles más realistas en fenómenos meteorológicos complejos, como tifones y frentes fríos.

Este proceso ayuda a restaurar estructuras atmosféricas importantes y mejorar la precisión de fenómenos meteorológicos clave.

Salidas: El modelo genera predicciones de alta resolución de temperatura, vientos a 10 metros y reflectividad de radar, lo que permite prever fenómenos como precipitaciones intensas, tormentas y tifones con mayor precisión. CorrDiff también produce distribuciones probabilísticas para cuantificar la incertidumbre en las predicciones.

En resumen, CorrDiff es una herramienta de IA que mejora significativamente la resolución y precisión de los modelos meteorológicos globales, proporcionando pronósticos detallados a nivel regional con un menor costo computacional en comparación con las simulaciones numéricas tradicionales.

3.5.9.2 Nvidia cuOpt

NVIDIA cuOpt es un microservicio de inteligencia artificial diseñado para optimizar la logística y la planificación de rutas, ayudando a las empresas a reducir costos, aumentar ingresos y minimizar emisiones de carbono. Utiliza algoritmos avanzados acelerados por GPU para resolver problemas complejos de enrutamiento en tiempos de respuesta de menos de un segundo, permitiendo una toma de decisiones dinámica y basada en datos.

Entradas: El sistema recibe información clave sobre:

- **Flotas de vehículos** (capacidad, disponibilidad, consumo de combustible, restricciones de emisión).
- **Clientes y ubicaciones** (demandas específicas, ventanas de tiempo, restricciones geográficas).
- **Condiciones en tiempo real** (tráfico, nuevas solicitudes, interrupciones en la cadena de suministro).
- **Objetivos de optimización** (minimización de costos, reducción de distancias, balanceo de carga, cumplimiento de SLAs).

Metodología de trabajo: cuOpt emplea **heurísticas, metaheurísticas y optimización matemática** para resolver variantes del Vehicle Routing Problem (VRP), como:

Capacitated VRP (CVRP): Optimización de rutas considerando la capacidad de carga de los vehículos.

Capacitated VRP con ventanas de tiempo (CVRTW): Planificación que respeta horarios de entrega específicos.

Pickup and Delivery con ventanas de tiempo (PDPTW): Coordinación de recolección y entrega dentro de límites de tiempo.

Al aprovechar la aceleración por GPU, cuOpt permite la optimización en tiempo real, adaptándose dinámicamente a cambios en las condiciones operativas y mejorando la eficiencia logística.

Salidas: El sistema genera soluciones optimizadas en diferentes escenarios, como:

- **Última milla (Last Mile Delivery):** Definición de rutas óptimas para entregas de comercio electrónico, distribución B2B y abastecimiento de producción.
- **Optimización de despachos:** Asignación eficiente de técnicos y vehículos para servicios de campo, transporte y respuesta a emergencias.
- **Recolección y entrega (Pickup and Delivery):** Optimización de rutas para transporte de mercancías, servicios de ride-hailing, distribución de paquetes y logística interna.

En resumen, NVIDIA cuOpt proporciona una solución poderosa y flexible para la planificación y optimización logística, mejorando la eficiencia operativa y la sostenibilidad de las empresas.

3.5.9.3 EVO2-40B

NVIDIA evo2-40b es un modelo de inteligencia artificial diseñado para la generación de lenguaje natural y otras aplicaciones avanzadas, ofreciendo respuestas precisas y contextuales en tiempo real. Desarrollado sobre una arquitectura transformer con 40 mil millones de parámetros y acelerado por GPU, permite a las empresas y desarrolladores integrar capacidades de procesamiento de lenguaje en una amplia variedad de sistemas.

Entradas: El sistema recibe información clave sobre:

- Solicitudes en lenguaje natural (preguntas, instrucciones y contextos de conversación).
- Parámetros de configuración (temperatura, top-k, longitud máxima de la respuesta, etc.).
- Datos contextuales e históricos que ayudan a personalizar las respuestas.
- Información de dominio específico para adaptar el modelo a tareas especializadas.

Metodología de trabajo: Evo2-40b emplea una arquitectura transformer optimizada, que se beneficia de técnicas de preentrenamiento en grandes corpus de datos y ajustes finos para tareas concretas. Utiliza mecanismos de atención para capturar relaciones semánticas y sintácticas en el lenguaje, garantizando respuestas coherentes y adaptativas. La aceleración por GPU potencia su rendimiento, permitiendo el procesamiento en tiempo real y la escalabilidad para diversas cargas operativas.

Salidas: El sistema genera salidas en lenguaje natural que incluyen:

- Respuestas coherentes y contextuales para aplicaciones conversacionales.
- Generación automática de contenido, resúmenes y traducciones.
- Análisis y extracción de insights a partir de datos textuales.
- Apoyo en la toma de decisiones mediante interpretaciones precisas del lenguaje.

En resumen, NVIDIA evo2-40b ofrece una solución robusta y escalable para la generación de lenguaje natural, combinando una arquitectura avanzada y la eficiencia de la aceleración por GPU para transformar la manera en que las empresas integran inteligencia artificial en sus procesos.

3.6 Divulgación de IA

En el ecosistema de la inteligencia artificial, surgen plataformas especializadas en la **difusión y centralización de herramientas de IA**, facilitando el acceso a soluciones innovadoras para desarrolladores, empresas y usuarios en general. Estas plataformas actúan como **directorios organizados**, donde se pueden descubrir, comparar y utilizar aplicaciones basadas en IA sin necesidad de una configuración técnica compleja.

3.6.1 Repositorios

3.6.1.1 Toolify

Plataformas como **Toolify.ai** ofrecen un catálogo extenso de herramientas impulsadas por IA, clasificadas según su función, desde **generación de texto e imágenes** hasta **asistentes de código, análisis de datos y automatización de tareas empresariales**. Gracias a estas soluciones, los usuarios pueden encontrar la herramienta adecuada para sus necesidades sin perder tiempo explorando múltiples fuentes.

Tabla 8: Herramientas impulsadas por IA y clasificadas por uso

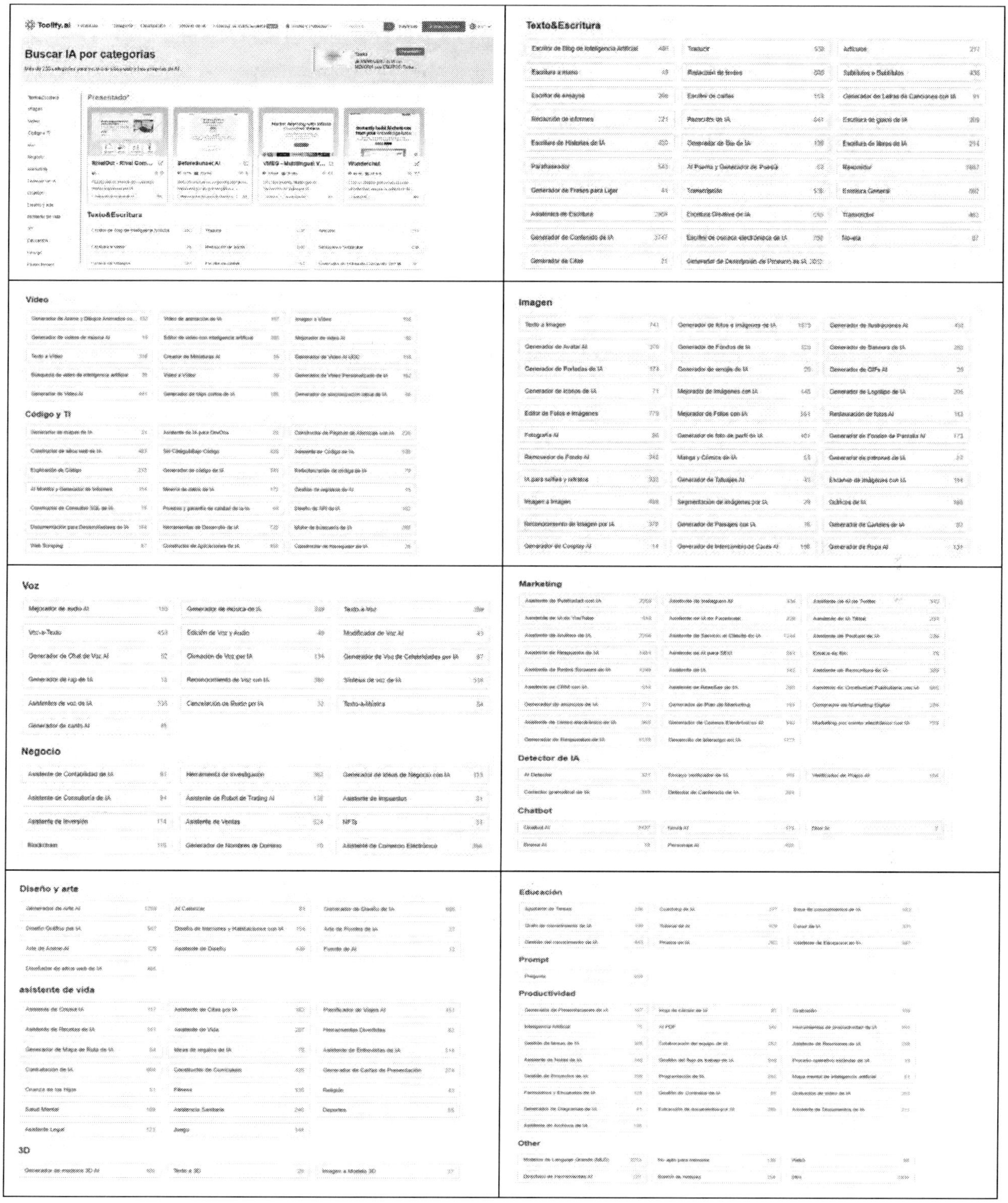

3.6.1.2 Build NVIDIA Models

NVIDIA Build es un ecosistema que proporciona un conjunto de herramientas, frameworks y microservicios de IA diseñados para facilitar el desarrollo, implementación y escalabilidad de soluciones basadas en inteligencia artificial y aprendizaje profundo. Suele incluir recursos optimizados para su integración en entornos acelerados por GPU.

Abarca herramientas: **desarrollo de modelos de IA:** entrenamiento, ajuste fino e inferencia con modelos avanzados; **procesamiento de lenguaje natural:** generación de texto, chatbots y análisis de datos; **visión por computadora:** detección de objetos, reconocimiento facial y análisis de imágenes; **automatización industrial:** integración en sistemas de control y robótica.

Además, permite la optimización para GPUs de NVIDIA acelerando la ejecución de cargas de trabajo, y con despliegues, desde herramientas para su uso en modo local, como nubes de supercomputación.

Tabla 9: Repositorio de herramientas de IA de NVIDIA.

3.6.2 Canales audio visuales

El uso de canales audiovisuales de IA se justifica por su capacidad de automatizar, optimizar y personalizar la generación de contenido, permitiendo la creación de videos, audios y gráficos con calidad profesional y a gran escala. Su aplicación beneficia diversas industrias como el entretenimiento, la educación y el marketing. Atendiendo al ritmo de actualización tecnológico. que requieren este tipo de medios se plantean un pequeño listado de contenidos en español.

- https://www.youtube.com/@DotCSVLab
- https://www.youtube.com/@gustavo-entrala
- IA y la ilusión de inteligencia (www.coursera.org)
- IA para educadores (https://learn.microsoft.com/es-es/training/paths/ai-education/)

Figura 44: Ejemplo de contenidos Massive Open Online Course (MOOC) en IA

3.7 *Propiedad intelectual de contenidos y proyectos*

Asegurar la propiedad de contenidos y proyectos desarrollados con inteligencia artificial (IA) implica una combinación de medidas legales, contractuales y técnicas. Esta son los distintos tipos de registro actuales:

1. **Derechos de autor (copyright)**

- En muchos países, los derechos de autor protegen obras originales creadas por humanos, pero los contenidos generados completamente por IA pueden no estar protegidos de la misma manera.
- Para reclamar derechos de autor sobre una obra creada con IA, es recomendable que haya intervención humana significativa en la producción.
- Puedes registrar tu obra en las oficinas de propiedad intelectual de tu país si consideras que hay suficiente autoría humana.

2. **Patentes**

- Si el proyecto implica una invención novedosa (como un algoritmo único o una innovación en IA), puedes solicitar una patente.
- Las patentes suelen requerir que la invención sea nueva, no obvia y tenga aplicación industrial.
- En muchos países, las patentes no pueden concederse a IA como inventoras, pero sí a humanos o empresas que la desarrollen.

3. **Marcas registradas**

- Si el proyecto incluye nombres, logotipos o elementos distintivos, puedes registrarlos como marca comercial.
- Esto protege el nombre de tu aplicación o empresa para evitar que otros lo usen en el mismo sector.

4. **Acuerdos contractuales**

- Si trabajas con desarrolladores, diseñadores o colaboradores, es fundamental establecer contratos de propiedad intelectual que aclaren quién posee los derechos sobre el contenido generado.
- Los contratos de trabajo y acuerdos de confidencialidad (NDA) pueden ayudar a proteger la propiedad.

5. **Licencias de uso**

- Si se planea compartir o vender el contenido o software, puedes establecer términos de uso con licencias que definan cómo otros pueden utilizarlo.
- Ejemplos incluyen licencias Creative Commons para contenido y licencias de software como MIT, Apache o GPL.

6. **Registro y documentación**

- Guarda registros de las fechas de creación, versiones del código y documentación de desarrollo para demostrar la autoría.
- Puedes usar servicios de "blockchain" para certificar la propiedad y la originalidad del contenido.

7. **Depósito notarial o registro privado**

- Se puede registrar el código fuente, documentos o contenido en una notaría o en plataformas especializadas que certifiquen la autoría y fecha de creación.

Si se desarrolla una aplicación basada en IA, lo mejor es combinar varias de estas estrategias para una protección más completa.

3.7.1.1 Propiedad intelectual tradicional y su relación con la IA

La relación entre la **propiedad intelectual tradicional (PI)** y la **inteligencia artificial (IA)** es cada vez más relevante debido al impacto de la IA en la creación, uso y protección de obras e invenciones. Esta relación se justifica en varios aspectos clave:

Creación de Obras por IA y Derechos de Autor

- La PI tradicional protege obras literarias, artísticas y científicas creadas por humanos. Sin embargo, las IA generativas pueden producir textos, música, imágenes y código sin intervención directa humana.
- Esto plantea la cuestión de **quién es el titular de los derechos de autor**: el programador, el usuario o si la obra carece de protección.

Patentes e Innovación Tecnológica

- La IA se usa para descubrir nuevos fármacos, materiales y algoritmos, lo que plantea dudas sobre si una IA puede ser reconocida como inventora.
- En muchos países, la PI exige que un inventor sea humano, lo que genera debate sobre si se deben actualizar las leyes.

Marcas y Diseño Industrial

- La IA puede generar nombres de marcas y logotipos, lo que afecta la originalidad y exclusividad de los diseños protegidos por PI.
- Además, los deepfakes y la IA pueden crear imitaciones de marcas y productos, afectando su autenticidad.

Uso Justo y Plagio

- Los sistemas de IA entrenan con datos existentes, muchas veces protegidos por PI. Esto genera disputas sobre si el uso de estos datos constituye una infracción o si se ampara en excepciones como el uso justo.
- Algunas industrias han demandado a empresas de IA por usar sus contenidos sin autorización.

Protección de Datos y Ética

- La PI tradicional protege la información confidencial y los secretos comerciales, pero la IA puede facilitar la ingeniería inversa y la generación de contenido similar, desafiando estas protecciones.

Se amplía a continuación elementos típicos de los derechos de autor

3.7.1.1.1 ISBN (International Standard Book Number)

El ISBN (International Standard Book Number) es un identificador único para libros que facilita su comercialización y distribución. Según CEDRO, cada edición o formato diferente de una obra requiere un ISBN distinto. Por ejemplo, una reedición con cambios significativos o una traducción a otro idioma necesitará un nuevo ISBN. Sin embargo, una simple reimpresión sin modificaciones no requiere un nuevo número. En España, la Agencia Española del ISBN es la encargada de asignar estos números. Obtener un ISBN también facilita la identificación y gestión de las obras en el mercado editorial, permitiendo una mejor organización y acceso a los libros por parte de librerías, bibliotecas y lectores.

3.7.1.1.2 Depósito legal y cuáles son sus ventajas

El depósito legal tiene como objetivo principal recopilar y preservar el patrimonio cultural e intelectual de un país. En España, esta obligación recae principalmente en los editores, quienes deben depositar un número determinado de copias de sus publicaciones en las oficinas de depósito legal correspondientes. Este proceso garantiza la conservación de las obras para futuras generaciones y facilita su acceso para investigación y consulta pública. Además, el depósito legal contribuye a la creación de registros bibliográficos nacionales, apoyando la catalogación y difusión de las publicaciones.

El depósito legal es obligatorio: Según la **Ley 23/2011 de depósito legal** en España, el depósito legal es obligatorio independientemente de si una publicación tiene o no un número de ISBN. La ley establece que todas las **publicaciones reproducidas en cualquier soporte y destinadas a su distribución o comunicación pública** están sujetas a la obligación de depósito legal. Esto incluye **libros, revistas, periódicos, material audiovisual y digital**, entre otro. Aunque el ISBN facilita la identificación y comercialización de los libros, el depósito legal tiene la finalidad de preservar el patrimonio bibliográfico del país.

¿Quién está obligado a realizar el depósito?

El editor es el principal responsable, aunque en su ausencia, la obligación puede recaer sobre el productor, impresor o autor autoeditado. El número de ejemplares a depositar varía según el tipo de publicación, y estos se deben entregar en las oficinas de depósito legal designadas antes de la distribución o venta. No cumplir con el depósito legal puede suponer sanciones para los responsables, incluyendo multas y la obligación de cumplir con la entrega

3.7.1.1.3 Proceso de alta como editorial

Para darse de alta como editorial en España, primero es necesario constituir la empresa legalmente. Esto implica elegir la forma jurídica adecuada, cumplimentar los documentos necesarios, redactar los estatutos y firmar la escritura pública ante notario. Es recomendable contar con un gestor que facilite el proceso administrativo y fiscal, asegurando el cumplimiento de todas las obligaciones legales.

Tras la constitución empresarial de la editorial, se deben gestionar aspectos específicos del sector. Uno de los más importantes es la obtención del Depósito Legal, obligatorio para todas las publicaciones en soporte físico, el cual se tramita en la oficina de depósito legal correspondiente a la provincia donde opera la editorial. Después, es importante formalizar contratos con los autores y colaboradores, definir las condiciones de edición y distribución, y cumplir con normativas relacionadas con propiedad intelectual y protección de datos. Siguiendo estos pasos, la editorial podrá operar de forma legal y competitiva en el mercado español.

Proceso de alta de un documento en editorial

Para dar de alta un libro en una editorial en España, primero es recomendable registrar la obra en la propiedad intelectual, aunque no es obligatorio. Este registro protege los derechos del autor y puede realizarse en el Registro de la Propiedad Intelectual de cada comunidad autónoma.

El siguiente paso es obtener un ISBN (International Standard Book Number), un identificador único para cada edición del libro. En España, este se gestiona a través de la Agencia Española del ISBN y facilita la distribución y venta en librerías y plataformas online. Aunque no es obligatorio, es altamente recomendable.

Si el libro se publicará en formato físico, la editorial debe solicitar el Depósito Legal, un trámite obligatorio en España que requiere entregar varios ejemplares a la oficina correspondiente. Estos se destinan a la conservación del patrimonio bibliográfico en bibliotecas públicas.

Después, la editorial trabaja en el diseño y producción del libro, incluyendo la maquetación, la creación de la portada y la impresión. Si se trata de una edición digital, se generan formatos como EPUB, MOBI o PDF.

Por último, se planifica la distribución y comercialización, ya sea a través de librerías, grandes superficies o plataformas digitales como Amazon o Google Books. Para los libros físicos, se puede contar con una distribuidora editorial que facilite su llegada a distintos puntos de venta.

3.7.1.1.4 Centro Español de Derechos Reprográficos (CEDRO)

En España, la protección de los derechos de propiedad intelectual es fundamental para garantizar la justa compensación y reconocimiento de autores y editores. En este contexto, el Centro Español de Derechos Reprográficos (CEDRO) juega un papel clave en la defensa y gestión colectiva de estos derechos. El CEDRO es una asociación sin ánimo de lucro que gestiona colectivamente los derechos de propiedad intelectual de autores y editores de libros, revistas, periódicos y partituras en España. Su objetivo principal es proteger y defender los intereses de sus socios, facilitando licencias para el uso legal de sus obras y garantizando una compensación justa por su utilización.

La propiedad intelectual, tal como la define CEDRO, se refiere a los derechos que la ley concede a los creadores sobre sus obras literarias y artísticas. Estos derechos incluyen la reproducción, distribución, comunicación pública y transformación de las obras. Aunque no es obligatorio registrar una obra para que esté protegida, CEDRO recomienda hacerlo para asegurar una prueba de autoría o titularidad. Registrar la obra proporciona una prueba cualificada de autoría y titularidad, lo que puede ser determinante en casos de disputas legales sobre la autoría o los derechos de explotación de la obra.

CEDRO también ofrece servicios de localización de titulares de derechos, facilitando el contacto con autores o editores cuando se requiere autorización para el uso de una obra. Este servicio es especialmente útil para quienes desean utilizar contenidos protegidos y necesitan obtener los permisos correspondientes, asegurando así el respeto a los derechos de autor y evitando posibles infracciones legales.

Además de las funciones previamente mencionadas, CEDRO lleva a cabo una importante función social. Destina el 20% de los derechos recaudados por copia privada y por préstamo público a acciones de asistencia, formación y promoción de autores y editores. Estas actividades se desarrollan directamente o en colaboración con asociaciones de autores y editores, con el objetivo de apoyar y fomentar la creación literaria y editorial en España.

En resumen, CEDRO no solo protege y gestiona los derechos de propiedad intelectual en España, sino que también ofrece una variedad de servicios y recursos para autores y editores, promoviendo la legalidad en el uso de las obras y contribuyendo al desarrollo y preservación del patrimonio cultural del país.

3.7.1.2 Complementación del registro: Registro en la BlockChain, tokenización y cadenas de bloques NFT.

3.7.1.2.1 Registro de un documento en la BlockChain

El registro de documentos en la blockchain consiste en almacenar un hash (una huella digital criptográfica) de un documento en una cadena de bloques. Esto permite verificar la autenticidad y la integridad del documento sin necesidad de almacenar su contenido completo en la blockchain.

¿Cómo funciona?

1. Se genera un hash único a partir del documento.
2. Se almacena este hash en una transacción dentro de la blockchain.
3. Cuando se necesite verificar la autenticidad del documento, se recalcula su hash y se compara con el registrado en la blockchain.

Ventajas que ofrece la BlockChain

Una de las principales ventajas del registro de documentos en la blockchain es su **inmutabilidad**. Una vez que un documento ha sido registrado, no puede ser alterado, lo que garantiza su integridad y evita manipulaciones. Esto resulta especialmente útil en sectores como el legal, financiero o educativo, donde la autenticidad de los documentos es fundamental.

Otra ventaja es la **prueba de autenticidad**. Al almacenar un hash del documento en la blockchain, se puede demostrar que existía en una fecha determinada sin necesidad de revelar su contenido completo. Esto facilita la verificación de contratos, certificados y otros documentos importantes.

Además, la **transparencia y descentralización** hacen que este sistema no dependa de una única entidad central para validar la autenticidad de los documentos. La información está distribuida en la red, lo que reduce el riesgo de censura o corrupción.

Desventajas que presenta

Sin embargo, este sistema también presenta algunas desventajas. Una de ellas es que **no almacena el documento en sí, sino únicamente su hash**. Esto significa que el usuario debe conservar el archivo original, ya que la blockchain solo permite verificar su autenticidad, pero no recuperar su contenido si se pierde.

Otro inconveniente es el **coste de transacción**. En muchas blockchains públicas, registrar un documento implica pagar una tarifa, que puede variar según la congestión de la red y la plataforma utilizada. Esto puede ser un factor limitante para quienes deseen registrar grandes volúmenes de documentos o realizar registros frecuentes.

3.7.1.2.2 Proceso de Tokenización

La tokenización es el proceso de convertir un activo real o digital en un token dentro de una blockchain. Este token representa la propiedad o el derecho sobre el activo y puede ser transferido de manera segura y transparente.

Ejemplos de activos potenciales de tokenización:

- **Bienes raíces:** Un inmueble puede dividirse en tokens, permitiendo la inversión fraccionada.
- **Activos financieros:** Acciones, bonos y otros instrumentos pueden representarse con tokens.
- **Obras de arte y propiedad intelectual:** Se pueden vender fracciones de una obra digital o física.

3.7.1.2.3 Tokens no fungibles (NFT)

Los NFTs (Non-Fungible Tokens) son tokens únicos e indivisibles que representan la propiedad de un activo digital o físico en la blockchain. A diferencia de las criptomonedas (como Bitcoin o Ethereum), que son intercambiables entre sí, cada NFT es único y no puede ser reemplazado por otro de igual valor.

Ejemplos de usos:

- Arte digital
- Coleccionables en videojuegos (objetos únicos dentro de un juego)
- Documentos y certificaciones digitales

Ventajas que permiten los NFTs

Una de las principales ventajas de los NFTs es la **propiedad verificable**. Gracias a la tecnología blockchain, es posible rastrear el origen y la autenticidad de cada NFT, asegurando que su titular es el único propietario legítimo. Esto es especialmente útil en el mundo del arte digital, donde antes era difícil demostrar la autoría y la exclusividad de una obra.

Otra ventaja importante es la **monetización** de contenido digital. Los NFTs permiten que artistas, creadores de contenido y desarrolladores vendan sus obras directamente al público sin necesidad de intermediarios. Esto les brinda un mayor control sobre sus creaciones y les permite obtener ingresos de forma más justa, incluso mediante royalties en ventas posteriores.

Desventajas que presentan

Sin embargo, los NFTs también presentan algunas desventajas. Una de ellas es el **impacto ambiental**. Muchas blockchains que soportan NFTs, como Ethereum en sus versiones anteriores, consumen grandes cantidades de energía debido al proceso de validación de transacciones. Esto ha generado preocupaciones sobre su sostenibilidad y el impacto en el medio ambiente.

Otra desventaja es la **falta de regulación**. Al tratarse de una tecnología relativamente nueva, no existen normativas claras en muchos países, lo que abre la puerta a fraudes, estafas y problemas legales en la compraventa de NFTs. Esto puede generar inseguridad en los compradores y dificultar su adopción masiva.

3.7.2 Licencias y gestión comercial

3.7.2.1 Licencias perpetuas offline de aplicaciones de escritorio

Las licencias de software perpetuas y offline, que no requieren conexión a internet para activarse o funcionar, enfrentan el desafío de evitar la distribución no autorizada o la piratería. Actualmente, las empresas utilizan varias técnicas para proteger sus programas sin depender de la verificación en línea. Algunas de las más comunes son:

1. **Claves de licencia únicas**
    - Cada copia del software se activa con una clave única generada por el proveedor.
    - La clave se vincula a características del hardware del usuario (como CPU, placa base o disco duro) para evitar su uso en múltiples dispositivos.
    - Algunos programas tienen sistemas de validación internos que detectan claves duplicadas.
2. **Bloqueo por hardware (dongles)**
    - Se utilizan llaves USB (dongles) que contienen la licencia y deben estar conectadas para que el software funcione.
    - Estas llaves incluyen cifrado y autenticación, dificultando la copia o emulación.
3. **Cifrado y ofuscación del código**
    - Se aplican técnicas de cifrado para ocultar partes del código del software y hacer más difícil su ingeniería inversa.
    - Se usa ofuscación para confundir a los hackers y evitar cracks.
4. **Activación offline con archivos de licencia**
    - Algunos programas permiten activar el software offline generando un archivo de licencia basado en el hardware del usuario.
    - Estos archivos suelen ser firmados digitalmente para evitar modificaciones fraudulentas.
5. **Protección con virtualización y máquinas virtuales**
    - Algunos sistemas ejecutan parte del software en una máquina virtual interna, dificultando su manipulación y pirateo.
    - Se pueden implementar chequeos para detectar ejecución en entornos de depuración.
6. **Restricción por hardware específico**
    - Algunas empresas venden software que solo funciona en dispositivos certificados o específicos (como maquinaria industrial o software médico).
7. **Watermarking (marca de agua) y rastreo de licencias**
    - Algunas versiones incluyen marcas de agua digitales en archivos generados con el software, permitiendo rastrear copias ilegales.
    - Se usan identificadores únicos en la licencia que pueden ser detectados si el software se filtra.

Ejemplos de uso

Las licencias perpetuas offline son comunes en software especializado que no requiere conexión a internet, como **AutoCAD LT**, que permite activación sin validaciones en línea, o **Adobe CS6**, la última versión de la suite de Adobe antes de su transición a suscripciones. También se encuentran en software industrial, como ciertos programas de **Siemens NX**, que dependen de dongles USB para operar. En el ámbito de los videojuegos, algunos títulos como **The Sims 4** (en su versión sin DRM en discos físicos) han sido lanzados con licencias perpetuas pero sin necesidad de conexión para su uso después de la activación inicial.

A pesar de estas técnicas, el software sin conexión a internet es más vulnerable a la piratería en comparación con las soluciones en la nube o con activación online. Por eso, muchas empresas han migrado a modelos basados en suscripción, licencias en la nube o activaciones periódicas que requieren conexión a Internet.

3.7.2.2 Licencias perpetuas online de aplicaciones de escritorio

Estas licencias requieren conexión a internet en algún momento para activarse o validar su uso. Son más seguras porque permiten que la empresa tenga control sobre las activaciones.

1. **Activación en línea con validación periódica**
   - Aunque la licencia sea "perpetua", el software puede requerir conexión ocasional para validar la clave.
   - Si se detecta un uso indebido (como la misma clave en múltiples dispositivos), la empresa puede **revocar la licencia**.
2. **Servidores de autenticación**
   - Algunas licencias funcionan con un **servidor de autenticación**, donde cada vez que el usuario abre el software, se verifica que tenga acceso.
   - Si el pago no se ha realizado o la clave se ha distribuido ilegalmente, el software se bloquea.
3. **Licencias por usuario con restricción de dispositivos**
   - Se asocia la licencia a una cuenta específica y se limita el número de dispositivos en los que se puede usar.
   - Si un usuario intenta activar la licencia en más dispositivos de los permitidos, la empresa puede tomar medidas (por ejemplo, pedir autenticación adicional o bloquear el acceso).
4. **Tokens de activación temporales**
   1. Algunos programas generan un **token de activación** que el usuario debe renovar cada cierto tiempo conectándose a internet.
   2. Esto permite que la empresa tenga cierto control sobre el uso, incluso en licencias perpetuas.
5. **Bloqueo por ubicación o red**
   - Se pueden aplicar restricciones por IP, país o red corporativa.
   - Si una licencia está limitada a un solo país y se usa en otro, el sistema puede bloquearla.

Ejemplos de uso

Las licencias perpetuas online se aplican en software como **Microsoft Office 2021**, que, aunque es de pago único, requiere activación en línea y validaciones periódicas para su uso. Otro ejemplo es **MATLAB**, que ofrece licencias perpetuas vinculadas a cuentas de usuario con autenticación remota. En este modelo, la seguridad es mayor, ya que la empresa puede restringir accesos no autorizados.

Las licencias online ofrecen mayor seguridad mediante activaciones en línea, validaciones periódicas, servidores de autenticación y restricciones por usuario o ubicación, lo que permite un mayor control sobre su uso. A pesar de estas medidas vistas en ambos apartados anteriores, ninguna solución es completamente infalible, y es la razón por la cual muchas empresas han migrado a modelos de suscripción en la nube, que está protegido contra la piratería, que se verá en el siguiente apartado.

3.7.2.3 SaaS (Software as a Service)

Los modelos **SaaS (Software as a Service)** funcionan bajo licencias basadas en suscripción, donde los usuarios acceden al software a través de internet sin necesidad de instalarlo localmente o con una instalación mínima. En lugar de pagar una licencia perpetua, los usuarios pagan una tarifa recurrente (mensual o anual) para acceder a las funciones del software. Este modelo permite a las empresas ofrecer actualizaciones constantes, gestionar accesos y evitar la piratería de manera más efectiva.

3.7.2.3.1 Protección contra piratería en SaaS

El SaaS se protege de la piratería principalmente mediante el control centralizado de accesos. Algunas de las técnicas más utilizadas incluyen:

1. **Autenticación basada en cuenta**
    - El software requiere que el usuario inicie sesión con credenciales únicas (usuario y contraseña).
    - Muchas plataformas implementan **autenticación multifactor (MFA)** para mayor seguridad.
2. **Restricción por dispositivo o IP**
    - Se limita el acceso a un número específico de dispositivos o direcciones IP.
    - Algunas plataformas bloquean accesos sospechosos o simultáneos desde múltiples ubicaciones.
3. **Verificación en la nube**
    - La mayoría del software no funciona sin conexión o requiere conexión periódica para validar la licencia.
    - Si un usuario deja de pagar la suscripción, el acceso se bloquea inmediatamente.
4. **Cifrado de datos y transmisión segura**
    - Se utilizan protocolos como **SSL/TLS** para encriptar las comunicaciones entre el cliente y el servidor, evitando manipulaciones externas.
    - El código del software rara vez se ejecuta en el dispositivo del usuario, reduciendo el riesgo de ingeniería inversa.
5. **Funciones basadas en servidor**
    - Gran parte del procesamiento ocurre en los servidores de la empresa, lo que impide la modificación o manipulación del software por parte del usuario.
    - Ejemplo: **Google Docs** almacena documentos en la nube y no en el dispositivo del usuario, evitando que puedan ejecutarse copias piratas fuera del ecosistema de Google.

3.7.2.3.2 Protección contra el uso indebido

Además de la piratería, las empresas SaaS también implementan medidas para evitar el mal uso del software:

1. **Límites en los planes de suscripción**
    - Algunas funciones solo están disponibles en planes premium.
    - Se establecen restricciones en el número de usuarios o volumen de datos procesados.
2. **Monitoreo y detección de actividad sospechosa**
    - Algoritmos de inteligencia artificial analizan patrones de uso y detectan comportamientos anómalos, como inicios de sesión simultáneos desde distintos países.
    - Se pueden suspender cuentas automáticamente si se detecta actividad fraudulenta.
3. **Políticas de uso y sanciones**
    - Las empresas establecen **términos de servicio** que prohíben compartir cuentas, distribuir contenido ilícito o manipular el software.
    - Si un usuario infringe las normas, se puede suspender su acceso o imponer restricciones.

4. **Integraciones con sistemas de seguridad empresarial**
   - En entornos corporativos, SaaS se integra con sistemas como **Active Directory** o **SSO (Single Sign-On)** para controlar el acceso de empleados.
   - Esto evita que cuentas desactivadas sigan teniendo acceso al software.

Ejemplos de uso

Algunos ejemplos de SaaS incluyen **Microsoft 365**, que ofrece herramientas de oficina en la nube mediante suscripción; **Salesforce**, una plataforma CRM para la gestión de clientes y ventas sin necesidad de instalación local; y **Google Workspace**, que integra servicios como Gmail, Drive y Docs para trabajo colaborativo en línea. Estos servicios funcionan bajo autenticación en la nube, actualizaciones constantes y control centralizado de accesos para garantizar seguridad y evitar la piratería.

Conclusiones

El modelo SaaS ha revolucionado la protección del software al eliminar las licencias perpetuas y centralizar el control del acceso en la nube. Esto reduce drásticamente la piratería y permite a las empresas gestionar el uso del software de manera flexible y segura

3.7.2.4 Conversión de programas automatización (Make a compilado)

Algunas herramientas de automatización como Make, se basan en flujos de trabajo visuales, donde los usuarios crean integraciones mediante bloques o módulos sin necesidad de escribir código. Cuando una secuencia de flujos es suficientemente buena, se podría aislar y convertir en una aplicación. Sin embargo, el sistema de Make no convierte directamente estos bloques en código exportable a otros entornos de automatización como Python, Node.js o Bash. Eso no significa que otros no sean capaces. Pero cuando ese sea el caso se pueden utilizar estas opciones:

1. **Usar Webhooks y APIs**
   - Puedes analizar cómo Make ejecuta los flujos de trabajo utilizando webhooks y APIs de terceros.
   - Si un flujo de trabajo de Make usa solicitudes HTTP a APIs externas, puedes replicarlo en código utilizando librerías como requests en Python o axios en JavaScript.
2. **Monitorear las solicitudes HTTP**
   - Usa herramientas como Postman o Fiddler para registrar las llamadas que Make realiza a través de sus módulos HTTP. Luego, puedes escribir código que reproduzca estas llamadas.
3. **Recrear los flujos en otras plataformas de automatización**
   - Algunos entornos como n8n (alternativa open-source) permiten escribir flujos en JavaScript.
   - Si usas Zapier, podrías convertir el flujo en código usando Code by Zapier (que admite JavaScript y Python).
4. **Extraer la lógica y reescribirla en código**
   - Si tu flujo de Make es complejo, la mejor opción es analizar la lógica de cada módulo y traducirlo manualmente a un lenguaje de programación.
5. **Utilizar módulos de Make para ejecutar código directamente**
   - Make tiene módulos que permiten ejecutar scripts en JavaScript o Python, lo que facilita migraciones parciales.

Actualmente, para aquellas herramientas que no haya una forma automática que convierta directamente los flujos de Make, los métodos anteriores se puede hacer una transición más fluida. Sin embargo, eso no permitirá tener un ejecutable para hacer una aplicación basada en ello. La forma en que esto se hace depende del lenguaje de programación y del entorno de desarrollo que elijas. Un enfoque general para lograrlo serían los siguientes pasos:

1. **Análisis del flujo de trabajo de bloques**

El primer paso consiste en analizar el flujo de trabajo creado en bloques e identificar su lógica de funcionamiento. Como Make, particularmente, no permite exportar directamente su flujo a código, es necesario traducir manualmente cada módulo en instrucciones de un lenguaje de programación adecuado. Para ello, se pueden utilizar herramientas como webhooks, registros de llamadas HTTP o APIs, dependiendo de la lógica empleada en la automatización original.

2. **Elección del lenguaje de programación**

Una vez entendida la lógica del flujo, es fundamental elegir el lenguaje de programación más adecuado para su implementación. Entre las opciones más comunes se encuentran Python, JavaScript, C#, Java, C++ y Go. Python es ideal para automatizaciones y facilita la conversión a ejecutable mediante herramientas como PyInstaller. JavaScript y Node.js permiten empaquetar scripts en binarios con pkg, mientras que C# y C++ ofrecen soluciones más robustas para entornos empresariales o de alto rendimiento.

3. **Conversión del flujo en código y compilación**

Después de escribir el código que replica la funcionalidad del flujo de Make, el siguiente paso es compilarlo para obtener un archivo ejecutable. En Python, se puede utilizar pyinstaller --onefile para generar un único archivo ejecutable. En Node.js, el comando pkg mi_script.js permite empaquetar el código en un binario multiplataforma. Para lenguajes como C++ y Java, se utilizan compiladores como g++ y javac, respectivamente, generando archivos .exe, .jar u otros formatos según el sistema operativo de destino.

4. **Creación de una interfaz gráfica (opcional)**

Si la aplicación requiere una interfaz gráfica en lugar de ejecutarse en la línea de comandos, se pueden emplear frameworks específicos. En Python, Tkinter o PyQt permiten crear ventanas y formularios interactivos. JavaScript cuenta con Electron.js para desarrollar aplicaciones de escritorio. Java ofrece JavaFX y Swing, mientras que en C# se pueden usar WPF o WinForms para interfaces modernas y personalizadas.

5. **Empaquetado y distribución de la aplicación**

Por último, para distribuir la aplicación, se debe empaquetar correctamente el software según su uso previsto. Si es una aplicación de escritorio, se pueden crear instaladores con herramientas como Inno Setup en Windows o pkgbuild en macOS. Si la aplicación es un servicio web, puede desplegarse en un servidor mediante Docker o en la nube utilizando plataformas como AWS o Google Cloud. De esta forma, el flujo de trabajo automatizado de Make se transforma en un programa independiente y funcional.

Aunque herramientas como Make simplifican la automatización con su sistema de bloques visuales, convertir estos flujos en código y compilarlos en una aplicación permite obtener una solución más flexible y escalable. Con el enfoque adecuado, es posible llevar procesos automatizados a un nivel más avanzado, integrándolos en entornos de desarrollo personalizados y distribuyéndolos como software independiente.

3.7.2.5 Plataformas de gestión de licencia

Una vez se tiene un software listo para distribuir como se ha visto en el apartado anterior, es necesario contar con una plataforma de gestión de licencias, especialmente si se quiere obtener beneficio de la aplicación. Para ello, se van a estudiar dos tipos de plataformas: Plataformas de gestión de licencias de pago; y plataformas de gestión de licencias OpenSource.

3.7.2.5.1 Plataformas de pago para gestión de licencias

1. **Keygen**

- **Función principal y sistema de pago:** Keygen es una plataforma SaaS que permite gestionar licencias de software con activación online y soporte para validaciones offline. Su modelo de pago es basado en suscripción, con distintos planes según la cantidad de licencias y funcionalidades avanzadas.

- **Características:** Proporciona una API flexible para generar y validar licencias, permitiendo activaciones basadas en hardware o usuario. Soporta licencias perpetuas y por suscripción, con control sobre la cantidad de activaciones por clave. También permite la revocación y la administración de dispositivos en tiempo real.
- **Recomendación:** Ideal para empresas de software que necesitan una solución moderna y escalable, especialmente si buscan automatizar licencias y monitorear su uso en línea sin perder la opción de activación offline.

2. **Cryptlex**
   - **Función principal y sistema de pago:** Cryptlex ofrece una solución SaaS para gestionar licencias con activación online y generación de claves offline. Su modelo de pago es por suscripción mensual, con planes escalables según el número de licencias y usuarios.
   - **Características:** Permite la generación de tokens de activación con validación basada en hardware, integración con pagos y administración avanzada de usuarios. Soporta modelos de licencias perpetuas, de prueba y por suscripción. También incluye opciones de actualización automática de licencias y control de uso.
   - **Recomendación:** Recomendado para empresas que necesitan gestionar licencias en múltiples dispositivos y ofrecer flexibilidad a clientes que trabajan offline, sin perder la capacidad de revocación remota.
3. **WyDay LimeLM**
   - **Función principal y sistema de pago:** LimeLM es una solución de licenciamiento que permite gestionar activaciones con verificación online y offline. Su pago es mediante una licencia única con costos adicionales según el número de activaciones necesarias.
   - **Características:** Se enfoca en la seguridad, permitiendo licencias vinculadas a hardware, activación offline mediante archivos de validación y cifrado avanzado. Ofrece compatibilidad con Windows, Mac y Linux, con APIs para personalizar la integración con aplicaciones propias.
   - **Recomendación:** Adecuado para empresas de software que requieren alta seguridad en sus licencias y un modelo de pago más controlado, sin suscripciones mensuales.
4. **QLM (Quick License Manager)**
   - **Función principal y sistema de pago:** QLM es un sistema de gestión de licencias que permite generar claves con validación online y activaciones offline. Su modelo de pago es una licencia única, con posibilidad de actualizar a versiones superiores mediante pagos adicionales.
   - **Características:** Permite generar claves de activación basadas en hardware o usuario, integrar la gestión de licencias con plataformas de pago y manejar distintos tipos de licencias (prueba, suscripción, perpetua). También ofrece la posibilidad de generar activaciones manuales para usuarios sin conexión a internet.
   - **Recomendación:** Perfecto para empresas que buscan un sistema sin suscripción mensual y desean flexibilidad en la administración de licencias offline y online.
5. **Paddle:**
   - **Función principal y sistema de pago:** Paddle es una plataforma de pagos con gestión de licencias integrada, lo que permite a las empresas vender y controlar licencias de software sin preocuparse por la facturación. Su modelo de pago es una comisión por venta, en lugar de una suscripción fija.
   - **Características:** Proporciona generación automática de claves de licencia con validación online, administración de suscripciones y soporte para activaciones offline. También incluye herramientas de facturación, impuestos y reembolsos, lo que facilita la venta global de software.

- **Recomendación:** Recomendado para empresas que buscan una solución de licencias integrada con pagos, ideal para vender software a nivel internacional sin preocuparse por la gestión de cobros.

3.7.2.5.2 Plataformas de Open Source para gestión de licencias

1. **Open License Manager**

- **Función principal y sistema de pago:** Open License Manager es un sistema de licenciamiento de código abierto diseñado para aplicaciones de escritorio. Es completamente gratuito y permite la generación y validación de licencias sin depender de una plataforma externa.
- **Características:** Soporta activaciones basadas en hardware y permite la validación offline mediante archivos de licencia firmados digitalmente. Ofrece un API para integrar la gestión de licencias en aplicaciones propias y es compatible con Windows, Mac y Linux.
- **Recomendación:** Ideal para desarrolladores que quieren una solución autoalojada sin costos adicionales, con control total sobre la gestión de licencias. Requiere conocimientos técnicos para su implementación y mantenimiento.

2. SLM (Simple License Manager)

- **Función principal y sistema de pago:** SLM es un software open source para la gestión de licencias basado en Python y SQLite. Es gratuito y puede ser modificado para adaptarse a necesidades específicas.
- **Características:** Permite la generación y validación de claves de licencia, con soporte para activaciones online y offline. Es fácil de integrar en proyectos pequeños y medianos, pero no tiene tantas características avanzadas como soluciones comerciales.
- **Recomendación:** Recomendado para desarrolladores independientes o pequeñas empresas que necesitan un sistema de licencias ligero y personalizable, sin costos de suscripción.

3. CryptoLicensing for .NET (Community Edition)

- **Función principal y sistema de pago:** CryptoLicensing Community Edition es una versión gratuita de su software comercial, permitiendo gestionar licencias en aplicaciones .NET con activación online y offline.
- **Características:** Proporciona cifrado avanzado para la protección de licencias, generación de claves seguras y validación basada en hardware. También incluye funciones como licencias de prueba y límites de activación.
- **Recomendación:** Adecuado para desarrolladores .NET que buscan una solución de licencias gratuita con buenas medidas de seguridad, aunque con limitaciones respecto a la versión comercial.

4. RLAC (Rust License Activation Center)

- **Función principal y sistema de pago:** RLAC es un sistema de licencias open source basado en Rust, diseñado para manejar activaciones online y offline con alta seguridad. Es completamente gratuito.
- **Características:** Utiliza un sistema basado en tokens de activación con cifrado seguro, soportando licencias perpetuas y de suscripción. Ofrece una API REST para integrarlo en cualquier aplicación y puede alojarse en servidores propios.
- **Recomendación:** Perfecto para empresas que buscan un sistema moderno y seguro, sin costos de suscripción, aunque requiere conocimientos en Rust y servidores web para su implementación.

5. **Licensing.JS**

- **Función principal y sistema de pago:** Licensing.JS es una librería JavaScript open source para la gestión de licencias en aplicaciones web y de escritorio. No tiene costos y puede ser modificada libremente.
- **Características:** Permite generar claves de licencia con validación basada en hardware o usuario, con soporte para activaciones online y offline. Es fácil de integrar con Node.js y otros entornos basados en JavaScript.
- **Recomendación:** Recomendado para desarrolladores que trabajan con aplicaciones basadas en JavaScript y buscan una solución ligera y flexible para la gestión de licencias.

Elegir una plataforma de licencias depende del modelo de negocio, la seguridad, la facilidad de uso y el costo. Las soluciones **SaaS** como **Keygen**, **Cryptlex** o **Paddle** son ideales para empresas que buscan

automatización y control centralizado, aunque con costos recurrentes. Para mayor seguridad, herramientas como **WyDay LimeLM** o **QLM** permiten activaciones offline y vinculación con hardware.

Si se prefiere evitar costos mensuales y tener control total, opciones **open source** como **Open License Manager** o **SLM** son flexibles, pero requieren conocimientos técnicos. También es clave elegir entre licencias **perpetuas, de suscripción o híbridas** según el modelo de negocio.

Finalmente, una activación sencilla mejora la experiencia del usuario y evita problemas de soporte. La mejor opción combina seguridad, facilidad de implementación y escalabilidad, priorizando lo que mejor se adapte a la estrategia del software.

4 Bibliografía

4.1 Legislación

- REGLAMENTO (UE) 2024/1689 por el que se establecen normas armonizadas en materia de inteligencia artificial
- Ley 23/2011 de depósito legal
- Real Decreto 2063/2008 que desarrolla la Ley 10/2007 de la Lectura, de Libro, y de las Bibliotecas relativo al ISBN
- Ley Consolidada 10/2007 de la lectura, del libro, y de las bibliotecas

4.2 Publicaciones

- OECD, Recommendation of the Council on Artificial Intelligence, OECD/LEGAL/0449
- Artificial Intellingence and Intellectual Property, Oxford University Press
- Manuales y ejemplos introductorios de Weka https://ocw.uc3m.es/mod/page/view.php?id=3463

4.3 Textos y referencias electrónicas

- Término de uso y política de privacidad de OpenAI: https://openai.com/policies/privacy-policy/
- Sistema operativo más optimizado para servidor de IA: https://ubuntu.com/
- Biblioteca para Deep Learning de Google: https://www.tensorflow.org/?hl=es-419
- Biblioteca de visión artificial para DeepLearning (Meta): https://pytorch.org/vision/stable/index.html
- Biblioteca de audio para DeepLearning (Meta): https://pytorch.org/audio/stable/index.html
- Motor de búsqueda impulsado por inteligencia artificial que proporciona respuestas directas y contextualizadas a preguntas: https://www.perplexity.ai
- Empresa de inteligencia artificial dirigido por X (antes Twitter): https://x.ai/
- Herramienta de IA para análisis de grandes volúmenes de documentos: https://notebooklm.google/
- Herramienta de IA de Google de generación de texto: https://gemini.google.com
- Herramienta de IA de Anthropic de respuestas de alto nivel y precisión: https://claude.ai
- Herramienta de IA para generar imágenes a partir de texto: https://www.midjourney.com
- Herramienta para ejecutar IA sin infraestructura: https://replicate.com
- Herramienta de automatización online: https://www.make.com/en
- Herramienta de automatización con IA online y offline: https://n8n.io/
- Repositorio de herramientas de IA: https://www.toolify.ai/
- Repositorio de herramientas de IA de NVIDIA: https://build.nvidia.com/
- Web del Centro Español de Derechos Reprográficos https://www.cedro.org/inicio
- The ChatGPT Prompt Book: https://lifearchitect.ai/chatgpt-prompt-book/

Índice de figuras

Índice de tablas

Made in United States
Orlando, FL
04 November 2026

90200941R00092